Knaur

Über den Herausgeber:

Santo Cappon, der Herausgeber dieser Aufzeichnungen,
lebt bei Genf.

LUIGI LUCHENI

»*Ich bereue nichts*«!

DIE AUFZEICHNUNGEN DES SISI-MÖRDERS

HERAUSGEGEBEN VON SANTO CAPPON

Aus dem Französischen von
Bernd Wilczek

Knaur

Die französische Originalausgabe erschien unter dem Titel
»Mémoires de l'assassin de Sissi. Histoire d'un enfant abandonné à la
fin du XIXe siècle« bei le cherche midi éditeur, Paris

Besuchen Sie uns im Internet:
www.droemer-knaur.de

Vollständige Taschenbuchausgabe Mai 2000
Droemersche Verlagsanstalt Th. Knaur Nachf., München
Lizenzausgabe mit freundlicher Genehmigung des
Paul Zsolnay Verlages Wien
Copyright © 1998 Le Cherche Midi Editeur
Copyright © Paul Zsolnay Verlag Gesellschaft m.b.H., Wien 1998
Alle Rechte vorbehalten. Das Werk darf – auch teilweise –
nur mit Genehmigung des Verlages wiedergegeben werden.
Umschlaggestaltung: Agentur Zero, München
Druck und Bindung: Clausen & Bosse, Leck
Printed in Germany
ISBN 3-426-77484-4

2 4 5 3 1

Inhalt

Die wieder aufgetauchten Erinnerungen 7
Vorwort 11

Grenzübertritt 15
Italien in Lausanne 22
Genf sehen… 29
Woher kommt Luigi Lucheni? 45
Der Prozeß 54
Das Évêché-Gefängnis 70
Chronik des Jahres 1901 78
1902 bis 1907 89
1907 bis 1909 (Abfassung der Erinnerungen) 92

DIE GESCHICHTE
EINES VERSTOSSENEN KINDES
AM ENDE DES 19. JAHRHUNDERTS,
VON IHM SELBST ERZÄHLT

An den Leser 97
Einleitung: Was ich über meine leiblichen Eltern weiß 105
Erster Teil: Meine Kindheitserinnerungen 116
In der Zwischenzeit: Das Jahr 1908 201
Chronik des Jahres 1910 211
Der dritte Tod 226
Posthumer Wirbel: Luchenis vierter Tod 232
Die Schatten der Vergangenheit 234
Nachruhm eines obskuren Geächteten 236
Das zweiköpfige Schicksal 239
Epilog 250
Was aus ihnen wurde 252

Danksagung 254
Bibliographie 255

Es ist das Gesetz des Menschen, in dem der Geist erwacht,
Sich dem zu nähern, was flieht und schweigt.
VICTOR HUGO, *Le Hibou*

Die wieder aufgetauchten Erinnerungen

Am 12. September 1937 stirbt der ehemalige Direktor des Évêché-Gefängnisses in Genf, Jean Fernex. Im Jahre 1938 lernt mein Vater, der teils in Zürich, teils in Genf lebt, zufällig eine Frau kennen, die ihm ein Geschäft vorschlägt: Sie bietet ihm einen riesigen Stoß vergilbter alter Papiersachen zum Verkauf an, zu dem auch eine beeindruckende Anzahl alter Postkarten und Farbdrucke mit Genfer Motiven gehörten. Mein Vater zeigte sich eher abgeneigt: Sein Interesse gilt mehr der Philatelie und alten Dokumenten.

»Ich habe hier vielleicht etwas, das Ihnen die Entscheidung erleichtert.« Die Frau zeigt meinem Vater daraufhin fünf alte blaue Schreibhefte sowie ein Buch mit einem illustrierten Einband.

»Ich bin die Tochter des ehemaligen Oberwärters vom Évêché-Gefängnis. Mein Vater fand diese Dokumente nach dem Tod von Luigi Lucheni in dessen Zelle. Sie erinnern sich doch sicher, Lucheni, der Mörder der Kaiserin von Österreich!«

Ungläubig sieht mein Vater die Papiere durch und muß sich schließlich den Tatsachen beugen: Alles scheint echt zu sein.

»Wie konnte Ihr Vater rechtmäßig in den Besitz dieser Dokumente gelangen?« fragt er beunruhigt nach.

»Ach, wissen Sie, nach dem Selbstmord dieses gemeinen Mörders waren alle daran interessiert, daß man ihn so schnell wie möglich vergißt. Deshalb wollte man auch noch die kleinste Kleinigkeit auslöschen, die einen Hinweis auf seine Existenz darstellte. Daher dachte mein Vater, es wäre besser, wenn er diese Aufzeichnungen an sich nehmen würde...«

Zwar konnte mein Vater die mögliche Bedeutung dieser Dokumente nicht ermessen, war aber von den Argumenten dieser Frau überzeugt, so daß er den Stoß Papier kaufte. Aber das »Juwel« verschwindet schon bald in einer Schublade, da mein Vater kein großes Interesse daran hat, sich eingehender mit einer Angelegenheit zu beschäftigen, die in seinen Augen nicht mehr ist als eine Kuriosität.

1963 ordne ich die Dokumentensammlung meines Vaters, der langsam alt wird und mein Hilfsangebot nicht ausschlägt. Bei dieser Gelegenheit fallen mir die Dokumente aus dem Évêché-Gefängnis in die Hände. Da ich sofort von deren Bedeutung und der Notwendigkeit überzeugt bin, daß sie eine gründliche Analyse verdienen, mache ich meinem Vater den Vorschlag, mich darum zu kümmern.

»Man soll nicht über meinen Sohn sagen können, daß er sich mit einem Mörder befaßt!«

So lautete das väterliche Verdikt. Und die Dokumente sollten wieder in der Schublade verschwinden, bis 1991, dem Jahr, in dem mein Vater im Alter von hundertunddrei Jahren stirbt.

Da ich, was Teil der Geschichte ist, nicht nur bewahren, sondern es auch analysieren möchte, beschließe ich, so wissenschaftlich wie möglich die Umstände zu rekonstruieren, die dazu geführt haben, daß diese Dokumente so viele Jahre lang im verborgenen bleiben konnten. Diese Frage drängte sich aus einem einfachen Grund sofort auf: Wie haben sie der Gefängnisverwaltung unterschlagen werden können, wo doch der Aufdruck auf den Einbänden der Hefte einen klaren Hinweis darauf darstellt, daß sie registriert worden waren? Diese Frage beschäftigt mich genauso unerläßlich wie die zutiefst menschliche Dimension dessen, was ich in ihnen zu lesen bekomme. Das »Monster«, als das Lucheni seinerzeit beschrieben wurde, war er nun wirklich nicht.

Und die ersten drei Seiten der Fortsetzung seiner Aufzeichnungen, die den Titel »Meine Jugenderinnerungen« tragen, stellten zweifellos den Anfang eines weiteren Berichts dar, der ganz sicher genauso dicht und aussagekräftig geworden wäre wie das, was vorausgeht. Diese ersten drei Seiten sind jedoch herausgerissen worden, was die Numerierung der folgenden Seiten beweist. Wollte man Luchenis Elan Einhalt gebieten und dennoch eine in sich abgeschlossene, das heißt besser »an den Mann zu bringende« Geschichte präsentieren?

Da die Akten des ehemaligen Évêché-Gefängnisses in der Zwischenzeit öffentlich zugänglich sind, habe ich von den Staatsarchiven des Kantons Genf die Erlaubnis erhalten, diese einzusehen.

Die Tagesberichte, zunächst von Direktor Perrin, dann von Fernex, belegen eindeutig, daß sich Lucheni zwischen 1902 und 1909 im Gefängnis durch seine tadellose Führung auszeichnete. Das heißt, daß er dort für einen Zeitraum von sieben Jahren (von insgesamt zwölf Haftjahren) einen Lebenssinn gefunden hatte: sich zu bilden, um Zeugnis ablegen zu können.

Bis zu jener folgenschweren Auflehnung Luchenis im Jahre 1909. Von diesem Zeitpunkt an wurde er als ein wildes Tier beschrieben.

Damit war es für mich ein leichtes, einen Zusammenhang herzustellen zwischen dieser Katastrophe und dem gleichzeitigen Verschwinden der Aufzeichnungen. Die Erklärung, die Direktor Fernex hierzu in seinem Bericht vom 3. Mai 1909 abgibt, räumt jeden Zweifel aus: »Lucheni beschwert sich, daß vier oder fünf seiner Hefte verschwunden sind...« Von diesem Tag an wird die Empörung so sehr von ihm Besitz ergreifen, bis er an ihr unter merkwürdigen Umständen zugrunde geht...

Die Schlußfolgerung hinsichtlich der verschwundenen Hefte sowie des Almanachs ist demnach ziemlich einfach:

Der Oberaufseher Depierraz hat sie damals zweifellos gestohlen und nicht erst später »an sich genommen«, wie seine Tochter meinem Vater erzählt hatte. Die Unglaubwürdigkeit dieses Angestellten wird offensichtlich, wenn man den Bericht von Fernex liest, in dem steht: »Der Wärter Lée sowie der Oberwärter Depierraz erklären, die fraglichen Hefte nicht gesehen zu haben.« War Lée an dem Diebstahl beteiligt? Das ist durchaus vorstellbar, denn als zuständiger Wärter für Lucheni und dessen Zelle muß er logischerweise von der Existenz dieser Aufzeichnungen gewußt haben. Und Fernex hat in gewisser Weise den Diebstahl gedeckt, indem er den Vorfall dadurch herunterspielte, daß er die angebliche Unwissenheit der Wärter nicht weiter hinterfragt und die wirklichen Motive für die plötzliche Rebellion eines Häftlings, den er für verrückt erklären wollte, systematisch verschleiert hat.

Vorwort

Genf, 10. September 1898. Einige Kastanienbäume erleben die zweite Blüte und verbreiten in diesem warmen Spätsommer Frühlingsatmosphäre. Die Stimmung an den Ufern des Sees ist geprägt von Trägheit und ruhigem Wasser.

Aber vor dem Hintergrund dieser ruhigen Kulisse sollten zwei Schicksale besiegelt werden. Einen kurzen Augenblick lang sollten hier die Ungleichheiten, Widersprüche und Mißverhältnisse, die das Europa der Jahrhundertwende beherrschten, in einer Form offenbar werden, die die zivilisierte Welt tief erschütterte. Im Verlaufe eines einzigen Nachmittags ließ die Geschichte zwei unkontrollierbar gewordene Gravitationszentren aufeinanderstoßen: Der Italiener Luigi Lucheni ermordet Elisabeth, die Kaiserin von Österreich und Königin von Ungarn.

Die lange Odyssee dieser Dame in Schwarz führte sie nach Genf, wo sie mit kleinem Gefolge achtundvierzig Stunden inkognito verbrachte. Nachdem sie einer Einladung der Rothschilds auf deren Landsitz nach Pregny gefolgt war, und nach einer Nacht im Hotel Beau-Rivage, wollte die Herrscherin mit dem Schiff nach Territet zurück, von wo sie gekommen war. Auf dem kurzen Weg über die Uferstraße zur Anlegestelle, wo sie sich einschiffen will, stürzt sich der Mann, der ihr auflauerte, auf sie und sticht mit unglaublicher Schnelligkeit und Gewalt auf sie ein. Dann ergreift er die Flucht, sie erhebt sich, richtet ihre aufwendige Frisur und begibt sich schnellen Schrittes an Bord des Schiffs, das sofort ablegt. Nur wenige Meter vom Ufer entfernt wird sie ohnmächtig, so daß das Schiff sofort kehrtmacht.

Vor dem Hintergrund einer Epoche, in der die Herrschenden manchmal Opfer anarchistischer Anschläge wurden, weicht das hier beschriebene Szenarium kaum vom üblichen Schema ab. Die Rollen scheinen verteilt zu sein wie immer, abgesehen davon, daß das Opfer zum erstenmal eine Frau ist, die schon bald die Phantasie breiter Volksschichten beherrschen sollte.

Später haben manche Historiker festgestellt, daß Elisabeth kaum aktiv an der Wahrnehmung der Regierungsgeschäfte beteiligt war. Sie wünschte sich sogar im Gegenteil das Ende der Monarchien, die sie für einen totalen Anachronismus hielt, und war gleichzeitig immer empfänglich für das Los der Bedürftigen.

Erst sehr viel später, gegen Mitte des 20. Jahrhunderts, erhält die Welt Einblick in ihren literarischen Nachlaß, der das Ausmaß des tiefen Widerspruchs erahnen läßt, den diese Frau bis zu ihrem Tod in sich trug: Die wirkliche Anarchistin war sie!

Jeder wußte, daß sie ihre Repräsentationsaufgaben nur widerwillig wahrnahm. Genauso war bekannt, daß sie die Eskapaden ihres Gatten Franz Joseph überhaupt nicht billigte. Wer aber hätte sich vorstellen können, daß sie einmal die möglichen Einkünfte aus der posthumen Veröffentlichung ihrer Gedichte den Kindern der Opfer der österreichisch-ungarischen Monarchie vermachen würde?!

War denn ihr Mörder wenigstens das, was man sich unter einem Anarchisten vorstellt? Allem Anschein nach ja. Allerdings wird man sehen, daß auch er geblufft hat, um seinem Verbrechen eine Dimension zu verleihen, die es eigentlich gar nicht besaß.

Es ist belegt, daß er nach seiner Festnahme ständig lauthals ausrief: »Es lebe die Anarchie, nieder mit den Aristokraten!«

Eine eingehende Auseinandersetzung mit seinem Leben im Gefängnis, vor allem aber sein aufsehenerregender Tod, die merkwürdigen Umstände, unter denen seine unveröffentlichten Erinnerungen wieder aufgetaucht sind (fünf Hefte aus dem ehemaligen Évêché-Strafgefängnis in Genf sowie ein Almanach), werfen ein völlig neues Licht auf eine Geschichte, von der man alles zu wissen glaubte.

Santo Cappon
März 1998

Grenzübertritt

Nach Jahren der Wanderschaft beschließt ein kleiner, einundzwanzig Jahre alter Mann im Jahre 1894, sein Leben grundlegend zu verändern. Er hat genug von dieser harten und von materieller Unsicherheit bestimmten Existenz. Er sehnt sich nach Beständigkeit. Seit sechs Monaten lebt er in Ungarn. Sein Alltag ist bestimmt von Gewaltmärschen und Tagelöhnerarbeiten: Handlangerdienste beim Bau einer Eisenbahnlinie, hier und da ein paar kleine Anstellungen, mit denen er sich mehr schlecht als recht durchschlägt.

»Ich will meinen Militärdienst leisten, ein Mann werden!«

Aber es ist gar nicht so leicht, auf eine überzeugende Art und Weise einen Soldatenanwärter zu geben, wenn man nichts als ein kosmopolitischer Vagabund ist. Die erste bürgerliche Tugend ist also das Einkommen, das man vorweisen kann. Diese schmerzliche Erfahrung muß unser junger Mann mehrmals machen. Nachdem er den Konsul von Fiume zweimal um Unterstützung ersucht hat, läßt dieser seinen Landsmann namens Luigi Lucheni für vier Tage ins Gefängnis stecken. Der gleiche Versuch in Triest mit dem gleichen Ergebnis: fünf Tage Gefängnis. Dennoch gelingt ihm die Einreise nach Italien, und zwar zunächst in österreichischen Handschellen, aus denen bei seiner Ankunft italienische werden. Dieser dienstwillige Mann macht nacheinander die Bekanntschaft mit den Gefängnissen von Udine, Venedig und Bologna.

In Parma, seiner Heimat, bekommt die wiedergewonnene Freiheit endlich die so sehr ersehnte Farbe: die der Regimentsuniform.

Dreieinhalb Jahre Militärdienst. Seit 1894 dient er also im 13. Kavallerieregiment von Montferrato in Neapel: Das bedeutet zunächst einmal zwei Jahre Grundausbildung in einer Männerwelt, in der die Uniform alle Unterschiede nivelliert. Sicher herrscht ein strenges Regiment, und mehr als das. Aber es ist ihm recht, solange für alle dieselbe Strenge gilt. Und dann sind da ja noch die Pferde, die er so sehr lieben lernt und mit denen er nie auch nur die geringsten Probleme hat. Die Reitkunst birgt schon bald keine Geheimnisse mehr für ihn. Endlich lebt er in einer im Inneren geordneten, nach klaren Regeln funktionierenden Welt ohne falschen Schein, die von dem wirklichen Leben, in dem er nie seinen Platz finden konnte, abgeschnitten ist.

Im Frühjahr 1896 erhält Lucheni seinen Marschbefehl nach Massaua in Eritrea, das Italien seit 1885 besetzt hatte, das als Militärbasis für die Eroberung von Abessinien diente und das am 11. Januar 1890 zur italienischen Kolonie wurde. Am 1. März 1896 aber wurden die Italiener in Adua geschlagen. An der Spitze einer 200000 Mann starken Armee schlug der Kaiser von Abessinien, Menelik II., die Truppen von General Baratieri, unter dessen Kommando lediglich 60000 Mann standen, von denen mehr als 9000 fielen.

Lucheni kommt nach Beendigung der kriegerischen Auseinandersetzungen in Afrika an. Er gewöhnt sich an die schwierigen Bedingungen, die sich aus seiner neuen Lebenssituation ergeben. Während seines sechsmonatigen Aufenthaltes in Afrika wird er nur zweimal bestraft: einmal zu fünf Stunden Kerker, weil er sich mit einem Kameraden über die Haferzuteilung gestritten hat; einmal zu zehn Tagen Kerker und dem Verlust seiner Tressen als Gefreiter, weil er einem einsitzenden Offizier einen Gefallen getan hatte. Beide Verurteilungen haben aber nicht im mindesten dem Ansehen geschadet, das er bei seinen Vorgesetzten besaß. Das beweisen sowohl die Auszeichnung, die er am 22. Oktober 1896 für seine Verdienste bei den Afrikafeldzügen 1895/96 erhalten hat, als auch die dazugehörige, vom Kriegsminister unterzeichnete Urkunde, in der ihm bestätigt wird, daß er alle Bedingungen erfüllt hat, um eine entsprechende Auszeichnung zu erhalten. Diese Urkunde sollte er von nun an immer bei sich tragen.

Als er wieder in Neapel zurück ist, verbringt er zehn Monate in der Schwadron des Rittmeisters Herzog R. de Vera d'Aragona. In der Zeit vom 1. Dezember 1896 bis zum 3. Oktober 1897 hält sein neuer Vorgesetzter ihn für den besten Soldaten der Schwadron: »Er ist immer diszipliniert und erfüllt alle Anforderungen des Militärdienstes. Er sitzt sehr gut auf und erweist sich als ausgezeichneter Reiter. Sein Verstand in Verbindung mit seinem Gehorsam kommt besonders gut beim Patrouillendienst zur Geltung, bei dem er regelmäßig alle seine Qualitäten unter Beweis stellt.«

Ein paar Monate, bevor er seinen Militärdienst quittiert, hat Lucheni Grund zu der Hoffnung, daß der italienische Staat sich den ehemaligen Soldaten gegenüber dankbar erweist. Durch seine dreieinhalbjährige Dienstzeit hat er in der Tat das Recht erworben, sich beim Staat um eine Anstellung zu bewerben. Folglich bewirbt er sich auf Stempelpapier beim italienischen Staat, von dem er hofft, als Gefängniswärter eingestellt zu werden. Der Tribut, den er für seine Heimat geleistet hat, hat ihn beinahe all seine Jahre des Umherirrens, der materiellen Not und der gesellschaftlichen Ablehnung vergessen lassen. Als Gefängniswärter sieht er sich selbst als Teil eines Rechtswesens, das sein Denken und Fühlen beherrscht und das seiner Meinung nach nur von einer öffentlichen Gewalt getragen werden kann, die mit sich selbst völlig in Einklang steht. Nachdem er keine Antwort erhält, bewirbt er sich ein zweites, dann ein drittes Mal. Für jede Bewerbung kauft er sich neues Stempelpapier, wofür er sogar auf seinen Tabak verzichtet. Keine Antwort.

»Was für eine Undankbarkeit!« denkt er.

Nachdem er in Neapel seinen Dienst unter dem Herzog abgeleistet hat, wird er nach Caserta versetzt, wo er bis zu seiner Entlassung aus der Armee im Dezember 1897 bleibt.

In dieser Zeit macht der ehemalige Rittmeister und Herzog von Neapel, der ebenfalls den Militärdienst quittiert hat, Lucheni zu seinem persönlichen Bediensteten. Alles stünde zum besten, käme da nicht allmählich der gekränkte Stolz des einstigen gesellschaftlichen Außenseiters wieder zum Tragen. Die schreienden sozialen Ungleichheiten sowie das plötzliche Bewußtsein von der Kluft, die immer zwischen ihm und den Reichen bestehen wird, bringen ihn mit sich selbst und den anderen ins unreine. Mag er zuvor auch noch so sehr zum Gehorsam bereit gewesen sein, insbesondere gegenüber seinem Rittmeister, der gnädige Herr Herzog aber, so denkt er, wird am Ende doch von ihm verlangen, daß er katzbuckelt. Tatsache ist, daß Lucheni ohne weiteres einsieht, daß Soldaten und Pferde sauber zu sein haben; daß es aber auch die goldenen Löffel und die Nippsachen im Salon sein müssen, dafür fehlt ihm jedes Verständnis.

Am 31. März 1898 beschließt er, seine Anstellung aufzugeben. Der Vorwand: eine vom Herzog nicht erteilte Erlaubnis.

Lucheni schifft sich auf einem Dampfer nach Genua ein. Von Genua reist er weiter nach Menton, dann zurück nach Ventimiglia. Da er kein Geld mehr für den Zug hat, begibt er sich zu Fuß nach Turin, wo er ein paar Nächte in einem Nachtasyl verbringt. Dann bricht er in Richtung Schweiz auf...

Im April 1898 will Lucheni zu Fuß den Sankt-Bernhard-Paß überqueren. Dort ist es noch sehr kalt, so daß er sich beeilen muß. Die hübschen kleinen Täler des Aostatals liegen jetzt hinter ihm, und je höher er kommt, um so bedrohlicher wird die Landschaft. Die große Kälte scheint seinem gegerbten, sonnengebräunten Gesicht, das so typisch ist für alle diejenigen, die ihr ganzes Leben lang im Freien arbeiten mußten, nichts auszumachen. Der einsame Reisende ist stämmig, robust, und sein Kopf sitzt auf einem sehr kräftigen Nacken. Die Adern in Luchenis dickem Hals schwellen unter der Anstrengung an und treten hervor. Auch das ist typisch für all jene, die seit frühester Kindheit körperlich arbeiten und schwere Lasten tragen mußten. Mit einem Stock in der Hand bewegt er sich über die verschneite Straße, die zu jener Kategorie von Wegen gehört, die aus dem einen oder anderen Grund dem Schicksal der Menschen schon immer eine Wendung in die eine oder andere Richtung gegeben haben, indem diese ein Kapitel ihres Lebens abgeschlossen und einem Land den Rücken gekehrt haben. Sicher erinnert die Silhouette dieses einsamen Wanderers weder an Hannibal noch an Karl den Großen und auch nicht an Franz I. von Frankreich oder an Napoleon Bonaparte. Wären sie über diesen Weg gegangen, hätte die Geschichte eine andere Wendung genommen. Und trotzdem sollte auch diese Paßüberquerung eines einsamen Wanderers eine Kampfansage sein.

Seine graugrünen, leuchtenden und sehr lebhaften Augen, sein starrer Blick, der noch betont wird durch starke Augenbrauenbogen, scheinen seine feste Entschlossenheit zu verraten. Auf dem Gipfel angekommen, wendet er sich ein letztes Mal in Richtung Italien um, das zu verlassen er beschlossen hat. Auf einem Felsblock sitzend, zieht er ein Heft aus der Tasche, dessen erste Seite er flink aufschlägt. Seine Ohren und sein linkes Auge sind leicht geschwollen. Er wird ganz rot und fängt heftig zu zittern an. Er hat das Gefühl, als würde man ihm mit einem Reibeisen über den Nacken fahren. Er verzerrt seine vollen Lippen, während er einen letzten Blick auf seine Vergangenheit wirft. Dann schreibt er mit dem Bleistift die folgenden Worte in sein Heft: »Undankbares Vaterland, meine Gebeine bekommst du nicht!«

Vergleicht er sich mit Scipio Africanus, der trotz seiner Verdienste für Rom und des Danks, den Rom ihm eigentlich hätte schulden müssen, seine Heimat verlassen und ins Exil gehen mußte? Hält er sich für einen jener Geächteten, von denen es in der Welt der Poesie genauso wimmelt wie in der des Theaters? Nachdem er seiner Verbitterung Ausdruck verliehen hatte, war Scipio nach Liternum gegangen, wo er starb. Vielleicht wollte ja auch unser einsamer Schreiberling seinem Leben ein Ende machen. Selbst wenn das so gewesen sein sollte, so hat er doch nicht darauf verzichtet, sich zu erinnern...

Als ihm die Sinnlosigkeit seines bisherigen Lebens bewußt wird, verdreht Lucheni wie wild seine Augen:

»Das ist also der Dank dafür, daß ich freiwillig meinen Militärdienst geleistet habe! Wie kann ich mich nur an diesem Staat rächen?«

Völlig aufgebracht kritzelt er daraufhin in das Heft, dem er sein Herz anvertraut, die ersten Wörter, die am Beginn seines Exils stehen: »Es lebe die Anarchie!« Diese Wörter entsprechen dem Geist der Zeit. Abgesehen davon tut es gut, wenn man bei einer Verärgerung und Enttäuschung bewußt die Seite wechselt. Der wirkliche Sinn dieser Worte ist für ihn nicht von Bedeutung. Das einzige, was er will, ist, sich dem Heer der Unzufriedenen anzuschließen.

Die Zeit, als er mittellos quer durch Europa gezogen war, hat ihn abgehärtet, und so ist die andere, die Schweizer Seite des Passes schnell erreicht.

Er begibt sich als erstes nach Martigny im Rhônetal, dann weiter nach Salvan, wo er für ungefähr zwanzig Tage eine Anstellung als Maurer findet. Aus den Genfer Zeitungen erfährt er von den Unruhen in Mailand und den Arbeiteraufständen auf der anderen Seite der Alpen. Es hat den Anschein, als würde es sich um eine breite Bewegung handeln, und sogar einige Journalisten, die sehr wichtige Posten in italienischen Zeitungen innehaben, sind daran beteiligt:

Gustave Chiesi, Herausgeber von *Italia del Popolo*, Romussi, Herausgeber von *Secolo*, sowie Don Davide Albertario, Redakteur beim *Osservatore Cattolico*. Ein ehemaliger Abgeordneter sowie eine russische Aktivistin, Nihilistin und Frauenrechtlerin gleichermaßen, spielen ebenfalls eine zentrale Rolle in dieser Aufstandsbewegung. Schon bald wird über die lombardische Hauptstadt der Ausnahmezustand verhängt. Lucheni steht in Kontakt mit anderen Italienern, die in der Schweiz leben. Unter ihnen zirkulieren Artikel, die von ihren jeweiligen Bündnissen, die sie im Laufe der Zeit gebildet haben, verfaßt worden sind. Lucheni beginnt Feuer zu fangen und faßt sogar die Möglichkeit ins Auge, sich jenen anzuschließen, die in seiner Umgebung und in den Wirtshäusern davon sprechen, massenhaft nach Italien zurückzukehren. Aber sein Schicksal sollte wohl anderswo besiegelt werden, denn der Zufall will, daß Lucheni sich im Mai 1898 schließlich nach Lausanne begibt.

Italien in Lausanne

Am 20. Mai 1898 quartiert sich Lucheni in der Pension des Wirtes Pozzo in der Rue de la Mercerie Nr. 17 in Lausanne ein. Das von ihm bewohnte Zimmer ist klein und schmutzig. Es gibt dort lediglich einen Tisch und einen Hocker, einen zerbrochenen Spiegel, ein Fenster zum Hof hin sowie zwei Betten mit Eisengestell. Er teilt das Zimmer mit einem gewissen Sartori.

Die äußerst ärmliche Kulisse dieses Quartiers ist typisch für die hier lebenden Ausländer, die in den meisten Fällen Italiener sind, die ihre Armut vereint.

Die Rue de la Mercerie ist fast so etwas wie Kleinitalien. In der Hausnummer 5, dem Café Magonio, wimmelt es nur so von Menschen. Es ist ein Zentrum des gesellschaftlichen Lebens dieser Entwurzelten und macht deren Leben ein wenig lebenswerter. Prostituierte und Zuhälter runden das Bild ab. Der öffentliche Schreiber Pinel geht hier gewissermaßen pausenlos seinem Geschäft nach, und die Freudenmädchen in dieser zwielichtigen Straße haben ihn zu ihrer Vertrauensperson gemacht.

Auch die Baustelle der Neuen Hauptpost, auf der Lucheni Arbeit gefunden hat, ist ein Sammelpunkt für solche Italiener, die das ständige Elend in ihrer Heimat in eine Situation gebracht hat, die einen ausgezeichneten Nährboden für Aufruhrstimmung darstellt. Die Tatsache, daß sie alle Entwurzelte sind, verstärkt ihr Zusammengehörigkeitsgefühl und vergrößert ihre Enttäuschung.

Auch wenn Italien weit weg ist, atmet man hier doch den Duft der Heimat. Oft singt Luigi derjenigen »O sole mio« vor, die er die »Mailänderin« nennt. Nina Zahler ist aber ein

Kind des Wallis, lediglich ihr Zuhälter, Gino Posio, kommt aus Mailand und lebt in derselben Pension wie Lucheni. »Die Mailänderin und ihr Neapolitaner«, so lautet der Spitzname des Sängerknaben Luigi.

Der nimmt, »ohne Witz«, wie er selbst sagt, regelmäßig an den Versammlungen der Heilsarmee teil. Auch die religiösen Versammlungen in französischer und italienischer Sprache im Valentin-Saal besucht er viermal pro Woche. Es hat den Anschein, als würde er zeitweilig von der Suche nach einem metaphysischen Sinn angetrieben werden.

In Pozzos Pension spiegelt sich das Leben dieser ganz besonderen Straße wider. Nachdem der letzte Gast den Speisesaal verlassen hat, legt sich das Zimmermädchen Maria jede Nacht in einer Ecke schlafen. Lucheni ißt hier regelmäßig, es herrscht eine redselige Atmosphäre, an der Luigi lebhaft teilhat. Mit einemmal jedoch kommt ihm kein Wort mehr über die Lippen; er ist plötzlich verschwiegen, und selbst beim Essen redet er nicht mehr. Das geht so weit, daß sogar der Wirt darauf aufmerksam wird. Es ist Juni, und Luigi Lucheni hat unlängst den Vortrag eines Anarchisten gehört.

Nachdem er am Sankt-Bernhard-Paß »Es lebe die Anarchie!« in sein Reisetagebuch geschrieben hatte, ist die Teilnahme am Vortrag eines Anarchisten durchaus eine logische Konsequenz. Aber woraus eigentlich? Wenn man, wie es bei ihm der Fall war, mehrmals zur Eskorte des Königs von Italien, des Prinzen von Neapel oder auch des Prinzen von Montenegro gehört hat, ohne sich auch nur im geringsten dem zu widersetzen oder einen Augenblick lang daran zu denken, sie anzugreifen oder zu töten, kann man sich dann ernsthaft als Anarchist bezeichnen? Kann man für sich in Anspruch nehmen, Anarchist zu sein, wenn man wenige Monate zuvor offen für das royalistische System eingetreten ist und sich über eine in Neapel gehaltene Rede über den Revolutionär Cavalotti empört, in der dessen Qualitäten als

Politiker anerkannt werden? Erscheint die Annahme einer genauso plötzlichen wie überraschenden Konversion Luchenis einleuchtend?

Fest steht, daß Luigi Lucheni in der Tat mit einemmal wie umgewandelt erscheint. Von nun an hält er sich täglich an Orten auf, an denen sich Italiener versammeln, die Dinge wie die folgenden äußern: »Für einen Sou laßt ihr euch töten, was hält euch davon ab, euerseits die Großen töten zu wollen?« Nur kurze Zeit später spielt ein Abgeordneter öffentlich auf die gerade streikenden Parkettmacher und -verleger von Lausanne an und ruft aus: »Anstatt eure Genossen finanziell zu unterstützen, solltet ihr euch lieber Dynamit besorgen!«

Lucheni wird tagtäglich mit kühnen Gedanken konfrontiert. Er war immer schon gegen die Regierenden aufgebracht, die nicht regieren; gegen jene, die angeblich die Regierungs- oder Verwaltungsgeschäfte lenken, ohne ihre Aufgabe auch nur ansatzweise ernst zu nehmen. Seltsamerweise ist er mit einemmal dazu imstande, seinen tief verwurzelten Respekt für Ordnung und die ideale Autorität – mag beides auch noch so utopisch sein – mit der nunmehr in seinen Augen offensichtlichen Notwendigkeit in Einklang zu bringen, die Nachlässigkeit der Gesellschaft zu beseitigen. Das alles im Schatten einer anarchistischen Glaubenslehre ohne wirkliches Credo! Für einen, der glaubt, mehr als jeder andere ein Opfer der gesellschaftlichen Ungerechtigkeit zu sein, gibt es nur schreiende Widersprüche.

Alle »fortschrittlichen« Zeitungen finden vor seinen fiebrigen Augen Gnade. *Il Socialista* aus Neuchâtel, *L'Avanti* aus Mailand, *Le Père Peinard*, *Le Libertaire* und *L'Égalité* werden für ihn so etwas wie sein tägliches Brot. Er macht einen Abstecher nach Neuchâtel, um an einer Versammlung italienischer Anarchisten teilzunehmen, der auch der Redakteur der Zeitung *Agitatore*, »der Genosse G. Colombelli«, beiwohnt. Die Mailänder Ereignisse, die noch vor kurzem Lucheni beinahe zur Rückkehr nach Italien veranlaßt hätten, gaben den Anstoß zur wöchentlichen Veröffentlichung dieses Blattes, das sich an die in der Schweiz lebenden Italiener richtete.

Die gesellschaftliche Absonderung, unter der diese in der Schweiz zu leiden haben, wird im *Agitatore* genauso beschrieben und verurteilt wie in den Bulletins der italienischen Arbeiterorganisationen in Lugano, Zürich, Basel und Genf. Man verwahrt sich darin insbesondere gegen die karikierenden Darstellungen der italienischen Proletarier: Sind sie denn wirklich alle Zigeuner, die sich von Zwiebeln und Brot ernähren und manchmal mit bis zu zehn Personen in einem Zimmer hausen? Haben sie es verdient, daß sie in der italienischsprachigen Schweiz als »Makkaroni«, in der deutschsprachigen als »Tschink« und in Frankreich als »Crispis« bezeichnet werden? Das Maß ist voll, und es ist an der Zeit, endlich etwas zu tun.

Am 18. August bringt Lucheni eine Sammlung mit anarchistischen Liedern, die den Titel »Cantici anarchici« trägt, unter die Leute. Er wird festgenommen, um gleich darauf wieder freigelassen zu werden. Er beschränkt sich also keineswegs darauf, umstürzlerische Zeitungen zu lesen, sondern scheint es, wenn er besonders gewaltverherrlichende Schriften verteilt, geradezu auf eine Festnahme anzulegen.

Am selben Tag überläßt der Wirt Pozzo seine Pension in der Rue de la Mercerie Nr. 17 einem gewissen Henri Matthey. Sehr bald schon wird diesem klar, wie beschwerlich seine neue Aufgabe ist: »Eine Sauarbeit. Jeder kommt nach Hause, wann es ihm gerade paßt, und nicht ein einziges Zimmer läßt sich abschließen. Somit kommt man nie zur Ruhe, ganz abgesehen von dem Straßenlärm...«

Lucheni schreibt ein paar begeisterte Worte an einen ehemaligen Regimentskameraden in Neapel: »Das anarchistische Gedankengut findet hier immer mehr Anhänger. Bitte erfülle auch Du Deine Pflicht gegenüber den Kameraden, die noch nicht auf dem laufenden sind.«

»Ich würde gern jemanden töten, aber es müßte eine sehr bekannte Persönlichkeit sein, damit man in den Zeitungen darüber lesen kann!« erklärt er eines schönen Tages seinem Zimmergenossen Sartori. Auch seinen anarchistischen Freunden, von denen er sich zunehmend beeinflussen läßt, teilt er das mit, was noch ein reines Hirngespinst ist. Alle ermutigen sie ihn, so gut sie können. Aber würden sie selbst den Mut zu einer solchen Tat aufbringen? »Die Zeit ist reif«, denkt Lucheni. König Humbert I. wäre beispielsweise ein ideales Opfer. Das wäre dann die Gelegenheit, die im November 1878 vom Koch Passanante mit seinem Dolch begonnene Arbeit zu beenden. Auch dem Anarchisten Pietro Acciarito war es 1897 nicht vergönnt, sein Messerattentat auf den König erfolgreich durchzuführen. Aber Lucheni wird bewußt, daß er nicht genügend Geld hat, um nach Italien zu reisen.

In dieser Zeit kommt es in Genf zu einer Auseinandersetzung in der Zunft der Zimmerleute und Schreiner. Am 9. Juli ruft zunächst diese Berufsgruppe, dann die ganze Industrie sowie das Handwerk den Streik aus. Am 18. Juli stationiert der Staatsrat eine Eliteeinheit in Genf. Noch am selben und am darauffolgenden Tag kommt es zu Zusammenstößen zwischen den Streikenden und der Polizei, die von Demonstrationszügen und Krawallen begleitet werden.

Es drängt sich der Eindruck auf, als würden ausländische Agitatoren die Situation für ihre Ziele nutzen wollen. Ein Anarchist schießt auf die Gendarmen. Eine italienische Gruppe wird verboten, Menschen werden ausgewiesen. Am 22. Juli trifft man eine Vereinbarung, woraufhin die Truppe am 25. »abgezogen« wird. Allerdings werden die mit der Angst vor den Anarchisten gerechtfertigten verschärften Polizeimaßnahmen auch weiterhin durchgeführt.

Im Großen Rat wirft Gustave Ador dem Staatsrat vor, daß er viel zu langsam reagiert habe. Alexandre Gavard, der Präsident der Kantonalexekutive, antwortet, daß es unmöglich sei, in einer Versammlung von Arbeitern die ausländischen von den Schweizer Arbeitern zu unterscheiden.

Ende August hält sich Luccheni immer noch in Lausanne auf. Der Beschützer und Liebhaber »seiner Mailänderin«, Gino Posio, wohnt in derselben Pension wie er. Eines Tages brechen die beiden Männer nach Vevey auf, wo ihnen Dolche zum Verkauf angeboten werden; allerdings kostet der billigste zehn Franken, und Luccheni besitzt nur sieben Franken.

Zu genau derselben Zeit trifft Kaiserin Elisabeth nur wenige Kilometer entfernt, aus Bad Nauheim via Frankfurt kommend, mit sehr kleinem Gefolge und fast heimlich in Territet ein. Diese diskrete Reise steht in völligem Widerspruch zu derjenigen, die sie im Jahre 1893 hierher unternommen hatte, als sie im Grand-Hôtel abgestiegen war, wo die internationale Hautevolee, Plantagenbesitzer aus Java, New Yorker Bankiers und die Pariser und Londoner Aristokratie wohnte. Das Orchester im Kursaal spielt manchmal pro Monat bis zu sechshundert Werke. Die gekrönten Häupter und ihre Gattinnen können an diesem äußerst beliebten Ort zwischen sieben Palästen wählen. Aber diesmal meidet Elisabeth, die am 24. Dezember ihren einundsechzigsten Geburtstag feiern würde, die menschenüberlaufenen Uferpromenaden und mietet sich lieber im oberhalb gelegenen Grand-Hôtel von Caux ein.

Wieder zurück in Lausanne, wo er wegen eines Arbeitsunfalls am Zeigefinger der rechten Hand »Krankenurlaub« hatte, entscheidet sich Luccheni für den Kauf einer einfachen Dreikantfeile ohne Schaft, die er schleifen und von einem befreundeten Tischler namens Martinelli mit einem Griff versehen lassen will. Nachdem sein »Krankenurlaub« beendet ist, nimmt er für einige Tage seine Arbeit wieder auf.

Nur seine nächtlichen Träume bilden einen Gegenpol zu seiner fixen Attentatsidee, von der sein ganzes Denken beherrscht ist. Nur nachts verdrängen seine Reisewünsche, Tierbilder und Gedichte, die er so gern geschrieben hätte, diese fixe Idee. Darüber hinaus träumt er in dieser Zeit auch von »Dingen«, denen er entfliehen möchte, denen er aber nicht entfliehen kann…

Wenn er aber erwacht, sind die Nachklänge seiner nächtlichen Träumereien meist wie weggefegt. Hat er aber wirklich alle Fäden seines Bewußtseins und die wirklichen Beweggründe für das, was ihn antreibt, in der Hand?

Genf sehen...

Am Montag, den 5. September, zieht Lucheni unversehens aus der Pension Matthey aus, ohne seine Rechnung zu bezahlen, um in Richtung Genf aufzubrechen. Lucheni hat die Stadt wie auch den Kanton schon immer gemocht. Beides kennt er noch aus der Zeit, als er bei einem gewissen Papis in Versoix gearbeitet hat. An Genf wird er selbst später noch dessen »Erhabenheit« loben; denn von Anfang an schätzte er diese Stadt und hielt sie »für ein Stück des Paradieses, das die Götter absichtlich auf der Erde zurückgelassen haben, damit es den anderen Völkern als Vorbild dient«. Aber er begibt sich nicht als Tourist nach Genf...

In Begleitung ihrer Reisegefährtin, Herzogin Irma Sztaray, bricht Elisabeth zu einem Ausflug nach Bex auf, um von dort aus einen außergewöhnlichen Ausblick auf die Berggruppe der Dents du Midi zu genießen. Am 3. September fährt sie mit der Gondelbahn die Rochers de Naye hinauf, von wo aus sie zu einer günstigen Tageszeit einen herrlichen Blick über den Genfer See hinweg genießt, der sie ihren großen Lebensüberdruß vergessen läßt. Offenbar ist ihr dort auch in einem Unterholz »die weiße Dame der Habsburger« erschienen. Unmittelbar bevor sich in diesem Geschlecht tragische Dinge ereignet haben, soll dieses blasse Gespenst, dieser wahrhafte Todesengel, hier und da quer durch die Jahrhunderte hindurch aufgetreten sein. Wie ein Zeremonienmeister für alles, was über die Habsburger wie auch über die Hohenzollern als Fluch kam, soll dieser wallende Schleier als Vorbote für so manches unmittelbar bevorstehende Familienunglück erschienen sein. Das letzte Mal hatte ein Treiber das erhabene Ektoplasma in den Gräben von Mayerling gesehen, wo Kronprinz Rudolf am 29. Januar 1889 Selbstmord beging. Da sie schon von dieser Erscheinung besessen war und wußte, welche Bedeutung sie besaß, vertraut sich die Kaiserin Irma an.

Zurück in Caux, findet sie eine Einladung der Baronin Julie de Rothschild vor, die sie darum bittet, sie auf ihrem prachtvollen Landsitz von Pregny in der Nähe von Genf zu besuchen. Elisabeth denkt, daß sie die Einladung annehmen wird, da auch sie Genf schon seit vielen Jahren bewundert: »In dieser Stadt halte ich mich am allerliebsten auf, weil ich mich dort, ganz wie es mir beliebt, unter weltgewandten Menschen bewegen kann...« Irma Sztaray versucht es ihr in Anbetracht der düsteren Vorzeichen auszureden. Aber Elisabeths starkes Bedürfnis, sich körperlich und seelisch den Urgewalten der Natur und des Schicksals zu stellen, nimmt ihr jede wirkliche Angst vor dem Tod. Sie entzieht sich nicht. Sie nimmt die Einladung an.

Selbst heute, hundert Jahre danach, weiß man immer noch nicht genau, was Lucheni dazu veranlaßt hat, sein Attentat in Genf durchführen zu wollen. Er sollte später behaupten, daß er dort eigentlich dem Prinzen Henri d'Orléans auflauern wollte, der dort seinen Vater, den Herzog von Chartres, besuchte, um »das Attentat an ihm zu verüben«. Aber der Prinz hatte Genf schon lange verlassen, was auch allgemein bekannt war.

Aufmerksam durchstreift Lucheni Genf. Ist er allein hier? Verfügt er schon zu Beginn seines Aufenthalts über »besondere« Informationen? All das wissen wir heute immer noch nicht.

Am Morgen des 7. September schifft er sich nach Évian ein. Dort angekommen, besorgt er sich *La Revue Évian-Programme*, in der die offizielle Liste derjenigen Persönlichkeiten veröffentlicht ist, die sich vom 3. bis zum 5. September an diesem von der Oberschicht so sehr geschätzten Ort aufhalten. Eine Menge feiner Anzüge und Kleider, sicher, aber nicht ein einziges gekröntes Haupt: »Aristokraten. Kardinäle, die Armut predigen und nach Évian reisen...« Lauerte er jemand Bestimmtem auf? Auch diese Frage muß unbeantwortet bleiben. Am nächsten Tag, einem Donnerstag, nimmt er das Schiff zurück nach Genf, »die Stadt, in der man bestimmt irgendeinen König, irgendein gekröntes Haupt antrifft«.

Die Rue d'Enfer ist eine Gasse am unteren Ende der Altstadt, zwischen der Rue de la Croix-d'Or und der Rue du Purgatoire gelegen. In dieser Gasse stehen dichtgedrängt ein paar kleine, verwahrloste Häuser; es wirkt so, als könnte alles jeden Augenblick in sich zusammenbrechen.

In der Rue d'Enfer Nr. 8 betreibt Madame Seydoux ihre Pension mit »möblierten Zimmern«. Madame Seydoux selbst wohnt im Zwischengeschoß: Küche und ein Zimmer. Die beiden Stockwerke darüber sind für ihre Mieter bestimmt. In dem Haus riecht es beständig nach Abfällen. Die Wirtin ist eine mißgelaunt wirkende Mittfünfzigerin, die an wenig anspruchsvolle Ausländer vermietet, da es in ihrer Pension eigentlich keine Zimmer, sondern nur Betten zu vierzig Centimes die Nacht zu mieten gibt. Wenn man bereit ist, dieses Bett mit jemand anderem zu teilen, kostet es nur noch dreißig Centimes; zudem dürfen sich die Gäste zwischen 8 und 20 Uhr nicht in den Zimmern aufhalten.

Madame Seydoux verachtet die Italiener, die sie alle ganz pauschal für Lügner hält. Außerdem kann sie Geschichten über sie erzählen, daß man glaubt, »nicht richtig zu hören«. Normalerweise müssen alle ihre Mieter gemeldet sein, aber was soll man machen, es kann immer mal jemand vergessen werden, denn schließlich ist es doch besser, einen Mieter ohne Papiere zu haben als gar keinen.

An diesem 8. September, einem Donnerstag, kommt Lucheni zusammen mit einem jungen Mann, der wie er italienisch spricht, in die Pension von Madame Seydoux. Sie mieten ein Zimmer für zwei Personen.

Die Nase im Wind und den Geist hellwach, durchstreift Lucheni am 8. und 9. September Genf, um »eine Arbeit zu suchen« und »zu warten«.

An ebendiesem 9. September schifft sich Elisabeth morgens zusammen mit ihrer Begleiterin Irma Sztaray nach Genf ein. Es ist ein strahlender Tag, und das Schiff gleitet über das ruhige Wasser des Genfer Sees auf die Verengung zu, an der die Rhône in den See einmündet und die Stadt gelegen ist. Die beiden Damen reisen inkognito. In Genf empfängt sie lediglich der Hofsekretär Dr. Kromar, der sie auch in dem von den Rothschilds zur Verfügung gestellten Gespann nach Pregny begleitet.

Der Empfang, den ihnen die Baronesse de Rothschild bereitet, ist ihrer würdig. Lediglich die Anzahl der goldbetreßten Diener bei Tisch stört Elisabeth, die es gern etwas einfacher hat. Der prachtvolle Landsitz ist ein wahres Museum, ganz zu schweigen von den exotischen Volieren und den Orchideen-Gewächshäusern, von denen der hohe Gast entzückt ist. Nach ihrem dreistündigen Aufenthalt in Pregny lenkt Elisabeth auf der Rückfahrt nach Genf das Gespräch mit der Herzogin Sztaray merkwürdigerweise systematisch auf das Thema Glauben und Tod.

Um 18 Uhr trägt sie sich unter dem Namen Herzogin von Hohenembs im Grand Hôtel Beau-Rivage ein. Am Abend unternimmt sie zusammen mit ihrer Hofdame einen Spaziergang. Sie durchqueren die Stadt, gehen bis zur Place Bel-Air und zum Boulevard du Théâtre. Sie nehmen im Süßwarengeschäft Désarnod Platz und bestellen Eis. Mögen die beiden Damen auch inkognito reisen, dem Inhaber des Geschäfts entgeht nicht, daß sie dem Hochadel angehören; darüber hinaus setzt sein Angestellter ihn schon bald über deren Identität in Kenntnis, was er deshalb tun kann, weil er vorher etwas im Hotel Beau-Rivage ausgeliefert hatte, wo man ihm die entsprechenden Informationen zukommen ließ.

Gegen 19 Uhr hat der städtische Gärtner Fiani, der gerade an den Beeten am Brunswick-Denkmal arbeitet, sie in Richtung Stadt vorbeikommen sehen. Auch er wußte dank der Indiskretion eines Kutschers, um wen es sich bei diesen beiden Damen handelte.

Offiziell wurde die Ankunft von Elisabeth in Genf erst am darauffolgenden Tag gegen 10 Uhr in der *Tribune de Genève* bekanntgemacht; es scheint aber so zu sein, als hätten sich die Neuigkeiten schon vor der Veröffentlichung in den Gazetten durch Mund-zu-Mund-Propaganda sowie die persönliche Beobachtungsgabe einiger Menschen in der Stadt verbreitet.

Es ist durchaus vorstellbar, daß Lucheni den ganzen Tag über die Gerüchte gehört hatte, die auf dem Quai du Mont Blanc, an dem das Hôtel Beau-Rivage gelegen ist, kursierten. Offenbar in Begleitung seines neuen Freundes aus der Pension sowie eines gutgekleideten fünfzigjährigen Mannes, der sich vielleicht in Genf mit ihnen getroffen hat, um die Situation abzuklären, ist Lucheni den ganzen Tag in der Stadt spazierengegangen. Allerdings handelt es sich bei der Aussage in bezug auf den Mann lediglich um eine Vermutung, die zwar durch einige Zeugenaussagen gestützt, sich aber wohl nie mehr bestätigen oder widerlegen lassen wird.

Zurück im Hotel, öffnet Elisabeth ihr zum See hin gelegenes Fenster, um den wunderschönen Mondschein zu genießen. Das Blinklicht des Pâquis-Leuchtturms in Verbindung mit den Melodien eines italienischen Sängers heitert sie auf, so daß sie sich erst spät schlafen legt.

Am Samstag, den 10. September, verlassen die Kaiserin und die Herzogin gegen 11 Uhr das Hotel, gehen in verschiedene Geschäfte und kehren nach einem kurzen Spaziergang gegen 13.15 Uhr zurück. Auf der Straße spielt eine Drehorgel Melodien aus *Carmen*, *Tannhäuser*, *Rigoletto* und *Lohengrin*. Sisi mag vor allem *Tannhäuser*. Kurz bevor sie ins Hotel zurückkehren, gehen sie noch ein letztes Mal in ein

Süßwarengeschäft, um dort Bonbons zu kaufen. Irma drängt Elisabeth, weil sie befürchtet, daß Ihre Hoheit das Schiff *Genève* verpassen könnte, das um 13.40 Uhr ablegt.

Die Koffer sind bereits an Bord gebracht worden, und Lucheni hat das Treiben beobachtet. Er hält auf dem Kai Ausschau und schließt aus der dort herrschenden Geschäftigkeit, daß Elisabeth sich auf dem nächsten Schiff nach Montreux einschiffen wird. Mehreren Zeugenaussagen zufolge warten zu diesem Zeitpunkt noch zwei Individuen am Bahnhof Cornavin, wo ihr Verhalten die Aufmerksamkeit eines Gepäckträgers erregt; sie wirken nervös und gehen mehrfach die Rue des Alpes, die in der Nähe des Beau-Rivage in die Uferstraße einmündet, auf und ab.

Elisabeth und Irma verlassen um 13.40 das Hotel endgültig. Sie haben es eilig und müssen so schnell wie möglich zu Fuß über den Gehsteig zum See, wo das Schiff wartet. Die Kaiserin geht auf der rechten Seite. Als sie sich ungefähr in Höhe des Hôtel de la Paix befinden, »näherte sich ein Individuum, das sich an der Brüstung am See angelehnt hatte, im Laufschritt der Kaiserin; er beugte sich vor, so als würde er nach irgend etwas unter ihrem Sonnenschirm sehen wollen, und stach ihr so derartig schnell mitten in die Brust, daß niemand die Waffe in seiner Hand bemerkt hatte; durch die Heftigkeit des Stoßes stürzte die Kaiserin zu Boden; gestützt von der Herzogin Sztaray und einem Assistenten, richtete sie sich wieder auf. Nachdem sie wieder auf eigenen Füßen stand, wünschte sie, ohne Unterstützung bis zum Landesteg zu gehen. Auf die Frage ihrer Hofdame, ob sie Schmerzen habe, antwortete sie: ›Ich weiß nicht, ich glaube, meine Brust schmerzt.‹ Als sie gerade an Bord sind, fällt Ihre Majestät in Ohnmacht und bleibt einige Minuten lang bewußtlos. Da zu diesem Zeitpunkt niemand die Tragweite dessen ermaß, was sich gerade ereignet hatte, legte das Schiff ab; die Kaiserin kam wieder zu sich und sprach sogar die folgenden Worte: ›Was ist geschehen?‹ Hierauf wurde sie erneut ohnmächtig, und ihr Zustand verschlimmerte sich sehr schnell. Zu diesem Zeitpunkt hatte das Schiff die Reede verlassen und befand sich in Höhe des Plantamour-Feldes in Sécheron. Man beschloß, umzukehren und die Anlegestelle von Pâquis anzulaufen, die dem Beau-Rivage am nächsten liegt. Das Schiff legte an; in der Zwischenzeit war notdürftig eine Bahre aus zwei Rudern und Tauwerk angefertigt worden. Hiermit hat man die Kaiserin ins Hotel getragen. Als sie nur wenige Minuten später starb, waren die Herzogin Sztaray, Madame Meyer, die Hoteldirektorin, sowie der Arzt Dr. Golay, der herbeigerufen wurde, als man sah, daß das Schiff umkehrte, anwesend.«[1]

Unmittelbar nachdem er Elisabeth niedergestochen hat, flüchtet der Attentäter durch die Rue des Alpes. Ein gewisser Rouge, Stellwerkswärter bei der Schmalspurbahn, geht in entgegengesetzter Richtung zum Fluchtweg Luchenis durch die Rue des Alpes. In Höhe der Hausnummer 5 streckt er reflexartig den Arm aus, um dem Flüchtigen den Weg zu versperren, »der wie ein Schmetterling hüpft« und den er für einen Dieb hält. Ein gewisser Chammartin, Elektriker, sowie Willemin und Fiaux, beides Kutscher, kommen ihm zu Hilfe, als das Individuum sich wehrt. Sie bringen den gut gelaunten, weil trällernden Lucheni zum Polizeirevier von Pâquis. Der Gendarm Kaiser, der sich um 13.45 Uhr an der Anlegestelle im Dienst befand, hatte gehört, wie »haltet den Dieb, haltet den Mörder!« gerufen wurde, und hat in der Zwischenzeit erfahren, daß die Kaiserin Opfer eines Attentats geworden ist. Er denkt, es würde ein einfaches

---

[1] *Offizieller Bericht des Staatsanwalts.* Ich habe mich dazu entschieden, den offiziellen, trockenen und lakonischen Bericht ausführlich zu zitieren, weil ich zu den Quellen selbst zurückkehren und dem Leser einen Eindruck davon vermitteln wollte, wie diese ersten schicksalhaften Minuten nach dem Attentat, die Gegenstand so mancher ausschweifender Erzählung geworden sind, wirklich wahrgenommen wurden.

Vergehen vorliegen, als er eine Person in Begleitung des Polizeiwachtmeisters Lacroix dem Gefängnis überstellt, die in seinen Augen lediglich ein gewöhnlicher Dieb ist. Erst als im Verlaufe des Verhörs dort das Telefon klingelt und man erfährt, daß die Kaiserin gestorben ist, und als Luigi Lucheni voller Zynismus seine große Zufriedenheit über die Tat zum Ausdruck bringt (»als ich zustach, spürte ich, daß die Waffe tief in ihre Brust eindrang und die Kaiserin sterben würde...«), ahnt man, wen man vor sich hat.

Die Waffe? Was für eine Waffe soll er denn benutzt haben, wo doch niemand eine gesehen hat, nicht einmal das Opfer selbst? Zwei Stunden nach dem Attentat findet die Concierge des Hauses Rue des Alpes Nr. 3 die Waffe, die Lucheni fortgeworfen hatte und bei der es sich um nichts anderes als die schon erwähnte, mittlerweile mit einem groben Griff versehene Dreikantfeile handelte, die Lucheni gekauft und mit Hilfe von Martinelli während seines Aufenthaltes in Lausanne entsprechend hergerichtet hatte.

Nachdem Elisabeth an Bord des Schiffes ihr Bewußtsein verloren hatte, schnitt ein gewisser Gebel eilig ihre Korsage auf und entdeckte kaum einen Zentimeter oberhalb der linken Brust eine Wunde, aus der nur einige wenige, auf den malvenfarbenen Spitzen sichtbare Tropfen Blut ausgetreten waren. In der kurzen Zeit, während der Elisabeth wieder zu Bewußtsein gekommen war, versicherte sie Irma, daß sie keine Schmerzen litt.

Im Hotel nimmt Dr. Golay einen Schnitt am rechten Handgelenk von Elisabeth vor, die nicht mehr reagiert und stirbt. Bei der Autopsie, die später Dr. Mégevaud durchführen sollte, wird eine 85 Millimeter tiefe dreieckige Wunde festgestellt, die von einem »langen, spitzen« Gegenstand herrührt, der zuerst die vierte Rippe verletzt, dann den vorderen Rand des linken Lungenflügels durchdrungen, den Herzbeutel zerstört und die linke Herzkammer durchstoßen hat.

Betroffenheit und Wahn

Bei seiner Festnahme bezeichnet sich Lucheni als Anarchist; im folgenden möchte ich seine ersten Erklärungen zitieren:

Als er vom Tod Elisabeths erfuhr: »Um so besser. Ich habe meine Arbeit getan, die anderen werden jetzt die ihre tun. In Lausanne und Genf gibt es viele Anarchisten...«

Auf die Frage, warum er die Flucht ergriffen habe, antwortete er: »Ich wollte nicht wie Caserio[2] von der Menschenmenge gelyncht werden.«

Eine weitere Erklärung Luchenis: »Der große Bakunin hat uns den Weg gewiesen. Sie sind ein Bourgeois, Sie können das nicht verstehen. Ich glaube an die Propaganda durch die Tat, und Tausende von Männern denken genau wie ich!«

Da er es zutiefst bedauert, daß die Todesstrafe in Genf abgeschafft wurde, möchte er nach Luzern ausgeliefert werden, wo es sie noch gibt.

Steht Lucheni also ganz und gar im Dienste dieser Idee? Es scheint so zu sein, und niemand hegt Zweifel an seiner Entschlossenheit.

Allerdings gibt es da eine Sache, die eigentlich ins Auge springen müßte: Er steht nicht mehr mit beiden Füßen auf dem Boden der Realität. Nachdem er sein persönliches Aufbegehren blutig zum Ausdruck gebracht hat, zeigt er alle Anzeichen des Rauschs, die typisch sind für diejenigen, die einem inneren Impuls nachgegeben haben und aus dem Rahmen der Normalität herausfallen.

Alles, was folgt, kann man sich ohne weiteres vorstellen. Die Reaktion, die dieses Attentat in Genf, in Wien und überall sonst auf der Welt hervorrief, hatte die Tragweite, die dem tragischen Schicksal einer Kaiserin angemessen ist.

---

[2] Italienischer Anarchist, der den Präsidenten der Republik Frankreich, Sadi Carnot, im Jahre 1894 in Lyon ermordet hat.

Anstatt die überall herrschende Bestürzung zu beschreiben, möchte ich die Worte von Kaiser Franz Joseph wiedergeben: »Es ist einfach unbegreiflich, wieso ein Mann ein solches Attentat an einer Frau begehen konnte, die nie in ihrem Leben irgend jemandem etwas Böses zugefügt und überall dort, wo es ihr möglich war, Gutes getan hat.«

In Wien rufen Arbeiter: »Nicht genug damit, daß die Italiener uns das Brot wegessen, sie töten auch noch unsere Kaiserin!« Die Wiener Frauen erklären an die Adresse Luchenis gerichtet: »Die Mädchen und Frauen von Wien verfluchen Sie. Man müßte Sie in kleine Stücke zerschneiden!«

Mark Twain, der sich zum Zeitpunkt des Attentats in Österreich aufhält, schreibt seinem Freund Reverend Joseph H. Twichell und schickt ihm einen Riesenartikel mit dem Titel *The memorable assassination*, der erst im Jahre 1996 im Internet veröffentlicht wird:

»Nicht einmal der Mord an Cäsar vermochte die Welt so sehr zu erschüttern wie der an Elisabeth ... Was für ein Geist hat der Welt dieses Schauspiel geliefert? ... Am untersten Ende der menschlichen Stufenleiter, ohne Gaben, ohne Talent, ohne Bildung, ohne Moral, ohne Charakter, ohne jede innere Anmut hat er in nur fünf Minuten alle Politiker, Verkäufer der Nächstenliebe, Bandenchefs, Fahrrad-Champions, Gesetzlose und sonstige Napoleone in den Schatten gestellt! ...«

Die Auswahl von Stellungnahmen wäre unvollständig, wenn man nicht die Erklärung der Heilsarmee und den darin enthaltenen Ratschlag zitieren würde: »Versucht also nicht weiter mit Hilfe eures menschlichen Verstandes und aus eigener Kraft die große soziale Frage zu lösen, die Jesus Christus schon längst gelöst hat.«

Zu diesen Reaktionen im Ausland, die sich teilweise aus dem Kontext der Zeit erklären, gesellt sich noch die Empörung der in ihrem Stolz verletzten Schweiz:

»Die ganze Schweiz, das Land der Neutralität und des Rechts, soll hören, was ich zu sagen habe: Ich habe volles Verständnis für den Schutz von Tieren, nicht aber für den von Mördern!« (Eine junge Genferin)

Oder folgende Aussage: »Italien sollte sich einmal die Frage stellen, warum Europa in so kurzer Folge von so vielen wilden Bestien heimgesucht wird!« (Ein junger Berner)

Oder die für die damalige Zeit typische gestelzte und etwas überspitzte Aussage: »Die schädlichen Miasmen werden sich, wie aus Rache, bis in die Marmorpaläste hinein ausbreiten...«

Der Präsident des Großen Rates von Genf, des dortigen Parlaments also, sagte auf der verkürzten Sitzung vom 14. September 1898: »Der Schweizer Boden ist durch ein abscheuliches Verbrechen befleckt worden.«

Im Laufe der auf den 17. September vertagten Sitzung fordert der einflußreiche Gustave Ador während der freien Aussprache den Staatsrat (die Genfer Exekutive) zu einschneidenden Maßnahmen auf:

»... Einige anarchistische Sekten haben unsere Stadt auserkoren, um hier ihren Vernichtungsfeldzug durchzuführen (Beifall links)... Ich nehme mir die Freiheit zu fordern, daß der Staatsrat alle diejenigen unseres Landes verweisen muß, die sich zum Anarchismus bekennen, damit unser Boden von ihnen gesäubert wird...«

Die Empörung flaut mit der Zeit ab, so daß an den friedseligen Ufern des Genfer Sees wieder die übliche Ruhe einkehrt. In seiner unter dem Titel *Au foyer romand (Im Herzen der französischsprachigen Schweiz)* verfaßten Chronik wird Philippe Monnier bald seine »literarischen Neujahrswünsche für 1899« beginnen. In dem für diese Almanache typischen seichten, von Gutherzigkeit geprägten Ton stellt Monnier zunächst fest: »In der französischsprachigen Schweiz fühlt man sich sicher...« Und dann fügt er hinzu: »Aber auch an den Ufern unserer Seen geschehen schlimme

Dinge... Auch wir haben unsere Leidenschaften und Armseligkeiten, und genauso wie wir unsere Kirchen haben, haben wir auch unsere Hospitäler, Schwurgerichte und Gefängnisse.«[3]

An die Beschreibung des liebenswürdigen Paradieses schließt sich unversehens die Erwähnung des Vorkommnisses an, das alles von Grund auf verändern sollte: »Der französischsprachigen Schweiz ist in diesem Jahr eine häßliche Sache widerfahren...« Aber kaum ist das Entsetzen formuliert, wird es auch schon wieder beiseite geschoben, denn letztendlich ist »die französischsprachige Schweiz ein schönes Land«!

Der Staatsrat beschließt, zu einer Dringlichkeitssitzung am Sonntag, den 11. September, zusammenzukommen, um eine Erklärung zu formulieren, in der die Bevölkerung dazu aufgerufen wird, am Montag, den 12. September, in Anwesenheit von Mitgliedern des österreichischen Herrscherhauses und von österreichischen Regierungsvertretern, so zahlreich wie möglich in den Straßen der Stadt ihr Mitgefühl für das Opfer und ihre Empörung über den Täter zu demonstrieren.

Der Salon der Kaiserin im Hôtel Beau-Rivage wurde in eine mit schwarzen Tüchern verhängte erbauliche Kapelle umgestaltet. Zwischen den beiden Fenstern stand der Katafalk.

Die Demonstration sollte eine der größten werden, die Genf bis dahin erlebt hatte. Bis zum Mittag bewegt sich, begleitet vom Läuten der großen Glocke der Kathedrale, eine Menge von schätzungsweise 15 000 Menschen durch die Straßen der Stadt. Alle Geschäfte bleiben geschlossen, auch das Süßwarengeschäft, in das Elisabeth noch schnell gegangen war, bevor sie an Bord des Schiffes gehen wollte, und dessen Besitzer später mangelndes Feingefühl unter

---

[3] Philippe Monnier, *Au foyer romand*, Lausanne (M. Payot) 1898.

Beweis stellte, als er auf den makabren Gedanken kam, in seinem Schaufenster ein Schild mit folgendem Text aufzustellen: »Elisabeth-von-Österreich-Bonbons. Schokolade und Mokka. Die Echten, die Ihre Majestät wenige Minuten vor ihrem Tod gekauft hat...«

Noch am selben Nachmittag wird die Leiche aufgebahrt, umgeben von einem schier unübersichtlichen Berg von Kränzen, unter denen sich auch einer der italienischen Gemeinde von Genf befindet.

Seit dem Tag seines Verbrechens befindet sich Lucheni im Untersuchungsgefängnis Saint-Antoine, wo er langen Verhören unterzogen wird, in deren Verlauf er sich ständig in die Brust wirft und nicht das geringste Anzeichen von Reue erkennen läßt. Er behauptet, nach Genf gekommen zu sein, um dort den Prinzen Henri d'Orléans zu ermorden, der sich aber ganz offensichtlich nicht mehr dort aufhielt, so daß er, ohne dazu beauftragt worden zu sein und ohne Komplizen, schließlich den Entschluß faßte, irgend jemand anderen zu töten. Wenn seine Wahl tatsächlich spontan, wie er behauptet, auf Elisabeth von Österreich fiel, deren Aufenthalt lediglich dreieinhalb Stunden vor dem Mord in der Lokalpresse bekanntgemacht wurde, hätte er sich damit als wahres Improvisations- und Präzisionsgenie erwiesen.

Folgende Gegenstände trug er bei der Festnahme bei sich: einen Wehrpaß zusammen mit der schon erwähnten »Urkunde und Medaille«, die ihm seine beispielhafte Soldatenlaufbahn bescheinigen, eine Uhr, fünf von der Familie Vera d'Aragona an ihn adressierte Briefe, eine anarchistische Hymne mit dem Refrain »Abasso le frontiere« (Nieder mit den Grenzen), gezeichnet Louis Louquéni (sic) aus Parma, ein paar Zitate von Santo Caserio, ein Subskriptionscoupon für die Zeitschrift *L'Agitatore*, die Liste der ausländischen Gäste in Évian, ein paar Zeitungsartikel.

Am Abend des 10. September wird ihm im Gefängnis eine Bibel überreicht, auf deren Titelseite sich folgende Widmungen finden: »Du sollst nicht töten (2. Mose 20,13)« und: »Jesus aber sprach: Vater, vergib ihnen... (Lukas 23,34)«. Lucheni muß noch weitere erhalten haben, denn schon nach kurzer Zeit standen in seiner Zelle nicht weniger als fünf Bibeln oder Sammlungen mit religiösen Texten.

Schon bald werden ihm in Saint-Antoine eine Vielzahl von Briefen zugehen. Unter den Schimpfbriefen sticht einer ganz besonders heraus: Der empörte Absender hat sich die Mühe gemacht, aus einer Zeitung die Silhouette Luchenis auszuschneiden und um den schlanken Papierhals wie bei einem Gehängten eine echte Schnur zu legen! Die auf der Rückseite hingekritzelte Inschrift bedarf keines weiteren Kommentars: »Sieh dich an, du Mörder. Sieh genau hin, du böses wildes Tier!«

Daneben fehlt es natürlich nicht an Solidaritätsbekundungen. So zum Beispiel der delikate Brief eines Bewunderers, der Luchenis Tat gutheißt, es aber lieber gesehen hätte, daß er »Königin Viktoria, diese englische Kuh« niedersticht, durch deren Schuld die tapferen Buren in Transvaal umgebracht werden... Lucheni hat jetzt tatsächlich eine internationale Anhängerschaft. Da er sich auf den Anarchismus beruft, erweckt er den Anschein, als würden die von ihm erhobenen Forderungen sich nicht nur auf seine eigene Person beziehen. Jedenfalls sind die Reaktionen auf seine Tat sehr viel heftiger, als dies vorhersehbar gewesen wäre...

Die monarchistisch orientierte italienische Tageszeitung *Don Marzio* veröffentlicht einen aufsehenerregenden Artikel, in dem Lucheni als blutrünstige Bestie dargestellt wird.

Lucheni hegt die Absicht, einen Artikel veröffentlichen zu lassen, in dem er all den Zeitungsartikeln entschieden widerspricht, die sich auf die Theorien von Cesare Lombroso berufen, einem Theoretiker der kriminologischen Anthropologie. Dieser italienische Psychiater hat sein ganzes Leben lang zu beweisen versucht, daß alle Mörder und Schwerverbrecher einen angeborenen Hang zur Kriminalität haben.

In seiner Richtigstellung hebt Lucheni ganz besonders hervor, daß er kein Wahnsinniger sei, der weder mit dem »Buckel des Verbrechens« geboren wurde noch materielles Elend ihn zu der Tat gedrängt hätte. Er wünsche sich im Gegenteil, daß seine gerechte Tat den Auftakt zu einer Reihe anderer Attentate darstellt, die diejenigen treffen sollen, die ihresgleichen zum Vergnügen knechten. In dieser Art Manifest findet sich auch ein Satz, der zu einem Leitmotiv Luchenis werden sollte: »Der Tag ist nicht mehr fern, an dem diejenigen, die dem Wohl der Menschen dienen, alle heutigen Schriften überflüssig machen werden. Ein einziger Satz wird vollkommen genügen, und der lautet: »Wer nicht arbeitet, soll auch nicht essen!«

Er unterzeichnet mit: »Luigi Lucheni, zutiefst überzeugter Anarchist.«

Wem wirft er vor, nicht zu arbeiten? Der »überzeugte Anarchist« scheint einen autoritären Traum zu hegen...

Am 14. September wird der Leichnam der Kaiserin, feierlich begleitet von Bundesrat und Staatsrat, zum Bahnhof Cornavin gebracht, wo der am Vortag eingetroffene kaiserliche Geleitzug wartet. Die Beisetzung von Elisabeth findet in Wien mit all der beeindruckenden Pracht des spanischen Zeremoniells statt. Ganz Europa trauert.

»Stellen Sie sich vor, daß diese glorreiche Menge sich hier auf Anweisung dieses nichtsnutzigen Italieners, der sich auf dem Kaiserthron in seinem Genfer Gefängnis räkelt, zusammengefunden hat«, schreibt Mark Twain.

Am Eingang zur Kapuzinergruft, in der alle österreichischen Herrscher beigesetzt sind, klopft der aufsichtsführende Priester an und sagt: »Kaiserin und Königin Elisabeth bittet eintreten zu dürfen...« So kommt sie wieder mit ihrem Sohn Rudolf zusammen, der in Mayerling auf so tragische Weise ums Leben gekommen war.

Im Saint-Antoine-Gefängnis, wo er auf seinen Prozeß wartet, behandelt man Lucheni eher gut. Da der Untersuchungsrichter Léchet eine sehr gewissenhafte Untersuchung durchführt, wird seine Akte immer dicker. Léchet ist vollkommen besessen von seiner Verschwörungstheorie, an der in seinen Augen nicht der geringste Zweifel bestehen kann, und läßt daher zunächst einige Verdächtige festnehmen, die er aber bald wieder freilassen muß. Er geht soweit, diesem Mörder gute Zigarren anzubieten, weil er hofft, ihn durch Schmeicheleien für sich einzunehmen. Dieses Detail bleibt von der ausländischen Presse nicht unbemerkt, die schon bald die Vergünstigungen kritisiert, in deren Genuß diese »abscheuliche Bestie« kommt. In den Augen der nichtschweizerischen Beobachter ist das Genfer Untersuchungsgefängnis nichts anderes als ein »Luxusgefängnis«.

Woher kommt Luigi Lucheni?

Im Hinblick auf den bevorstehenden Prozeß veröffentlicht Cesare Lombroso in der *Revue des revues* vom 1. November 1898 die Ergebnisse seiner Analyse.

Da er als Begründer der kriminologischen Anthropologie über großes Ansehen verfügt, hat er sich schon in so manchem Prozeß hervortun können. Lombroso hat sich unter anderem im Jahre 1896 durch kategorische Behauptungen über den angeblich bei allen Anarchisten feststellbaren Hang zur Epilepsie hervorgetan.

Ganz im Sinne seiner eigenen Theorie und mit dem Ziel, anhand eines weiteren Beispiels deren Stichhaltigkeit zu beweisen, hat er zunächst in Frankreich und dann in Italien eine Untersuchung durchgeführt, um mit deren Hilfe die prägenden psychosozialen Faktoren des Angeklagten Lucheni besser veranschaulichen zu können. Auf diese Weise glaubt er sich in der Lage, der Genfer Justiz das notwendige Material für deren Urteil zur Verfügung stellen zu können. Da die Anklage über keine weiteren nennenswerten Informationsquellen verfügt, stützt sie sich im wesentlichen auf die Ergebnisse von Lombrosos Untersuchung.

»... Beginnen wir damit, die Ursachen für die Tat entsprechend den Regeln der neuen anthropologisch-psychiatrischen Schule mittels der Untersuchung der Persönlichkeit des Verbrechers zu erforschen. Luigi Lucheni ist das uneheliche Kind eines mittlerweile nach Amerika ausgewanderten Dienstmädchens aus Parma und ihres noch in Parma lebenden Dienstherrn, ein cholerischer Trinker, der seine Geliebte in schwangerem Zustand nach Paris schickte, wo sie ihr Neugeborenes im Pariser Findelheim abgab...«

Diese wenigen Sätze enthalten schwerwiegende Behauptungen über die Identität sowie das Persönlichkeitsprofil von Luigis Eltern, der seinerseits überhaupt nichts über sie weiß. Ich möchte diesen Behauptungen die Ergebnisse meiner eigenen Untersuchungen entgegenstellen.

Geboren in Paris

Paris, Oktober 1872. Der Faubourg Saint-Antoine ist eines der größten Arbeiterviertel von Paris. In diesem sehr dicht besiedelten und armen Außenbezirk von Paris pulsiert das Leben. Der arme Arbeiter aus Popincourt oder Picpus wird, wenn er verletzt oder krank ist, fast automatisch ins Hospital Saint-Antoine gebracht, das immer noch an die Zeit der Besetzung und der Pariser Kommune 1870/71 erinnert: Seinerzeit wurden unter dem Druck der Verhältnisse schäbige Baracken errichtet, um die vom Krieg, aber auch vom harten Leben Geschädigten aufzunehmen.

Aber das Elend kennt hier keine Staatsangehörigkeit, es ist international. So hält sich Anfang Herbst 1872 eine junge, fünfundzwanzigjährige Italienerin in der Rue Sainte-Marguerite im 11. Pariser Arrondissement auf. Vielleicht ist es die Anonymität einer großen Stadt, die sie hierhergelockt hat, vielleicht aber auch die Nähe des Armenhospitals Saint-Antoine. Eine Landsfrau, Signora Scunio, nimmt sie unentgeltlich bei sich in der Rue Sainte-Marguerite Nr. 35 auf.

Die junge Frau hat kein Geld, ist Analphabetin und auf der Suche nach Arbeit. Noch gelingt es ihr zu verheimlichen, daß sie im dritten Monat schwanger ist. Sie ist also nach Paris gekommen, um hier so lange zu leben, bis sie ihr Kind auf die Welt gebracht hat. Für diese in Dalbavito in der Nähe von Parma geborene Frau ergab sich die Notwendigkeit, ihre Heimat zu verlassen. Der Vater des Kindes, das sie im Bauch trägt, war ihr in der Nähe ihres Heimatortes lebender Dienstherr oder aber der Sohn ihres Dienstherrn. Dieser hatte zweifellos beschlossen, alles in seiner Macht Stehende in die Wege zu leiten, um das verführte Dienstmädchen von dort zu entfernen und so die unerträgliche Aussicht auf eine Mesalliance abzuwenden, auf die er sich aufgrund ihres Zustands eventuell einlassen müßte. Für sie bestand keine andere Aussicht als die, weggehen zu müssen, denn Mädchen, die sich in ihrer Situation befanden, hielt man zu jener Zeit für verloren und verdorben. Stand sie demnach völlig allein da? Ihre Eltern lebten noch in Dalbavito, aber sie konnten zweifellos nichts für sie tun oder zu tun veranlassen. Denn die Schande wäre auch über sie gekommen. Jedenfalls wollte Luisa sie nicht um Hilfe bitten, die sie ihr vielleicht sowieso verwehrt hätten. Gianni und Maria-Mézette waren ohnehin schon so arm, daß die Schwangerschaft der Tochter ihr Elend nur noch vergrößert hätte.

Während der sechs Monate, die ihr noch bis zur Entbindung bleiben, ist Maria auf der Suche nach Arbeit. Als Tagelöhnerin könnte sie ein wenig Geld verdienen. Aber der Zustand, in dem sie sich befindet, läßt sich immer schlechter verbergen, was ihr Vorhaben nicht gerade erleichtert: Seinerzeit war es für eine alleinstehende junge Mutter fast völlig ausgeschlossen, irgendeine Anstellung zu finden.

Am 22. April 1873 erscheint Luisa im Hospital Saint-Antoine, um dort ihr Kind zu entbinden. Das einzige Dokument, das sie vorlegen kann, ist ihre »Einreisebestätigung«, die am 21. September 1872 »in der 8. Sektion mit der Nummer 26779« ausgestellt wurde.

Warum hieß dann der kleine Luigi am Ende Lucheni? Offenbar ist der Name zweimal irrtümlich verändert worden: Aus Lucchini wurde für die Pariser Fürsorge Luccheni, und hieraus wiederum wurde dann später und für alle Zeiten Lucheni.

Luigi Lucheni wurde am 22. April 1873 geboren. Man bringt die Mutter zusammen mit ihrem neugeborenen Sohn im Saal Sainte-Marguerite im Bett Nummer 12 b unter. Am 24. April, zwei Tage nach seiner Geburt, wird der kleine Luigi getauft. Am 1. Mai dann faßt Luisa einen fürchterlichen Entschluß, vorausgesetzt, diese Entscheidung war nicht schon an dem Tag gefallen, als Luigis Vater sie verstieß. Aber das wird man wohl niemals erfahren.

Sie beschloß, ihr Kind in ein Kinderheim zu geben! In der Tat hat sie überhaupt kein Anrecht auf finanzielle Unterstützung durch die Fürsorgestelle. Zudem besteht für sie keine Aussicht darauf, jemals mehr zu verdienen, als sie selbst für sich zum Leben braucht. Ihr ist vollkommen klar, »daß sie nicht lange für ihr Kind wird sorgen können«. So lautet die offizielle Formulierung im Protokoll.

Die genauen Umstände dieser Überantwortung des Kindes an ein Kinderheim sind zwar nicht bekannt, aber sie sind ohne weiteres rekonstruierbar. Es ist allgemein bekannt, daß eine alleinstehende Mutter im 19. Jahrhundert weder ein Recht auf Respekt noch auf Arbeit hat und daß sie somit in vielen Fällen schlichtweg zu diesem Schritt gezwungen ist.

An der Stelle, wo sich unter dem Text des Dokuments, das die Übergabe des Kindes offiziell bescheinigt, die Unterschrift von Luisa befinden müßte, hat der Sekretär folgenden so häufig auf derlei Dokumenten zu findenden Vermerk gemacht: »Die Mutter kann nicht unterschreiben«. Was die Gründe der Mutter für die Überantwortung des Kindes an das Heim betrifft, scheute sich die Heimverwaltung nicht, folgende Umstände anzuführen: »fehlende finanzielle Mittel, daneben aber wohl auch ein wenig fehlende Intelligenz, nicht so sehr Mangel an gutem Willen«.

Indem Cesare Lombroso den leiblichen Vater von Lucheni als »cholerischen Trinker« bezeichnet (was niemals bewiesen wurde), konstruiert er einen pathologischen Fall, der die Regel bestätigt und gleichzeitig alle jene, das heißt die große Mehrheit, entlastet, die ungestraft und ohne daß ihr Verhalten verurteilt würde, von ihrem *Ius primae noctis* Gebrauch machen.

In Varano de' Melegari, einem Dorf in der Nähe von Parma, dort, wo Luigi den Großteil seiner Kindheit verbringen sollte, käuen die Dorfbewohner noch heute, Ende des 20. Jahrhunderts, die Ansichten ihrer Vorfahren wieder. Immer noch sagen sie über den kleinen Lucheni: »Era figlio di una mignotta!« (Er war der Sohn einer Hure.) Denn in Italien, wie überall sonst auch, gab es für junge Frauen wie Luisa keine andere Bezeichnung.

Man kann sich sehr genau vorstellen, wie groß die Verzweiflung der jungen Mutter in dem Moment gewesen sein muß, als sie den kleinen Luigi dem Heim überantwortete, wenn man die folgende typische Beschreibung einer solchen Situation liest. Der Angestellte eines Heims für Fürsorgekinder schilderte sie Maxime Du Camp, der sich sehr für das Problem der ausgesetzten und mittellosen Kinder im Paris des 19. Jahrhunderts interessierte:

»Wenn es Ihnen so großen Schmerz bereitet, uns Ihr Kind zu überantworten, warum behalten Sie es dann nicht?« fragte der Angestellte die Frau.

»Die junge Frau fuhr mit einem Mal von ihrem Stuhl hoch, wischte sich mit dem Ärmel über das verquollene Gesicht, drehte sich noch nicht einmal mehr um, öffnete die Tür und lief hinaus...« Der Angestellte sah Maxime Du Camp an und sagte: »So ist das immer!«

Ungefähr 4000 bis 5000 solcher Fälle jährlich, das ist der Tribut, den die Armen von Paris an die industrielle Revolution entrichteten.

Luigi Lucheni wird also am 1. Mai 1873 im Rathaus des 12. Pariser Arrondissements (dort, wo sich das Hospital Saint-Antoine befindet) unter der Nummer 45229 als Findelkind in die Kartei der Fürsorgekinder aufgenommen.

Die Entscheidung wird dem Direktor des Kinderheims mitgeteilt, das den Säugling aufnehmen soll.

In den Jahren 1836–38 hat man neue Strukturen geschaffen, um die »Findelkinder« aufzunehmen, die bis dahin immer im Findelheim Saint-Antoine untergebracht worden waren. Ab 1838 wurden alle Findelkinder und Waisen in der Rue d'Enfer in der ehemaligen Einrichtung des Oratoriums (das heutige Krankenhaus Saint-Vincent de Paul) untergebracht. Später erhielt diese Einrichtung die Bezeichnung Heim für Fürsorgekinder. Und genau das war die nächste Pariser Station des kleinen Luigi.

Die Untersuchungen, die Cesare Lombroso in Paris angestellt hatte und die, daran sei nochmals erinnert, für die Genfer Justiz maßgeblich waren, wimmeln nur so vor Ungenauigkeiten. Diese sind zurückzuführen auf eine Vermischung verschiedener Einzelheiten, die erst ein Blick in die Geschichte in aller Deutlichkeit zum Vorschein kommen läßt: So wurde Luigi nicht dem Kinderheim Saint-Antoine übergeben, das es, wie wir gesehen haben, zu dieser Zeit als Einrichtung, in der Findelkinder untergebracht wurden, schon lange nicht mehr gab. Richtig ist vielmehr, daß Luigis Mutter im Hospital Saint-Antoine entbunden hat.

Im Heim für Fürsorgekinder gibt es Angestellte, die mit der Aufgabe betraut sind, Ammen für die Säuglinge zu finden. Diese Angestellten ersetzten die berühmt-berüchtigten »Betreuer«, die auf dem Land von der Obrigkeit einst (bis etwa 1819) dazu auserkoren wurden, Bäuerinnen zu finden, die freiwillig dazu bereit waren, die Säuglinge aus der Stadt zu stillen.

Wenn sich die Möglichkeit dazu ergab, wurden einige der Kinder zu Pflegefamilien gegeben. Bevor Luisa sich auf und davon gemacht hat, wurde sie davon in Kenntnis gesetzt, daß sie lediglich das Recht dazu habe, einmal alle drei Monate über ihr Kind Bescheid zu bekommen. Es scheint jedoch, als habe sie nie von diesem Recht Gebrauch gemacht und dieses Kapitel endgültig abgeschlossen, als sie sich nach Amerika mit dem Ziel San Francisco einschiffte.

Gegen Ende Oktober desselben Jahres schickt das Pariser Kinderheim in der Rue d'Enfer den kleinen Luigi in sein Heimatland zurück. Veranlaßt sah sich das Heim zu diesem Schritt mit Sicherheit durch das endgültige Verschwinden der Mutter sowie durch das offensichtliche Bedürfnis, den französischen Kindern Vorrang einzuräumen.

Auf den Spuren eines
»kriminell veranlagten« Kindes

In Lombrosos Bericht heißt es:
»Er wurde in sein Heimatland zurückgeschickt und bis zu seinem neunten Lebensjahr einer sehr armen Familie namens Monichet anvertraut; der Vater, ein Schuster mit dem Hang zur Trunksucht, die Mutter, eine Frau mit einem absolut unmoralischen Lebenswandel. Als er neun Jahre alt ist, übernimmt die Familie Nicasi die Vormundschaft; achtbare Leute, Bauern, oder eher Bettler, so daß der Junge bis zu seinem dreizehnten Lebensjahr vom Betteln lebte, durch die Straßen zog und mit Freunden Obst stahl. Offenbar hat er in dieser Zeit einen epileptischen Anfall gehabt. Mit zwölf kam er in die Schule, wo er sich zwar aufmerksam, aber in einem solchen Maße ungehorsam zeigte, daß er einmal mit einem Kopfstoß das Porträt des Königs (Humbert I.) zerstörte.«

Mit diesen wenigen Zeilen meint Lombroso eine Kindheit angemessen zusammenfassen zu können, deren Kern er erfaßt zu haben glaubt, nachdem er mit einigen noch lebenden Zeugen in Parma und Varano de' Melegari gesprochen hat, wo Lucheni von seinem neunten bis zum vierzehnten Lebensjahr lebte. Es sei daran erinnert, daß die Ausführungen Lombrosos sich auf einen Häftling beziehen, der noch nicht die Gelegenheit erhalten hatte, sich ausführlich zu äußern und dessen Aussage man sowieso für fragwürdig halten würde.

Es fällt auf, daß die Erwachsenen, die sich um Luigi gekümmert haben, in diesem Bericht ohne weitere Beweise als Leute dargestellt werden, die entweder anständig, aber arm waren oder aber unverantwortlich, also trunksüchtig und liederlich.

Somit werden sie alle von Anfang an jeder persönlichen Verantwortung enthoben. Das ungeheure Elend des italienischen Volkes betrachtet Lombroso als ein kollektives, unlösbares und schicksalhaftes Problem, so daß jedes andere Versäumnis, sei es nun politischer, bürokratischer oder einfach nur menschlicher Natur, ausgeschlossen wird. Dieser starre und kompromißlose Determinismus wiegt so schwer, daß allen Vereinfachungen genauso Tür und Tor geöffnet wird wie der systematischen Bezugnahme auf die zentralen Axiome von Lombrosos eigener kriminologischer Anthropologie, zu denen ja auch die Epilepsie bei Anarchisten gehört.

Ganz im Sinne seiner Untersuchung der morphologischen Merkmale von Verbrechern, die Lombroso im Jahre 1876 in seinem Buch *L'Homme criminel* vorgelegt hat, stellt er in bezug auf Lucheni fest, »daß er 1,63 Meter, also mittelgroß ist, braunhaarig und kräftig gebaut ist, graue Augen, einen verschleierten, unruhigen Blick hat und die Augenbrauenbögen sehr kräftig ausgebildet sind. Er hat dichtes Haar, Jochbein und Kinn sind kräftig und breit, die Stirn übertrieben niedrig, die Schädelform ist brachyzephal. Er weist eine große Zahl von Degenerationserscheinungen auf, die kennzeichnend sind für Epileptiker und Verbrecher gleichermaßen...«

Professor Paul Topinard und einige andere Zeitgenossen Lombrosos haben seine Theorie Stück für Stück widerlegt, deren Konstruktionen jedwede methodische Strenge vermissen lassen: »Das Urteil steht von vornherein fest, dann sucht man nach Beweisen und verteidigt seine These wie ein Rechtsanwalt, der am Ende selbst von dem überzeugt ist, was er sagt.« Topinard beweist darüber hinaus, daß die angeführten Anomalien sich genauso bei »vollkommen normalen« Menschen finden.

Lombrosos Theorien haben ihn glücklicherweise nicht überlebt, aber mit dem berühmt-berüchtigten überzähligen Chromosom Y und der Morpho-Psychologie hat die kriminologische Typologie dennoch bis heute überdauert.

Der Prozeß

»Der Staatsanwalt legt dar, daß die Strafkammer der Republik und des Kantons Genf per Anweisung vom 22. Oktober 1898 das Gericht und die Geschworenen damit beauftragt hat, über Luigi Lucheni, geboren im April 1873 in Paris, Sohn von Luisa Lucheni, Dienstmädchen, Italienerin, Recht zu sprechen...«

Die Fassade des Justizpalastes von Genf ist gerade erneuert worden. Sie ist jetzt vom Schmutz befreit, so daß sich das Gebäude den ausländischen Beobachtern von seiner besten Seite zeigt.

Lucheni muß sich also in Genf vor Gericht verantworten, denn es ist nicht möglich, den Schuldigen an Österreich auszuliefern. Sowohl die Strafprozeßordnung (Art. 7) als auch das schweizerisch-österreichische Auslieferungsabkommen (Art. 14) legen ausdrücklich fest, daß alle auf Genfer Territorium begangenen Straftaten auch von Genfer Gerichten verhandelt werden.

Gehört der Fall in die Zuständigkeit des Bundes oder des Kantons? Hierzu gibt es vollkommen unterschiedliche Meinungen. Die einen vertreten die Ansicht, daß ein einfaches Schwurgerichtsverfahren, bei dem der Angeklagte zwischen zwei Gendarmen zwölf unabhängigen Geschworenen gegenübersitzt, angestrengt werden müsse; andere wiederum sind der Meinung, daß Lucheni aufgrund der Verfassung (Art. 112) einem Bundesgeschworenengericht überantwortet werden müßte.

Am Ende fällt die Entscheidung für das Schwurgerichtsverfahren in Genf, also für das dezentrale Modell im Vergleich zur Bundesgerichtsbarkeit, in deren Strafgesetzbuch es das Vergehen des Königsmords überhaupt nicht gibt. Darüber hinaus muß die Anklage wegen einer Straftat, die an einem akkreditierten Vertreter eines anderen Staates begangen wurde, merkwürdigerweise von einem Bundesgericht erhoben werden, wohingegen sich der Mörder eines Botschafters, Regierungsvertreters oder gekrönten Hauptes vor einem Gericht im betreffenden Kanton zu verantworten hat. Da der Angeklagte seine Tat gestanden hat, dauert die Verhandlung nicht lange.

Am Donnerstag, den 10. November, werden die Türen des Justizpalastes um 8.30 Uhr geöffnet. Der Gerichtssaal ist bis auf den letzten Platz gefüllt. Insgesamt begleiten sechzig Gerichtsreporter aus ganz Europa den Prozeß. Unter ihnen befinden sich sogar vier Reporterinnen, die sehr viel Aufmerksamkeit erregen. Auf der linken Seite des Saales sitzen die Anwälte und einige Kriminologen, zu denen vor allem der Professor Alfred Gautier sowie der Psychiater Dr. Auguste Forel gehören. Hinter den Pressevertretern sitzt das Publikum.

Die Schlichtheit der Szenerie und der völlige Verzicht auf jeden Prunk überrascht die Beobachter aus dem Ausland. Daß nirgends religiöse Symbole zu sehen sind, ist in ihren Augen Ausdruck »kalvinistischer Nüchternheit«. Um 9.10 Uhr betritt das aus dem Vorsitzenden Richter Burgy sowie den beiden Beisitzern Racine und Schützelé bestehende Gericht den Saal, und die Sitzung ist eröffnet.

Lucheni betritt, ein Lächeln auf den Lippen, den Gerichtssaal in dem für ihn typischen Watschelgang, der an den Gang eines Matrosen auf hoher See erinnert. Er wirkt vollkommen gelassen, so als sei er von dem Prozeßgeschehen überhaupt nicht betroffen.

»Ja, ich bin es!« sagt er etwas blasiert zu den in einer Reihe stehenden Journalisten, als er an ihnen vorbeigeht. Seine gute Stimmung scheint durch nichts zu erschüttern, da er das Schauspiel der Justiz grundsätzlich für belustigend hält.

Alfred Gautier überraschen sein waches Aussehen und sein pfiffiger Gesichtsausdruck.

»Es ist völlig unmöglich, an ihm auch nur das geringste Anzeichen von Degeneration festzustellen; wenn er ein Monster sein soll, dann höchstens im moralischen Sinne!« schrieb Gautier später.

Kaum daß er sitzt, fordert Lucheni die Hinzuziehung eines Dolmetschers, dessen Hilfe er im übrigen kaum in Anspruch nehmen wird. Denn auch wenn er Französisch nur radebrecht, so ist er doch sehr zungenfertig und weiß sich verständlich zu machen.

Es sind vierzig Geschworene geladen worden, von denen zwölf per Losentscheid ausgewählt wurden. Lucheni lächelt ständig, lehnt sich manchmal zum Publikum oder gähnt. Bei der Verlesung der Anklageschrift wird er plötzlich hellwach, als hätte er überhaupt nicht begriffen, worum es bisher eigentlich gegangen ist, und ruft auf italienisch: »Na und, ist mir sowieso wurscht!«

Während die Anklageschrift verlesen wird, verhält er sich offenbar irgendwie merkwürdig; er dreht sich ständig zum Publikum. Sobald er nur das kleinste Anzeichen des Einverständnisses mit ihm ausmacht, wirft er wie ein Star eine Kußhand ans andere Ende des Gerichtssaals, lacht lauthals los und schaut spöttisch zur Bank mit den Pressevertretern hinüber.

Die Anklageschrift rekonstruiert zunächst die Umstände, die dem Attentat vorausgegangen sind, um dann den Tathergang selbst zu schildern. Im Anschluß daran wird Luchenis Biographie beschrieben. Es ist interessant festzustellen, daß der Beschreibung seiner Kindheit in diesem Riesentext lediglich ein paar wenige Zeilen gewidmet sind, und zudem zeichnet der Text kein Bild des Unglücks, des Elends und der Ungerechtigkeit, die der kleine Luigi angeblich über sich ergehen lassen mußte:

»... Im Anschluß daran wird er den Eheleuten Nicasi in

Varano de' Melegari anvertraut, die sich sehr um ihn kümmern; in dieser Zeit wird er als intelligent und arbeitswillig beschrieben. Er besuchte die Schule und blieb bis 1887 bei der Familie Nicasi; dann war er für zwei Jahre beim Ehepaar Salvi d'Angelo in Solignano, um anschließend nach Varano zurückzukehren, wo er beim Bau der Eisenbahnlinie Parma–La Spezia eine Beschäftigung fand...«

Auguste Forel ist bei der Verlesung der Anklageschrift dabei und bemerkt, daß anscheinend nur sehr wenig über Luchenis Vorfahren bekannt ist und daß, trotz des Berichts von Cesare Lombroso, auf dem die Anklageschrift und später auch das Plädoyer des Staatsanwalts basieren, »nur sehr wenig Material vorliegt«.

Und obwohl er den italienischen Anthropologen für ein Genie hält, mißtraut er ihm. So weist zum Beispiel dessen These von der Epilepsie als ein schier unendlich verbreitetes Symptom einen Hang zu Verallgemeinerungen auf und macht sie somit verdächtig. Das um so mehr, als die Veranlagung zum Bösen bei Lucheni nicht bewiesen werden konnte.

Weiter geht es bei der Verlesung der Anklageschrift mit der Beschreibung des beschwerlichen Lebens, das der junge Lucheni in der Umgebung von Genua, im Tessin (erst in Airolo, dann in Chiasso) und im Kanton Genf (in Versoix) von 1891 bis zum Frühjahr 1892, als er für Papis arbeitete, führte. Er ist ständig auf Wanderschaft, geht zuerst nach Zürich, dann nach Österreich, über Wien nach Budapest, wo er sich von März bis Juni 1894 aufhält. Was dann folgte, haben wir weiter oben schon dargestellt.

»Seine anarchistischen Neigungen zeigten sich zweifellos erstmals in Italien, um dann im Laufe seines rastlosen Lebens immer stärker hervorzutreten... Sein Motiv ist vollkommen klar: Er hat im Dienste der Ideen seiner Sekte gehandelt und wollte mit dem niederträchtigen Mord an Ihrer Majestät, der Kaiserin von Österreich, erreichen, daß sein

Name fortan unauslöschlich mit einer aufsehenerregenden Tat in Verbindung gebracht würde, womit er auch seine Eitelkeit befriedigt hat.«

Die Genfer Justiz macht sich also die Mühe, den Mörder in die Kategorie einzuordnen, in die er eingeordnet werden wollte, ohne allerdings eine tiefergehende Analyse seiner Persönlichkeit vorzunehmen.

Nachdem die Verlesung der Anklageschrift abgeschlossen ist, geht man zur Anhörung der Zeugen über, die den Inhalt der Anklageschrift bestätigen. Hierauf folgt die Vernehmung des Angeklagten.

Lucheni bestätigt die Schilderung seines Verbrechens im großen und ganzen, betont aber, daß er keine Komplizen hatte und ursprünglich der Herzog von Orléans das Ziel seines Anschlags war. Um das Gericht hiervon zu überzeugen, behauptet er, daß, hätte er von Anfang an die Kaiserin umbringen wollen, er den Anschlag in Caux verübt hätte.

»Was hat Sie dazu veranlaßt, die Kaiserin zu töten?«

»Das Elend.«

»Aber Sie haben doch das Elend nie wirklich kennengelernt.«

»Am Tag meiner Geburt hat mich meine Mutter verstoßen.«

»Aber Sie sind doch in einer Familie aufgewachsen, die sich gut um Sie gekümmert hat?«

»Mit neun Jahren habe ich angefangen zu arbeiten; das, was ich gelernt habe, habe ich nicht in der Schule gelernt, sondern im Kinderheim.«

Es ist von größter Wichtigkeit, darauf hinzuweisen, daß Lucheni sich hier zum erstenmal widerspricht. Drei Tage nach seiner Festnahme schrieb der »überzeugte Anarchist« bekanntlich einen Brief an die italienische Zeitung *Don Marzio*, um sich mit aller Entschiedenheit gegen die Behauptung zu wehren, vom Elend zu der Tat getrieben worden zu sein. Die anderslautende Behauptung im Prozeß hätte eigentlich die These vom »edlen Mörder«, der einer Utopie dient, die er sich zu eigen gemacht hat, widerlegen müssen. Genau das passierte aber nicht, weil alle Beteiligten den Fall des Angeklagten, dessen Schicksal sowieso besiegelt war, so schnell wie möglich zum Abschluß bringen wollten.

Der Kriminologe Alfred Gautier sollte in seinen Veröffentlichungen sogar versuchen, die Bedeutung des italienischen Wortes »miseria« abzuschwächen. Er vertritt die Meinung, es bedeute im Italienischen »Unglück« im weitesten Sinne. Gautier ist bemüht, um jeden Preis an der These vom menschenfreundlichen Mörder festzuhalten, der vom Schauspiel des allgemein herrschenden Unglücks beherrscht ist. Natürlich vertritt er die Ansicht, daß unabhängig vom Ausmaß des Elends, in dem ein vernünftiger Mensch lebt, ihn das in keinem Fall dazu berechtigt, eine Frau niederzustechen, die ihm nichts angetan hat. Um so mehr, da er Lucheni für intelligent hält, und dieser offenbar einen Beruf erlernt hat. Hiermit verfüge er nämlich über die Mittel, die ihn eigentlich dazu in die Lage versetzen sollten, auch schwierige Zeiten durchzustehen.

Etwas später geht es in dem Verhör um die anarchistischen Lieder und Broschüren, die man bei Lucheni gefunden hat. Da ihn das alles aber nicht mehr zu interessieren scheint, fragt man ihn:

»Welches Ziel haben Sie mit Ihrem Verbrechen verfolgt?«

»Mich für mein Leben zu rächen!«

Was für ein schmerzliches Geheimnis verbirgt sein Leben also, daß er völlig im Widerspruch zu den offiziellen Ermittlungen so deutlich seine furchtbaren persönlichen Verletzungen zu erkennen gibt? Um das herauszufinden, müßte Lucheni eine detaillierte Darstellung seiner Kindheit und seines kurzen Lebens geben. Dazu wird er jedoch vor Gericht keine Gelegenheit erhalten, und er hat seinerseits keine Lust, darüber zu reden. Gautier jedenfalls fragt sich, wie aus diesem verbitterten Arbeiter ein Anhänger des

Anarchismus werden konnte. »Ich bin ganz von allein zum Anhänger des Anarchismus geworden, aus Gründen, die ich sehr gut kenne, die ich aber nicht darlegen möchte...«, behauptet Lucheni. Diese Erklärung hält Gautier für unglaubwürdig, weil er meint, daß Lucheni, wie alle anderen Anarchisten auch, schnell seine anarchistischen Überzeugungen eingebüßt hat.

Im Dienste der Gesellschaft reagieren alle auf den Angeklagten, wie es ihnen ihre offizielle Rolle und ihre vorgefertigten, auf die jeweilige Ausbildung zurückzuführenden Überzeugungen abverlangen. Der Kriminologe denkt eben wie ein Ermittler, der Psychiater wie ein Seelendoktor, der sich jede eigene Gefühlsregung untersagt, der Richter wie ein Garant der Ordnung. Und sie alle erwarten, daß der einer Tat überführte »Anarchist« die »Ideen seiner Sekte« verkörpert. Mehr nicht.

Das Verhör geht langsam zu Ende:

»Haben Sie an die Abscheulichkeit Ihres Verbrechens gedacht, hat es Ihnen leid getan?«

»Überhaupt nicht; denjenigen, die die Welt eintausendneunhundert Jahre lang unterdrückt haben, hat es ja auch nicht leid getan.«

»Wenn sich Ihnen die Gelegenheit böte, es noch mal zu tun, würden Sie es abermals tun?«

»Ja, ich würde es wieder tun!«

Durch das Publikum geht ein Raunen...

Es kommt der Augenblick für das Plädoyer der Staatsanwaltschaft.

Durch einstimmigen Beschluß des Großen Rats ist der neununddreißigjährige Georges Navazza im Jahr zuvor zum jungen Staatsanwalt gewählt worden. Er ist bereits bekannt für seine moralische Autorität, und durch die Präzision seiner Argumentation weiß er die Geschworenen zu beeindrucken, auch wenn seine Redeweise im allgemeinen für etwas zu feierlich gilt.

»... Wenn alle wirklich schweizerischen Herzen, die Luchenis Klinge ebenfalls verletzt hat, ihrem Gefühl der gedemütigten Trauer und der Empörung gleichzeitig Ausdruck verleihen würden...« Der Ton ist angeschlagen, und der durchaus auch narzißtische Schmerz der Schweiz, von dem schon weiter oben die Rede war, klingt darin mit.

»... Mögen unsere ersten Gedanken über die Alpen hinweg jenem alten Mann (Kaiser Franz Joseph) gelten...« Die Berge, jener feste Schutzwall und Symbol des helvetischen Patriotismus der damaligen Zeit, sind offensichtlich fester Bestandteil des rhetorischen Arsenals.

Navazza äußert die Ansicht, daß die Schweiz nur durch einen unglücklichen Zufall zum Schauplatz für dieses Drama wurde: »Zum Glück ist der Mörder kein Landsmann von uns!«

Bei diesem handelt es sich um ein »wildes Tier auf der Suche nach einem Unterschlupf«, und er fügt hinzu: »Wir werden es nicht zulassen, daß eine Horde von Banditen in unser Land einfällt...«

Dann lehnt er es ab, Lucheni auf eine Stufe mit einem Caserio zu stellen, der ein Motiv gehabt hat, mag es auch noch so ungeheuerlich und ungerechtfertigt gewesen sein. Dessen Attentat richtete sich gegen den Präsidenten Sadi Carnot, der an der Spitze eines Staates stand und sich geweigert hatte, einem Ravachol, Vaillant oder Henry gegenüber Gnade walten zu lassen. »Sie, Lucheni, hat noch nicht einmal Rache zu der Tat getrieben; es war nichts als Haß...« »Sie haben eine Frau ermordet, die sich damit zufrieden gab, ein von Bescheidenheit und Mildtätigkeit geprägtes Leben zu führen!«

Während des gesamten Plädoyers von Navazza nickt Lucheni einmal zustimmend, einmal ablehnend mit dem Kopf. Dem Hinweis auf die bescheidene Lebensweise und den Idealismus von Elisabeth fügt er eine sarkastische Bemerkung an: »Ja, sie hat immer gearbeitet...« Diese Aussage ist natürlich ein Fingerzeig auf Luchenis Glaubensbekenntnis, das da lautet: »Wer nicht arbeitet, soll auch nicht essen.«

Indem er sich auf Lombrosos Untersuchungsergebnisse stützt und die im Laufe des Verfahrens dargelegten Aspekte rekapituliert, faßt der Staatsanwalt nochmals ganz kurz die Kindheit des Mörders zusammen und zieht seine Schlußfolgerungen:

»... Er ist von Gefühlen beherrscht, die einem Mann seines jungen Alters nicht entsprechen.« Mit dieser Behauptung schließt Navazza von vornherein jeden ursächlichen Zusammenhang mit einer seiner Einschätzung nach zwar harten, aber dennoch glücklichen Kindheit aus.

»... Auch wenn er seine leiblichen Eltern nie kennengelernt hat, so hatte er doch das Glück, daß er in hilfsbereite Hände kam. Mit Ausnahme von zwei Jahren, die er in einem Kinderheim verbracht hat, lebte er immer in Familien: zunächst bei den Eheleuten Monici in Parma, bei denen er sieben Jahre blieb, dann bei den Eheleuten Nicasi in Varano, die ihn, wie er selbst sagt, gut erzogen haben; in dieser Zeit besucht er erfolgreich die Schule. Er ist aufgeweckt, heiter und zeigt großes Geschick bei Leibesübungen. Mit Vollendung seines sechzehnten Lebensjahres hat er alle Voraussetzungen dazu, zu einem besseren Mitglied der menschlichen Gemeinschaft zu werden als viele seiner Landsleute...«

Nachdem Navazza festgestellt hat, daß Lucheni kein vom Leben Gebrandmarkter ist und die Lombroso so wichtige Idee des geborenen Kriminellen verwirft, lehnt er jede Vorstellung einer gesellschaftlichen oder persönlichen Determination ab, um dem Angeklagten die alleinige Verantwortung für seine Tat anzulasten. Lucheni ist nicht verrückt, seine früheren epileptischen Anfälle sind genausowenig zu beweisen wie die mögliche Beteiligung von Komplizen. Dennoch ist der Staatsanwalt davon überzeugt, daß es sich bei dem Attentat um ein Komplott gehandelt hat; aber auch wenn dies nicht zu beweisen ist, »muß trotzdem angemessen und schnell Recht gesprochen werden«.

»Maßlose Eitelkeit« sei die herausragende Charaktereigenschaft, von der dieser Mörder angetrieben werde! Und wenn es zu einer Verbindung zwischen prinzipienloser Anarchie und einem solchen eitlen Subjekt kommt, dann kann das nur eines zur Folge haben: das Verbrechen.

Das einzige, was die Allgemeinheit seiner Meinung nach einem solchen Unheil entgegensetzen kann, sind die Wohltaten von Bildung und Erziehung.

Am Ende seines Plädoyers äußert sich der Staatsanwalt skeptisch hinsichtlich der Aussicht auf Läuterung bei Lucheni.

»Bedauerlicherweise gibt es bei diesem Mann keine Anzeichen dafür, daß sein Gewissen erwacht! Auf seinem Gesicht ist nichts, aber auch gar nichts anderes zu sehen als dieses ständige krampfhafte Lächeln eines Menschen, der mit dem, was er getan hat, zufrieden ist.«

Am Ende einer blumigen Rede, die vollständig veröffentlicht wird, fordert er ein exemplarisches Urteil. Seine abschließenden Worte haben die Kraft eines Gottesurteils. Mit ihnen fordert er, daß Lucheni in rechtlicher Hinsicht als eine Art toter Mann den Gerichtssaal verläßt.

»Wenn sich morgen in Genf das Tor unserer Strafanstalt hinter dem Mörder schließt, dann möge dies so sein, als schlösse sich die Grabplatte über ihm! Er möge zum ewigen Vergessen verdammt sein! Das soll seine Strafe sein! Wir, meine Herren, wir werden der toten Kaiserin ewig das Andenken bewahren und hoffen, daß die Zeit den Schandfleck, mit dem unser schöne Quai du Mont Blanc durch Luchenis Verbrechen besudelt wurde, verblassen läßt. Mehr habe ich nicht hinzuzufügen.«

Nach einer Verhandlungspause ergreift Luchenis Pflichtverteidiger, Pierre Moriaud, das Wort. Moriaud ist eine echte Galionsfigur der Genfer Anwaltschaft und verfolgt schon seit langem neben seiner Anwaltstätigkeit eine glänzende politische Karriere als Abgeordneter der Ultrarechten, zunächst in den Parlamenten des Kantons, dann im Staatsrat.

Anwalt Moriaud schließt sich einleitend dem Bedauern des Staatsanwalts darüber an, daß ein von einem Ausländer begangenes Attentat den Schweizer Boden befleckt habe.

Er bemüht sich natürlich zu zeigen, daß Luchenis Verantwortung begrenzt ist, verfügt aber über kein anderes Material als das von der Anklage vorgelegte. Lediglich Moriauds Interpretation dieses Materials unterscheidet sich von derjenigen der Anklage, indem er zu beweisen versucht, daß der Angeklagte in seiner Kindheit doch unglücklich gewesen ist: »Er ist immer wie eine Nummer behandelt worden!«

Obwohl er seine negativen Vorurteile gegenüber Italien außer Betracht läßt, betont Luchenis Anwalt, daß ausgesetzte Kinder in der Schweiz besser behandelt würden, mehr Schutz und eine bessere Schulbildung genössen. Diese Einschätzung stimmt in jedem Fall mit derjenigen der meisten zeitgenössischen Beobachter überein, denn auch Auguste Forel sollte schreiben: »Die Grausamkeit der Italiener im Umgang mit Tieren ist bekannt!« In seinem Buch *Crime et anomalies mentales constitutionnelles* äußert er die Ansicht, daß Luchenis moralische Verderbtheit auf »die grausamen Instinkte der italienischen Rasse« zurückzuführen sei. An Italien adressiert, fügt Moriaud hinzu: »Behaltet eure Kinder, zieht sie groß, und macht andere Gesetze!«

Hochmut und Eitelkeit käme bei allem, was Lucheni getan habe, eine größere Bedeutung zu als dem Elend. Auch er erklärt, daß Lucheni nicht verrückt sei, macht aber dennoch eine merkwürdige Bemerkung: »Sein Gehirn ist nicht mit dem Gehirn eines normalen Menschen zu vergleichen...«

Die eigentlichen Schuldigen sind seiner Ansicht nach die anarchistischen Theoretiker.

Dann ruft er die tote Kaiserin an: »Und was würde die Kaiserin sagen? Würde sie nach Rache verlangen? Nein, sie würde Worte der Vergebung finden. Hundert Verurteilte in ihrer Heimat haben es ihrem Mitgefühl zu verdanken, daß sie begnadigt worden sind. Hören Sie auf ihre Stimme, nicht auf die der Straße...«

Die letzten Worte seines Plädoyers: »Mit einem Wort, seien Sie human.«

Dieses sehr geschickte Plädoyer wird mit Beifall im Publikum bedacht, der jedoch sofort »untersagt« wird.

Da der Angeklagte nichts zu seiner Verteidigung zu sagen hat, wird die Verhandlung für beendet erklärt, damit sich die Jury zur Beratung zurückziehen kann. Es ist 18.20 Uhr.

Nach fünfzehn Minuten verliest der Vorsitzende Thomas den Urteilsspruch der Jury, die den Angeklagten in allen ihm zur Last gelegten Punkten für schuldig erklärt. Lucheni wird, wie vom Staatsanwalt gefordert, zu lebenslanger Haft verurteilt.

Es ist 19 Uhr. Als man Lucheni abführt, ruft er: »Es lebe die Anarchie. Nieder mit den Aristokraten!«

Der Vorhang fällt bei einem Prozeß, der nicht länger als einen Tag gedauert hat. Aber einige Experten, ob sie nun Zeugen beim Prozeß waren oder nicht, spitzen ihre Federn, um noch ein wenig länger darüber nachzudenken... So schrieb etwa der Genfer Arzt P. Ladame: »Dieser elende Italiener mit dem brutalen Aussehen, der beschränkten Intelligenz, der fast nicht vorhandenen Bildung ist eine böse und gefährliche Bestie, ein Hochmütiger, der sein Leben seiner maßlosen Eitelkeit geopfert hat...«

»È finita la commedia!«

Die beiden interessantesten Zeugnisse aber sind diejenigen des Psychiaters Auguste Forel und des Kriminologen Alfred Gautier. Sie analysieren die Affäre im Licht von zwei unterschiedlichen, sich normalerweise ergänzenden Disziplinen. Da beide bei der Verhandlung persönlich anwesend waren, können sie bei ihrem Urteil auch die im Gerichtssaal herrschende Atmosphäre berücksichtigen.

Auguste Forel ist ein bekannter Psychiater, aber auch ein großer Ameisenexperte. Bei der Beobachtung dieser Insekten hat er festgestellt, daß es in ihrer Gemeinschaft keine Führer, kein Gesetz und keine Unterdrückung gibt, weil sich jedes ihrer Mitglieder aufgrund eines angeborenen Instinkts ganz in den Dienst der Gemeinschaft stellt und für sie arbeitet. In seinem 1874 erschienenen Buch *Fourmis de la Suisse* hat er beweisen wollen, daß diese Insekten ein perfektes Modell für den Sozialismus darstellen. Diese These revidierte er im Jahre 1902, als er behauptete, die Ameisen seien die perfekten Anarchisten!

Gleichzeitig denkt er, daß es beim Menschen zuviel Individualismus gibt und sein gesellschaftlicher Instinkt ziemlich schwach ausgebildet ist. Die extremen anarchistischen Theorien scheinen ihm, auf den Menschen angewandt, ziemlich konfus und vollkommen utopisch zu sein.

Wie ist es zu erklären, daß Lucheni sich offensichtlich von dieser unauffindbaren Lehre verführen ließ? Der Verdruß, vielleicht das Elend, ganz sicher die Eitelkeit müssen sein Gehirn dafür empfänglich gemacht haben, indem sie seinen schwachen Verstand verführt haben. Da Luchenis moralisches Empfinden nur sehr schwach ausgebildet sei, meint Forel, konnte er dieser Eitelkeit keinen ernsthaften Widerstand leisten. Der gleichermaßen gewaltige wie verrückte Zornesausbruch eines aufbrausenden Menschen hätte dann zweifellos sein übriges getan.

Ist aber die Strafjustiz gerecht? Steht sie, indem sie sich zum Rachewerkzeug des Menschen macht, in Einklang mit der Wahrheit und den gesellschaftlichen Erfordernissen? Um die Psychologie eines Menschen zu verstehen, muß man sich notwendigerweise mit der Entwicklung seiner Persönlichkeit auseinandersetzen. Angesichts der fast völligen Unkenntnis von Luchenis Vorleben, und insbesondere seiner Kindheit, drängt sich Forel der Eindruck auf, als hätte die Justiz nicht nach den eigentlichen Motiven seiner Tat gesucht.

Er stößt immer wieder auf den viel zitierten Bericht Lombrosos, der ihn überhaupt nicht zufriedenstellt. Die Vorurteile des Großmoguls der kriminologischen Anthropologie findet er unerträglich, aber er kann ihnen nichts entgegensetzen. Die offiziellen Feststellungen, nach denen Lucheni weder wirklich unter der Armut noch unter dem Mangel an Zuneigung zu leiden gehabt hätte, lenken seine eigene Argumentation in eine Sackgasse. Somit bleiben in Forels Augen lediglich Luchenis Impulsivität sowie seine Beeinflußbarkeit, mit denen sich seine Tat erklären läßt.

Forel hat bemerkt, daß Lucheni sich während des ganzen Prozesses prahlerisch verhalten hatte. Dennoch glaubt der Psychiater, gegen Ende der Verhandlung hinter der Fassade der Prahlerei Erregung und Verlegenheit erkannt zu haben. Als er beim Verlassen des Gerichtssaals mit seinem Hut schwenkte und »Es lebe die Anarchie. Nieder mit den Aristokraten!« rief, tat er dies mit erstickter und fast gekünstelter Stimme.

Hat Lucheni, der so entschlossen wirkte, seine Rolle vielleicht nur teilweise gut gespielt? Forel ist zudem berichtet worden, daß er sich nach der Urteilsverkündung erregt zurückgezogen und lange geweint hätte…

Genauso wie Forel begegnet der Professor und Kriminologe Alfred Gautier dem Elaborat von Lombroso mit größtem Mißtrauen. Daß der Vater des Mörders ein Alkoholiker, ein trinksüchtiger Psychopath gewesen sei, daß der kleine Luigi mit dreizehn Jahren einen epileptischen Anfall gehabt habe, ist durch nichts bewiesen. »Wir müssen dem Berichterstatter blind glauben... Selbst einem einfachen Juristen, der logische Rückschlüsse zu ziehen vermag, müssen die in diesem Bericht angestellten Folgerungen zu voreilig erscheinen...«

In Übereinstimmung mit dem Psychiater Forel weist Gautier auf die Veränderung des Verhaltens von Lucheni am Ende der Verhandlung hin: »Wenn wir es mit einem Schauspieler zu tun gehabt haben sollten, so hat sich mir der Eindruck aufgedrängt, als hätte er am Ende des Stücks nachgelassen. Nach dem Urteilsspruch hat er sich dem Publikum gegenüber zwar noch ein letztes Mal wie ein Prahler verhalten. Aber welch ein Unterschied zu der wunderbaren Entschlossenheit von zuvor! Sein mit undeutlicher und schwacher Stimme ausgerufenes Glaubensbekenntnis klang falsch...« Gautier hörte sogar, wie Lucheni sagte: »È finita la commedia!«

In seinem Schlußwort zum Fall Lucheni äußert Forel die Ansicht, daß die Justiz die gesellschaftliche und moralische Pflicht habe, die Wissenschaft, und insbesondere die Psychiatrie, zu Rate zu ziehen. Genau wie Dr. Frank ist er der Meinung, daß Psychologie und Psychiatrie Teil des Jurastudiums sein müßten, weil auf diese Weise leichter verhindert werden könnte, daß es zur Verurteilung Unschuldiger kommt, was natürlich für den Mörder von Elisabeth nicht zutrifft. Sicher ist Forel seiner Zeit voraus, was besonders dann deutlich wird, wenn man die Meinung eines Gautier in Betracht zieht, der einer Psychiatrisierung der Justiz eher ablehnend gegenübersteht: »Wenn jeder Widerspruch im Charakter den Hinweis auf einen krankhaften Zustand darstellt, dann ist nicht mehr nur Lucheni krank, sondern wir alle wären es dann!«

Eine einzige Sache ist sowohl während der Untersuchungen als auch während Luchenis Verhandlung vollkommen unberücksichtigt geblieben: die Bedeutung der Emotionalität für den persönlichen Entwicklungsprozeß eines Menschen. Fehlende Zuneigung in der Kindheit und die in das Unterbewußtsein verdrängten Wünsche haben seinerzeit noch keine Konjunktur...

Das Évêché-Gefängnis

Nach seiner am 12. November 1898 erfolgten Verurteilung zu lebenslanger Haft muß Lucheni das Saint-Antoine-Untersuchungsgefängnis verlassen und wird in das nahe gelegene Évêché-Strafgefängnis überführt.

Gegenüber dem Gerichtsgebäude, in Höhe der Apsis der Kathedrale Saint-Pierre, überragt die düstere Fassade dieses Gefängnisses das Gewirr der alten, schrägen Häuserdächer. Das Gefängnis ist von hohen Mauern umgeben, die noch abweisender sind als das durch seine Fassade so düster wirkende Gebäude. Es verunziert die ganze Gegend rund um Saint-Pierre. Die unterhalb gelegenen Viertel Madelaine und Longemalle werden von diesem trostlosen Bau beherrscht.

Man kann sich ohne weiteres vorstellen, daß die Römer einst wahrscheinlich von diesem gewaltigen Felsen aus ihre Macht ausübten, von diesem Hügel, auf dem heute die Kathedrale steht. In der Zwischenzeit (Ende des 12. Jahrhunderts) wurde hier auch ein bischöfliches Gebäude errichtet, das man seit 1536 als Gefängnis genutzt hat. Seither verbringen die Verurteilten ihre bitteren Tage im Schatten der geweihten Stätte.

Das alte Évêché-Gefängnis wurde 1840 abgerissen, um einem neuen Gebäude zu weichen, in dem es weder Folterkammern noch Verliese gab. Das Geräusch von Ketten, die Schluchzer und Schreie der Gepeinigten sind genauso verstummt wie die Demütigungen von Gefangenen: In einem »modernen« Gefängnis werden die Sträflinge human behandelt!

Der Revisionsantrag, den Luchenis Anwalt Pierre Moriaud pro forma eingereicht hat, wird nach wenigen Tagen zurückgezogen, so daß das Urteil rechtskräftig ist. Am 21. November wird die Überführung angeordnet.

Der Direktor des Saint-Antoine-Untersuchungsgefängnisses, Lafond, weckt Lucheni um 22.40 Uhr, um ihn noch in derselben Nacht überführen zu lassen. Man befiehlt ihm, sich anzuziehen und fertigzumachen. Lucheni läßt alles völlig gleichgültig über sich ergehen: Um den Häftling herum versammeln sich im Halbdunkel die Elemente einer merkwürdigen Nachtwache, die angeführt wird von einem der beiden Wärter, der auch eine Laterne vor sich her trägt.

Nicht weniger als fünf Gendarmen eskortieren Lucheni; zunächst bis ins Erdgeschoß des Saint-Antoine-Gefängnisses, dann über den Hof des Justizpalastes, die Place du Bourg-de-Four bis zur sehr engen und steilen Treppe von Degrés-de-Poule; hierbei handelt es sich um einen dunklen Schlauch mit siebenundsechzig Stufen, die man hinaufsteigen muß, um wieder an die frische Luft zu gelangen und das Évêché-Gefängnis zu erreichen. Die kleine Kolonne, die hier entlanggeht, geleitet also Lucheni die Stufen hinauf, über die er den Ort erreicht, den er nie mehr lebendig verlassen sollte.

Alexandre Perrin, der Direktor des Évêché-Gefängnisses, ist bei der Aufnahme des neuen Häftlings persönlich zugegen. Nachdem dieser unmittelbar nach seiner Ankunft ein Bad nehmen mußte, werden ihm eine Polizeimütze, ein blauer Kittel, eine Jacke mit der eingestickten Nummer 95 sowie eine braune Halbleinenhose ausgehändigt. Lucheni fühlt sich dabei an seine Militärzeit zurückerinnert. Und ganz im Sinne seiner ihm eigenen Logik ist ihm der sich für ihn abzeichnende Umstand, hier eine Uniform tragen zu müssen, nicht wirklich unangenehm. Eine wohlgeordnete Welt, und mag es auch die des Kerkers sein, kann nicht durch und durch schlecht sein!

Er wird in Block B zur Einzelzelle mit der Nummer 95

geführt: 3,50 Meter lang, 3,50 Meter hoch und zwei Meter breit; hell und relativ sauber. Die Zelle hat ein Oberlicht und ist gut durchlüftet. Sie ist mit einem Hocker, einer Koje und einem kleinen Tisch möbliert, der Schubfächer hat, in denen zum Beispiel Fotografien aufbewahrt werden können. Zwei Utensilien, um die Notdurft zu verrichten, eine Kleiderablage sowie ein kleiner Spiegel vervollständigen das Inventar dieser »Einzelzelle«, in der Lucheni sechs Monate lang bleibt. Normalerweise bleiben die Neuankömmlinge nur eine Woche lang allein in ihrer Zelle, denn nach dieser kurzen Zeit der Isolation müssen sie entweder in einer der »kleinen« oder »großen« Werkstätten arbeiten.

Dieses Gefängnis ist nämlich auch eine Art Fabrik, die erfüllt ist vom Quietschen des Hobels und von den Hammerschlägen der Schuster, die das Leder weich klopfen. Draußen scheint man die hier im Gefängnis hergestellten Pantoffeln sowie die Qualität der Schreinerarbeiten und Kartonagen zu schätzen.

Aber diese im allgemeinen als »protestantisch« bezeichnete Ethik des Strafvollzugs, die darin besteht, den Häftling durch Arbeit in einer Gruppe bessern zu wollen, ist noch nicht vollständig auf den außergewöhnlichen Mörder anwendbar, den man noch nicht mit den anderen Häftlingen zusammenbringen will. Die Isolation, die ursprünglich auf einen Zeitraum von sechs Monaten beschränkt bleiben sollte, wird sogar bis zum 5. Januar 1900 verlängert. Denn Lucheni will man im Augenblick weniger »bessern« als vielmehr »strafen«. »Der Schlimmste der Verdammten« muß vor allem erst einmal dem Vergessen anheimfallen, dem er geweiht worden ist, das heißt die Welt, die ihm wegen seiner Verbrechen den Status des Menschseins aberkannt hat, soll ihn erst einmal vollständig aus den Augen verlieren.

Von Anfang an achtet der Direktor des Évêché-Gefängnisses darauf, daß für Lucheni besondere Regeln gelten:

»Er soll völlig allein in der Nachbarzelle Nummer 94 Pantoffeln und Kartonagen herstellen. Seine zwei täglichen Hofgänge wird er getrennt von den anderen unternehmen. In einem von hohen Mauern umgebenen kleinen, runden Garten, der einen Durchmesser von zwei Metern hat; falls Regen ihn nicht daran hindert. Die Wächter erhalten die Anweisung, ihn möglichst oft in seiner Zelle aufzusuchen, um mögliche Selbstmordversuche weitestgehend auszuschließen. Die beiden Zellen sind sehr gründlich zu durchsuchen, um eventuelle Ausbruchsversuche zu unterbinden. Luccheni wird keinen Zutritt zur Bibliothek erhalten, die Bücher werden ihm entsprechend seinen Wünschen ausgehändigt. Er wird allein ins Bad geführt. Angesichts der Schwere des Verbrechens, dessen Luccheni sich schuldig gemacht hat, darf, falls sich in der Zeit seiner Inhaftierung etwas Außergewöhnliches ereignet, dies nicht dem Gefängnispersonal zur Last gelegt werden!« (Der Direktor)

Perrin ist ein verantwortungsbewußter Direktor, den Luccheni offensichtlich respektiert, denn der Kriminologe Alfred Gautier stellt fest, er hätte erfahren, daß »Luccheni sein prahlerisches Gehabe abgelegt« habe. Er ist sogar ergeben und ehrerbietig geworden.

Je nach Jahreszeit muß er, wie alle anderen Häftlinge auch, zwischen sechs und sieben Uhr morgens aufstehen. Sobald niemand anderes mehr im Hof ist, kann er hinaus, um dort wie ein Pferd in der Manege immer im Kreis herumzulaufen. Er atmet die frische Luft in tiefen Zügen ein und läßt die weißlichen Rauchspiralen seiner Pfeife in die Luft aufsteigen. Diese hat sein Wärter für ihn mit dem Tabak gestopft, den er sich von seinem eigenen Geld kaufen lassen konnte, nachdem er in seiner Zelle zu arbeiten angefangen hatte.

Die Ausgabe der Nahrungsrationen ordnet den Tagesablauf: morgens ein halber Liter Milchkaffee, mittags ein Liter Gemüse und abends ein Liter Suppe; 200 ml Wein täglich und 250 g Brot alle zwei Tage. Sonntags ergänzen ein Stück gekochtes Fleisch sowie Salat die Mahlzeiten.

Seit Beginn seiner Einzelhaft erhält Luceni einmal pro Woche Besuch von Pfarrer Blanchard, der sich mit ihm unterhält. In den Augen von Pfarrer Blanchard scheint das Prinzip von »Ora et labora«, dem auch Luceni hier für den Rest seines Lebens unterworfen sein wird, das klösterliche Leben mit demjenigen im Gefängnis zu verbinden.

Auch »ehrenwerte Besucher« dürfen Luceni im Gefängnis aufsuchen, so zum Beispiel Ernest Favre, der Präsident des Förderkreises, der sich die Rehabilitation von Häftlingen nach ihrer Entlassung zum Ziel gesetzt hat.

Nach dem 5. Januar 1900, also nach Beendigung seiner verschärften Einzelhaft, kommt Luceni als Lehrling in die Schusterwerkstatt. Von nun an wird er wie jeder andere Häftling der Strafanstalt behandelt, das heißt gemäß dem Auburn-System (Schweigegebot und Arbeit in der Gruppe bei Tage, Einzelzelle in der Nacht). Er persönlich würde lieber in der Buchbinderei arbeiten und weiterhin seine Hofgänge allein machen, aber seinen dementsprechenden Anträgen wird nicht stattgegeben. Er darf jetzt am Unterricht und am Gottesdienst teilnehmen, was ihm alles andere als mißfällt. Dem Direktor, der ihn auffordert, sein Französisch zu verbessern, entgegnet er traurig: »Wozu?« Dennoch stellt Alexandre Perrin fest: »Es besteht keinerlei Anlaß, ihm irgendwelche Verweise zu erteilen.« Schon Beaumont und Tocqueville hatten bemerkt, »daß im Gefängnis mehr Gleichheit herrscht als in der Gesellschaft«, und auch Luceni scheint dieser Einschätzung nicht zu widersprechen, denn »für alle gelten hier dieselben Vorschriften«.

Schon am Tag nach seiner Überführung ins Évêché-Gefängnis überrascht ein Wärter ihn tränenüberströmt in seiner Zelle. Das zeigt, wie schnell er wieder zu sich selbst gekommen ist.

So vergeht ein Jahr, und alles scheint offensichtlich zum besten zu stehen. Bis zu jenem Tag, als wohl irgend jemand einen Artikel veröffentlicht, in dem davon die Rede ist, daß Lucheni im Gefängnis ein zu angenehmes Leben führt und viel liest, während er Pfeife raucht. Derlei Gerüchte dringen zwangsläufig bis nach Wien vor. Die Folge ist der Austausch diplomatischer Noten, die im wesentlichen auf ein Auslieferungsersuchen hinauslaufen. Als auch noch Beschwerden einiger wohlhabender Persönlichkeiten hinzukommen, die sich in Genf aufhalten, beschließt der Gefängnisdirektor Perrin eine Verschärfung von Luchenis Haftbedingungen.

Von nun an wird Lucheni für einige Zeit von seinem immer noch nicht erloschenen Verlangen nach Gerechtigkeit beherrscht sein. Ein aufsehenerregendes Vorkommnis, das sich am 18. Februar 1900 im Évêché-Gefängnis ereignet, vergrößert diese plötzlich entstandene Mißstimmung noch: ein zugegebenermaßen sehr gut organisierter Ausbruch. Die Sträflinge Got und Parthénis überlisten einen viel zu alten Oberwärter und fliehen mit Hilfe einer zehn Meter langen Strickleiter, für die sie das Material zuvor aus den Werkstätten entwendet hatten. Vor ihrer Flucht haben sie mehrere Kilo Schokolade aus der Küche gestohlen. Und um allem die Krone aufzusetzen, bedanken sie sich brieflich beim Direktor für die gute Behandlung, die sie im Gefängnis erfahren haben. In Anspielung auf die allzu große Arglosigkeit des Oberwärters bekennt Got in einem seiner Briefe, »daß es ein Verbrechen gewesen wäre, wenn wir es nicht ausgenutzt hätten, daß die Tür sperrangelweit offenstand…«.

Da die beiden Ausbrecher zusammen in Luchenis Nachbarzelle mit der Nummer 93 gearbeitet haben, sorgte die Vorstellung, daß der Mörder der Königin möglicherweise ebenfalls hätte fliehen können, sogar in der ausländischen Presse für große Aufregung. Jedenfalls zeigte sich der Gefängnisdirektor über diesen Ausbruch ausgesprochen verärgert. Zu allem Überfluß mußte er Lucheni am darauffolgenden Tag in sein Büro bestellen, da dieser sich am Morgen geweigert hatte zu arbeiten. Als der Direktor ihn zur Rede stellt, nutzt Lucheni die Gelegenheit, um das Recht auf ein zweites Buch pro Woche einzufordern, obwohl laut Vorschrift nur ein einziges genehmigt ist.

Perrin ist jedoch nicht zu Zugeständnissen bereit; er lehnt Luchenis Anliegen kurzerhand ab, der daraufhin das Büro fluchtartig verläßt. Gegen 17.15 Uhr jedoch bittet er darum, nochmals mit dem Direktor sprechen zu dürfen.

Zweimal bittet er ihn: »Herr Direktor, genehmigen Sie mir ein zweites Buch, es ist besser für Sie!« Als er sich ihm zuwendet, ist Perrin völlig überrascht, als er sieht, daß Lucheni theatralisch mit einem Metallgegenstand herumfuchtelt, der aus einem geradegebogenen und angespitzten Sardinendosenöffner hergestellt wurde. Wächter eilen dem Direktor zu Hilfe und überwältigen Lucheni, dessen Geste von den Anthropologen und Kriminologen etwas übertrieben als »Selbstmordversuch« beschrieben wird. Der Psychiater Auguste Forel sieht sich durch dieses Verhalten in seiner Annahme bestätigt, daß es sich bei Lucheni um »einen pathologischen Choleriker mit einem kranken Gehirn« handelt. Er führt weiter aus, »daß der kleinste Widerspruch, die verständlichste und begründetste Ablehnung ausreichen, um bei einem derart beschaffenen Gehirn die Wut zum Ausbruch kommen zu lassen und es zu unmäßigen Gewalttaten zu bewegen«. Er vergleicht Luchenis Verhalten in dieser Situation sogar mit demjenigen »eines Stiers, der auf das rote Tuch losstürzt«.

Was alle gern als das Nachbeben der Erschütterung vom 10. September 1898 sähen, ist in Wahrheit nichts anderes als die Laune eines in der Tat impulsiven Menschen, vor allem aber ist es die Pose eines Schauspielers mit einem ausgeprägten Hang zur Phrasendrescherei und Theatralität:

»Ich hielt ein Werkzeug in meiner linken Hand, das ich ihm entgegenstreckte, indem ich, wie Voltaire, sagte: In dieser Welt kann ich mich nur damit (dem Schwert) durchsetzen, denn man hat mir das verwehrt, was ich auf dieser Welt am meisten liebe, die Bücher...« So lautet Luchenis Rechtfertigung. Gleichzeitig ist seine Geste aber auch ein deutlicher Hinweis auf den innigen Wunsch, von dem er jetzt beseelt ist: ein verlorenes Leben dadurch zurückzuerobern, daß er sich durch Bücher Wissen aneignet.

Schnell verbreiten einige italienische und österreichische Zeitungen das Gerücht, daß die Rede davon sei, Lucheni in eine Irrenanstalt einzuliefern. Perrin, der zuvor immer ein gutes Verhältnis zu Lucheni gehabt hatte, der ihm seinerseits im großen und ganzen Respekt entgegenbringt, stellt eilends richtig, daß der Mann nicht krank ist, sondern lediglich unter vorübergehenden Stimmungsschwankungen leidet, die dazu führen, daß er sich manchmal etwas aufbrausend verhält. In diesem Fall beträgt die Strafe zehn Tage Dunkelhaft mit anschließender Einzelhaft ohne Arbeit und ohne sonstige Vergünstigungen bis zum 30. April 1900.

Chronik des Jahres 1901

Das Jahr 1901 ist von Bedeutung, wenn man sich näher mit dem inneren Wesen Luigi Luchenis vertraut machen möchte, bevor dieser selbst in den acht darauffolgenden Jahren gewissermaßen selbst das Wort ergreift. Dieses Jahr 1901 bietet uns die Möglichkeit, von zwei verschiedenen Blickwinkeln aus sehr präzise Einblicke in Luchenis Innenleben zu erhalten:

– Den ersten Blickwinkel verdanken wir einem (bis heute unveröffentlichten) »Hachette-Almanach« von 1901, den Lucheni mit zahlreichen Notizen und Illustrationen versehen hat.

– Den zweiten einem Gefängnisbesuch der beiden Psychologen und Anthropologen Dr. Ladame und Dr. Régis.

Der Almanach

Von seinem Arbeitslohn kauft Lucheni sich seinen Tabak, manchmal einen Stift und am Jahresende offenbar immer einen »Hachette-Almanach« für das kommende Jahr. Angesichts der Tatsache, daß Lucheni höchstens acht Franken im Monat verdient, sind die Kosten für einen solchen Almanach mit 3,50 Franken relativ hoch.

Unabhängig von den wirklichen Einblicken, die er in die Welt außerhalb der Gefängnismauern ermöglicht, und auch unabhängig davon, daß diese »kleine Volksenzyklopädie«, wie sie im Untertitel heißt, ihm auf ihren ungefähr siebenhundert Seiten eine Vielzahl verschiedener Rubriken bietet, dient der Almanach in erster Linie als Kalender und Notizbuch.

Normalerweise läßt sich die Chronik seiner Haftzeit nur mittels der lakonischen Notizen in den Archiven der Strafanstalt rekonstruieren. Diese liest sich sehr bruchstückhaft, weil Luccheni dort nur Erwähnung findet, wenn er seinen Wärtern unangenehm auffällt. Diese Orientierungspunkte sind nicht dazu geeignet, um seinen Werdegang im Gefängnis und seinen inneren Entwicklungsprozeß nachzuzeichnen.

Am 27. November 1901 erwirbt Luccheni die Ausgabe für das Jahr 1902, aber von ihr fehlt genauso jede Spur wie von denen der folgenden acht Jahre, die Luccheni im Évêché-Gefängnis inhaftiert war. Die Ausgabe von 1901 jedoch liegt uns heute vor und lädt uns zum Nachdenken über Lucchenis Innenleben ein.

»Nosce te ipsum« (Erkenne dich selbst). Dieses der Rubrik »Maximen und Leitsätze« entnommene Motto stellt der Häftling selbst dem neuen Jahr voran. Damit scheint sich die Vermutung zu bestätigen, daß Luccheni seit dem Beginn seiner Haft wieder zu sich selbst gefunden hat. Das bedeutet jedoch längst noch nicht, daß er jeder Form der Revolte entsagt hat. Sie wird lediglich mit Hilfe des systematischen Abschreibens von Passagen aus der weltlichen Literatur oder der Bibel formuliert und kanalisiert. Mit Hilfe des Abschreibens vermag er die menschlichen Verworfenheiten, Heucheleien und Hoffnungen zum Ausdruck zu bringen.

Ernest Favre hat beschlossen, den ersten Tag des 20. Jahrhunderts zusammen mit Luccheni zu verbringen. Die Erwähnung von Favres Besuch ist die allererste Notiz von Luccheni. Es fällt auf, daß diese Besuche sehr regelmäßig stattgefunden haben. Genauso fällt auf, daß er bei jedem seiner Besuche eine Portion jener Nahrung mitbringt, die Luccheni über alle Maßen begehrt: ein neues Buch. Zieht man in Betracht, daß Luccheni, abgesehen von einigen wenigen Ausnahmen, in diesem Jahr nicht die Erlaubnis erhält, anderen Besuch von außen zu empfangen, kann man sich leicht vorstellen, wie wichtig und prägend diese Beziehung für ihn gewesen sein muß.

Favre ist ein Mann von Format. Sein gepflegter Bart und sein gelassener Gesichtsausdruck betonen sein vornehmes Aussehen. Er ist ein fünfundfünfzigjähriger christlicher Philanthrop, der neben seiner offiziellen Funktion als Präsident des Förderkreises für die Rehabilitation von Häftlingen, die kurz vor ihrer Haftentlassung stehen, die religiöse Erziehung der unteren Volksschichten zu seiner Lebensaufgabe gemacht hat. Auch wenn Lucheni nie mehr entlassen wird, so kann doch zumindest seine Seele die Pforte zum Heil finden, davon jedenfalls ist Favre überzeugt.

Der Almanach von 1901 beweist, daß Favre Lucheni dazu überreden konnte, französische Bücher zu lesen und sowohl seine mündlichen als auch seine noch sehr rudimentären schriftlichen Französischkenntnisse zu verbessern. Bis dahin hatte Lucheni sich überhaupt nicht dafür interessiert.

Die Bücher, die Favre ihm mitbringt, befassen sich in erster Linie mit Fragen der Religion sowie der Tugend. Da bei Lucheni nach wie vor ein »mystischer« Bodensatz vorhanden ist, ist er sofort Feuer und Flamme. So verschlingt er unter anderem folgende Bücher: *Une étude sur l'Ancien Testament (Eine Studie zum Alten Testament)* von Louis Burnier; *Luther et la Réforme (Luther und die Reform)*, *La Famille (Die Familie)* und *Paroles de Vérité (Worte der Wahrheit)* von Agenor E. de Gasparin; *L'Empreinte de Dieu dans le sentier de ma vie (Gottes Zeichen auf meinem Lebensweg)*, *Toi et ton âme (Du und deine Seele)* und *Paul sur terre et sur mer (Der Weg des Apostel Paulus über Land und über das Meer)* von Otto Funke; *Voyage en Terre Sainte (Reise ins Heilige Land)* und *Le comte de Zingendorf (Graf von Zingendorf)* von Félix Bovet.

Auch die Gefängnisbibliothek bot ihm eine Vielzahl von Büchern, mit denen er seinen ungebrochenen Lesehunger sättigen konnte.

Regelmäßig erhält er die Zeitschriften *Les Annales*, *Lectures pour tous*, *Le Magasin Pittoresque*, *Tour du Monde* und *À travers le Monde*. Zusammenfassend läßt sich sagen, daß Luchemi allein während des einen Jahres 1901 ungefähr fünfzig Bücher liest. Daraus kann man ableiten, daß er im Laufe seiner zwölfjährigen Haft zwischen fünfhundert und sechshundert Bücher gelesen hat.

Am 15. November bestellt er Dantes *Göttliche Komödie*. Dieses Werk hat eine ganz besonders starke Wirkung auf ihn: Mehrere Male schreibt er mit großer Sorgfalt die Passage Inferno, 3. Gesang, Verse 7 bis 9 ab: »*Per me si va nella citta dolente... Lasciate ogni speranza voi ch'entrate...*«[4]

Dieses Meisterwerk der italienischen Literatur betrifft ihn ganz unmittelbar. Abgesehen davon, daß er sich selbst darin wiedererkennt, ist sein ganzes Weltbild sehr stark davon beeinflußt. Das wird zum Beispiel deutlich anläßlich Luchenis Kommentar zu der Abbildung sämtlicher Päpste seit dem heiligen Petrus in seinem Almanach: »Figuren, die Dante bei seinem Gang durch die Hölle gefunden hat (6. Zyklus). Ich ordne sie dem letzten Zyklus zu, wo sich Kain und Judas befinden!«

Was behält er von der Lektüre all dieser Bücher? Ein ernüchtertes Bild von der Welt, aber auch von Zeit zu Zeit einen Hoffnungsschimmer, um nicht vollends zu verzweifeln. Er schreibt nicht weniger als hundertsechzig Zitate und Maximen ab. Seine Vorliebe gilt hierbei insbesondere Rousseau, Voltaire und den Enzyklopädisten. Auch der sozialistische und mystische Humanismus eines Lamennais findet

---

[4] »Durch mich geht hin zur Heimstatt aller Plagen, / Laßt, die ihr eingeht, alle Hoffnung fahren« (Übersetzung von Friedrich Freiherr von Falkenhausen).

vor seinen Augen Gnade. Dagegen spielen die Revolutionäre keine große Rolle bei ihm: ein einziges Zitat von Robespierre! Er hat zwar einen großen Hang zur Philosophie und zu den Aufklärern, aber alle Theorien sind ihm gleichgültig, selbst wenn es sich um egalitäre Theorien handelt.

Ein Jahresablauf

Lucheni hält in seinem Almanach auch einige Ereignisse des alltäglichen Lebens fest:

24. Januar: Besuch von ehrenwerten Besuchern.
29. Januar: Erster Schnee.
23. Februar: Strafe verbüßt *(er hat sich an den vor seinem Fenster angebrachten Eisenstäben hochgezogen, um sich mit Leuten zu unterhalten, die aus den Fenstern eines Hauses in der Rue de la Fontaine lehnten, was ihm einen Tag Dunkelhaft und zwanzig Tage verschärfte Einzelhaft einbrachte).*
3. März: Erster Donner.
16. März: Bestrafung wegen der Entleerung des Nachttopfes vor der Tür. Fünf Tage Dunkelhaft und zwei Monate ohne Bücher, verschärfte Einzelhaft!

Das Strafregister verzeichnet folgende Vergehen: Arbeitsverweigerung, rüpelhaftes Verhalten, Beschimpfung und Beleidigung eines Wächters. In Wahrheit beschwert Lucheni sich nachdrücklich darüber, nicht seinen Arbeitslohn für die 1500 Schachteln erhalten zu haben, die er im November gefertigt hat. Daß er sich beim Wärter darüber beschwert hat, nicht dazu geeignet zu sein, eine solche Arbeit sachgemäß auszuführen, wurde Lucheni von diesem dann als Arbeitsverweigerung ausgelegt.

22. Mai: Ende der Strafe für den Nachttopf.
11. Juni: Ich habe eine Tafel Schokolade und eine Broschüre mit dem Titel *Autrefois et maintenant (Früher und heute)* von Perret erhalten.

Lucheni hatte eine seiner sehr wenigen Freundschaften mit einem anderen Häftling geknüpft, der Ende 1899 entlassen wurde. Jules-Albert Perret, ein Angestellter aus Neuchâtel, war wegen Diebstahls von goldenen Uhren zu achtzehn Monaten Haft verurteilt worden. Völlig geläutert durch die Haft, schrieb er nach seiner Entlassung dem Gefängnisdirektor mehrere von Dankbarkeit geprägte Briefe: »Gott möge Sie segnen für alles, was Sie getan haben, um mir meine Haftzeit zu erleichtern!« Und um seine während der Haft erfolgte Läuterung zu vollenden, beschloß er, andere Häftlinge daran teilhaben zu lassen. Was die Broschüre betrifft, die er Lucheni geschickt hatte, schrieb er: »Ich denke, daß die Lektüre dieser Broschüre früher oder später einen guten Einfluß auf ihn haben könnte…«

18. August: Plötzliche Eingebung in der Dusche.

1. September: Brief an den Gefängnisdirektor.

10. September: Dritter Jahrestag eines Ereignisses, das ich nie mehr vergessen werde!… Verschärfte Einzelhaft.

14. September: Eine Tafel Schokolade von Perret erhalten.

25. September: Besuch von den ehrenwerten Besuchern.

1. Oktober: Besuch von meinen Besuchern.

4. Oktober: Besuch von Om (sic).

2. Dezember: Ich arbeite jetzt zusammen mit einem anderen Häftling.

25. Dezember: Eine Tafel Schokolade und einen Almanach vom ehemaligen Häftling Perret erhalten.

27. Dezember: Ein Paar Pantoffeln an Perret geschickt.

In Anbetracht seiner beschränkten finanziellen Möglichkeiten möchte er Perret gegenüber seine Dankbarkeit und seine Freundschaft bekunden und macht ihm ein von ihm selbst gefertigtes Weihnachtsgeschenk.

28. Dezember: 3,50 Franken für ein Paar Pantoffeln ausgegeben.

Will man sich einen Eindruck davon verschaffen, was und wieviel Lucheni im Jahre 1901 gearbeitet hat, so gibt der Almanach auch hierüber Auskunft. Bis zum 15. März führt er genau Buch über die Anzahl der von ihm gefertigten Schachteln und seinen Arbeitslohn:

1325 »Blumenkisten«; Verdienst: 3,05 Franken.
3128 »Zeitschriftenkisten«; Verdienst: 3,30 Franken.
9200 »Kerzenschachteln«, Verdienst: 9,20 Franken.
1500 »Bonbonschachteln«, Verdienst: 2,20 Franken.

Nach dem 15. März fertigt er Pantoffeln und verzichtet darauf, genau Buch über seine Stückzahlen zu führen. Einzige Ausnahme ist der 29. Juni:

60 Paar Pantoffeln, Verdienst: 6,30 Franken.

Und was seine Ausgaben betrifft:

8 Päckchen Tabak: 1,60 Franken.

1 Pfeife: 1 Franken.

1 Stift: 0,10 Franken.

1 Abonnement der *Annales politiques*: 7,60 Franken.

1 Hachette-Almanach für 1902: 3,50 Franken.

1 *Drapeau*-Almanach: 1,50 Franken.

Lucheni versieht sein Jahrbuch auch mit ein paar sehr sorgfältig gearbeiteten Zeichnungen: Eine nachgezeichnete Silhouette einer »Dame in Schwarz« erinnert einen unwillkürlich an Elisabeth von Österreich. Diesen Almanach schmücken zudem noch die Zeichnung eines Pferdes, elegant und wohlproportioniert, Kaleidoskopzeichnungen und anderes mehr.

Will man das hervorstechendste Merkmal dieser kleinen »Reise« durch Luchenis Almanach benennen, muß man zweifellos nochmals feststellen, daß er unter dem Einfluß von Ernest Favre ein anderer Mensch geworden ist, der nach menschlicher Wärme und nach Bildung dürstet. Führt man sich vor Augen, daß Favre, als er am Ende seines Lebens Bilanz zieht, erklären wird, daß ihm die Freude zuteil wurde, einen Mörder zum Glauben bekehrt zu haben, darf man sich fragen, ob er damit nicht auf Lucheni anspielt, denn in den fraglichen Jahren sitzen nur zwei Mörder im Évêché-Gefängnis ein.

Der Besuch der Ärzte Ladame und Régis

Während der sechzig Tage Kerker, die Lucheni am 16. März 1901 aufgebrummt bekommt, empfängt er am 10. April den Besuch von zwei Anthropologen und Psychiatern: P. Ladame ist Privatdozent an der Genfer Universität und E. Régis Professor an der Universität Bordeaux.

Die beiden möchten zunächst einmal die Akten des Mörders einsehen, um sich schon vorher einen Eindruck von seiner Intelligenz und seinem Verhalten zu verschaffen. So nehmen sie auch Einblick in Luchenis »pädagogische Eingangsprüfung«, die er bei seiner Einlieferung ins Gefängnis im Dezember 1898 abgelegt hat. Jeder, der in Genf eine Haftstrafe antritt, muß tatsächlich eine Art Eignungstest ablegen, in dem die Fähigkeiten und Kenntnisse in den Bereichen Lesen, Schreiben, Aufsatzschreiben, Rechnen und bürgerliches Recht abgefragt werden.

Luchenis Aufsatz ist ausgesprochen aufschlußreich. Er ist auf Italienisch abgefaßt, da er noch nicht gut genug Französisch spricht, um seine Gedanken angemessen zu formulieren. In diesem Aufsatz faßt er sein Leben sehr knapp zusammen:

Seine »niederträchtige« Mutter setzte ihn am Tage seiner Geburt aus, so daß er nie als Mensch anerkannt wurde. Dann folgt ein sehr eigentümlicher Satz:

»... Bevor Ihr ein Kind irgendwelchen Leuten anvertraut, die es nur deshalb bei sich aufnehmen, um damit sieben oder acht Lire zu verdienen, überzeugt Ihr Euch noch nicht einmal davon, ob dieses Kind überhaupt entsprechend Euren geltenden Gesetzen erzogen wird...« Keiner der zeitgenössischen Forscher maß diesem Satz irgendeine Bedeutung bei und befaßte sich mit dessen Gehalt. Für sie scheint es nicht wirklich erforderlich zu sein, sich mit der Kindheit eines Mörders zu beschäftigen, um seine Tat zu erklären. Viel schwerer aber wiegt die Tatsache, daß die beiden Ärzte nicht im geringsten die tatsächliche Bedeutung von Luchenis Bemerkung erfassen.

Nachdem die beiden die Unterlagen durchgearbeitet haben, kommt es zur eigentlichen Begegnung mit Lucheni. Dieser ist froh darüber, seine Gedanken frei und ohne jede Einschränkung zum Ausdruck bringen zu dürfen, in einer Sprache jedoch, die er nur sehr bruchstückhaft beherrscht, die er auf Anraten von Ernest Favre in der Zwischenzeit jedoch angefangen hat zu lernen. Es gibt ein Thema, auf das er überhaupt nicht gern zu sprechen kommt, und zwar dasjenige seiner geistigen Gesundheit. Seinerzeit neigte man dazu, Königsmörder systematisch in die Kategorie von Halbverrückten einzuordnen, die ihr Verbrechen nur begangen haben, um sich durch eine aufsehenerregende Tat unsterblich zu machen. Lucheni verwehrt sich vehement gegen diese Ansicht. Er hat schon nicht akzeptiert, daß Cesare Lombroso ihn bei seinem Prozeß als einen Epileptiker mit angeborenen kriminellen Neigungen darstellte. Deshalb lag es ihm auch ganz besonders am Herzen, daß folgender Satz ins Protokoll aufgenommen wird: »Sie müssen auf jeden Fall sagen, daß ich nicht verrückt bin!«

Trotzdem läßt er sich untersuchen. Da von ihm behauptet worden war, er hätte Frauen mißhandelt, gibt er an, bis zu seinem vierundzwanzigsten Lebensjahr keine sexuellen Beziehungen mit Frauen gehabt zu haben. Da er unter einer Verengung der Vorhaut litt, so daß die Öffnung kaum sichtbar war, wäre er auch gar nicht dazu in der Lage gewesen. Die Beschneidung wurde während seiner Militärzeit vorgenommen. Zum Beweis zeigt er sein Geschlechtsteil her... Seither hat er nur viermal mit einer Frau geschlafen, zweimal in Lausanne und zweimal in Genf, vor allem am Tag vor seinem Verbrechen. Im Gefängnis masturbiert er ein- bis zweimal pro Woche. Auf die entsprechende Frage gesteht er, niemals sexuelle Beziehungen zu Männern unterhalten zu haben: »Das gibt es nur in der Oberschicht. Victor Hugo hat recht. Adlige haben mir schon Angebote gemacht; so etwas macht man in der guten Gesellschaft, nicht beim einfachen Volk, bei den Bauern.« Als Professor Auguste Forel 1902 behauptete, es stünde »zweifelsfrei fest, daß er in wilder Ehe mit mehreren Frauen zusammenlebte«, war dies vollkommen aus der Luft gegriffen. Genausowenig begründet sind die »Vermutungen« hinsichtlich möglicher homosexueller Neigungen von Lucheni, die Johannes Thiele in seiner erst kürzlich veröffentlichten Biographie der österreichischen Kaiserin äußerte.[5]

In ihrem fünfzig Seiten langen Bericht handeln die beiden Hochschullehrer Luchenis Kindheit auf etwa zwölf Zeilen ab. Das sagt wohl schon genügend darüber aus, welchen Stellenwert sie diesem Abschnitt seiner Biographie beimessen.

Er erklärt, daß ihm das Leben in Haft gut bekommt, vorausgesetzt, man behandelt ihn gut. Der Mann macht offensichtlich gerade eine Entwicklung durch, was unter anderem daran ersichtlich wird, daß er sich, als er vor den beiden Besuchern seine Tat nachstellt, fragt, ob es wirklich er selbst gewesen ist, der sie ausgeführt hat: »Sehen Sie, wie meine Hand zittert, obwohl ich doch nur auf einen Strohsack eingestochen habe. Als ich aber einen Menschen niederstach, zögerte ich nicht einen Augenblick!«

Lucheni erklärt ihnen, nie ein Anarchist gewesen zu sein, und er versichert, überhaupt nicht mit seinem Landsmann Malatesta einverstanden zu sein, der behauptet, daß die

---

[5] Vgl. Johannes Thiele, *Elisabeth. Das Buch ihres Lebens*, München 1996.

anarchistischen Theorien dem Fortschritt dienten, weil sie das Wohlbefinden steigern. Er hingegen vertritt die Meinung, daß es einer wirklichen Führung bedarf: »In einer Familie, die aus acht Personen besteht, kann es ohne Herrn keine Ordnung geben; und in Familien mit mehreren Millionen Personen daher erst recht nicht.« Lucheni spricht sich also für die Notwendigkeit von Führern in der Art aufgeklärter Despoten aus.

Mehrmals distanziert er sich von denjenigen, denen man ihn zuordnen wollte: »Man sagt, Anarchisten würden keine Gesetze kennen. Ich bin kein Anarchist!«

Am Ende ihres Besuchs wollen die beiden Ärzte in Lucheni einen wankelmütigen Choleriker sehen, der auffallend in Erregung gerät, wenn er über Dinge redet, die ihm am Herzen liegen. »Er errötet und fängt sichtbar an zu zittern.« Insbesondere dann, wenn die Sprache auf die Ungerechtigkeiten kommt, die ihm speziell nach seinem Militärdienst widerfahren sind. Bevor sie wieder gehen, bitten sie Lucheni, ein paar Zeilen niederzuschreiben, die ich im folgenden wortwörtlich wiedergebe:

»Die Gesellschaft hat dann eine gute Regierung, wenn die Bürger den Magistraten gehorchen und die Magistraten den Gesetzen. L. Lucheni, 10. April 1901.«

Es ist interessant festzustellen, daß Luchenis Rechtschreibung im Jahre 1901 wirklich sehr zu wünschen übrigläßt. Dieses Solon-Zitat ist in seinen Augen so wichtig, daß er es auch in seinem Almanach festhält, diesmal jedoch ohne Fehler.

1902 bis 1907

Im Jahr 1902 fällt Lucheni noch durch einige Verstöße gegen die Gefängnisordnung auf. So geschehen am 23. Mai, am 1. Juni und vor allem am 22. Juni, als er einen Wärter aus Verärgerung darüber, daß man ihm tagsüber einfach einen Strohsack weggenommen hat, körperlich angreift und ihm »wütend einige Schrammen« zufügt (zwanzig Tage bei Wasser und Brot).

Von diesem Zeitpunkt an verhält sich der Häftling korrekt, arbeitet zur Zufriedenheit der Wärter und gibt sich seiner einzigen Leidenschaft hin: den Büchern, von denen er so viele kauft, wie es ihm im Rahmen seiner bescheidenen Mittel möglich ist, wobei er eine Vorliebe für Voltaire und Montesquieu hegt.

Nur in den Tageszeitungen sind von Zeit zu Zeit alarmierende Falschmeldungen zu lesen. So meldet zum Beispiel *L'Éclair* am 17. Dezember 1905, Lucheni hätte einen Wärter getötet und sei nunmehr an einer Wand angekettet worden... Am selben Tag meldet *Le Télégramme*, Lucheni sei ausgebrochen. Der Gefängnisdirektor Perrin sieht sich also zu einer Richtigstellung gezwungen und veröffentlicht am 18. Dezember 1905 eine Erklärung in der *Tribune de Genève*: »Lucheni verbrachte den gestrigen Tag ganz ruhig in seiner Zelle, und weil arbeitsfrei war, widmete er seine Zeit dem Lesen.«

Die *Annales politiques et littéraires* vom 20. August 1905 vergleichen Lucheni mit einer eingesperrten »Hyäne, die ständig mit dem Kopf gegen die Mauer ihrer Gefängniszelle schlägt und langsam, aber sicher in einen Zustand des Stumpfsinns und des Wahnsinns abrutscht«. Lucheni hat diesen Almanach abonniert und findet den Inhalt dieses Artikels unerträglich. Er äußert den Wunsch, in einen Briefwechsel mit der Redaktion einzutreten und ein Dementi veröffentlichen zu dürfen. Man verwehrt ihm zwar diese Vergünstigung, stellt seinen Brief aber dennoch den Psychiatern zur Verfügung. Wieso diese Halbherzigkeit? Einfach deshalb, weil Luccheni in diesem Brief deutlich macht, daß er nicht (wie manche fälschlicherweise glauben) in einer schmutzigen Kerkerzelle dahinvegetiert, sondern ganz im Gegenteil erklärt, daß er glückliche, der geistigen Arbeit gewidmete Tage in einem angenehmen Gefängnis verlebt:

»Sie sollen wissen, daß ich in einer Zelle untergebracht bin, deren Wände mit Ölfarbe gestrichen sind. Diese Zelle befindet sich nicht im Souterrain, sondern im zweiten Stockwerk, so daß ich den Sonnenaufgang und Sonnenuntergang sehen kann...« In seiner Erwiderung, die in einem sehr viel besseren Französisch abgefaßt ist, als er es 1901 beherrschte, schreibt er voller Ironie: »Wenn man meine Zelle betritt, befindet sich linker Hand das Bett, das eines Genießers würdig ist. Es gibt auch Strom, eine elektrische Klingel, die derjenigen im Hôtel du Trocadéro ähnelt, und einen kleinen Spiegel Marke Saint-Gobain! Dann wäre da noch mein Heiligtum, das heißt ein Regal mit drei sehr gut bestückten Regalböden, aber nicht etwa mit Spinnen oder Schaben (es gibt höchstens ein paar schwerfällige Fliegen), sondern mit Büchern. Erster Regalboden: Sämtliche Werke von Montesquieu, von J.-J. Rousseau fehlt nicht besonders viel. Der dritte Regalboden biegt sich unter der Last lateinischer Schriftsteller, und damit er nicht durchbricht, stütze ich ihn mit Montaigne und Pascal, die auf dem zweiten Regalboden stehen. Dante, den ich auswendig kenne, habe ich unters Bett verbannt.«

An anderer Stelle heißt es: »Um Ihnen zu veranschaulichen, wie furchtbar das Leid ist, das die Genfer Barbaren ihren Gefangenen zufügen, sollen Sie wissen, daß ich Schokolade esse und alle drei Tage meine Socken wechsele. Mir stehen zwei Handtücher pro Woche zur Verfügung, des weiteren eine Nachtmütze (wie einem Rentner) sowie Krawatten, alles Dinge, die ich nicht kannte, als ich noch ein Mensch war, die ich aber trage, seitdem ich mich in eine HYÄNE verwandelt habe!«

Was ihn in dieser Zeit merkwürdigerweise am allermeisten aufbringt, sind Angriffe gegen die Schweiz: »Wie konnten Sie, wo Sie doch mit den Vorzügen dieses hervorragenden Volkes so sehr vertraut sind, es nur zulassen, daß die Schweiz, und schlimmer noch, dieser schöne, dieser erhabene Kanton Genf, verleumdet wird...«

1907 bis 1909
(Abfassung der Erinnerungen)

Nach fünf Jahren, in denen er in seiner Zelle zur Anonymität zurückgefunden und viel gelernt hat, beschließt Luigi Lucheni, die Geschichte seines Lebens zu schreiben. Er beherrscht jetzt die französische Sprache so gut, um ein derartig ehrgeiziges Vorhaben in Angriff zu nehmen.

Die Verwaltung des Évêché-Gefängnisses stellt ihm fünf blaue, offizielle Schreibhefte zur Verfügung, die im Besitz des Gefängnisses bleiben. Und es galt, sorgsam damit umzugehen, denn auf dem Einband waren folgende sowohl an die Häftlinge als auch an das Gefängnispersonal gerichteten Sätze aufgedruckt:

— Es ist ausdrücklich verboten, aus diesem Heft Blätter herauszureißen oder es zu vernichten.

— Es ist den Häftlingen verboten, sich ohne Genehmigung Hefte voneinander auszuleihen oder sie untereinander auszutauschen.

— Die Benutzung anderer Schreibhefte ist verboten.

Es ist klar, daß unter diesen Voraussetzungen sowohl der Gefängnisdirektor als auch das Personal wußten, was Lucheni tat, und daß sie logischerweise die Abfassung der Lebenserinnerungen und den Erhalt der Hefte kontrollierten.

Welchen Titel wird Lucheni wählen? Der Titel muß für den Leser bereits das Wesentliche zum Ausdruck bringen, er muß einen Einblick in sein eigenes Leben sowie dessen Konsequenzen gewähren und Rechenschaft darüber ablegen. Ich erwähnte bereits die deutlichen Hinweise darauf, daß Lucheni nicht mehr der Maulheld ist, der er einmal war, und daß er sich als einen Menschen darstellen möchte, den das Leben Schritt für Schritt seines Rechts auf Glück beraubt hat...

DIE GESCHICHTE
EINES VERSTOSSENEN KINDES
AM ENDE DES
19. JAHRHUNDERTS,
VON IHM SELBST
ERZÄHLT

Diese fieberhaft hingezeichneten, purpurroten Großbuchstaben bedecken die gesamte Oberfläche der ersten Seite des Heftes, das die Nummer 1 trägt.

Aber lassen wir Luigi Lucheni selbst zu Wort kommen...

DIE GESCHICHTE
EINES VERSTOSSENEN KINDES
AM ENDE DES
19. JAHRHUNDERTS,
VON IHM SELBST
ERZÄHLT

An den Leser

Verehrter Leser, ich lege Dir hier die Geschichte meines Lebens vor. Ich hege keinen Zweifel daran, daß Du sie in Anbetracht ihrer Einzigartigkeit für eine einzige große Lüge halten wirst.

Glaube nicht, daß ich Dich vom Gegenteil überzeugen will, denn diese Anstrengung möchte ich nicht auf mich nehmen.

Dennoch rate ich Dir, den Göttern zu danken und ihnen Respekt zu zollen, denn nur den Segnungen, die sie Dir angedeihen ließen, kannst Du es zu verdanken haben, daß Du mich, den sie vollkommen vergessen haben, für einen Lügner hältst.

Wenn Du mich fragst, welches Ziel ich mit der Abfassung meiner Lebenserinnerungen verfolge, dann antworte ich Dir, daß es derer viele gibt; aber unter den vielen Zielen wirst Du vergeblich nach demjenigen suchen, von dem Du glaubst, es sei das wesentliche, nämlich Dein Wohlwollen zu erwerben – vorausgesetzt, Du verfügst darüber. Und wenn meine Worte Dich erstaunen, so kann ich Dir sagen, daß Dein Erstaunen bei der Lektüre dieser wahren Geschichte nachlassen wird.

Wirst Du auch danach noch so unerschütterlich bleiben? Das wage ich zu bezweifeln. Und weil ich Dich gerne davon überzeugen möchte, erinnere ich Dich, falls Du es vergessen haben solltest (die Unglücklichen vergißt man nur zu leicht), daran, daß ich jetzt in einer Welt zu Hause bin, in der unterschiedslos allen Bewohnern das Philosophieren erlaubt ist; und daß man auf diesem Planeten (auch deshalb, weil wir dazu gezwungen sind) zum Philosophen werden kann, ohne die Fensterläden schließen zu müssen; ein Zustand übrigens, das mußt Du wissen, der in Deiner Welt absolut notwendig ist, damit der Philosoph sich rühmen darf, Nacheiferer von Diogenes hervorzubringen. Ob ich die Früchte dieser Weisheit gesammelt habe? Ja, genug, um in der Lage zu sein, Dir das, was ich Dir dafür schuldete, daß Du mir keinen Platz an der Sonne eingeräumt hattest, zu vergelten.

Es ist mein aufrichtiger Wunsch, daß Du kein schlechtes Gewissen hast. Auch wünsche ich Dir ein Maß an Glück, das mein eigenes aufwiegt und das mir all meine Leiden verbunden mit der Verachtung beschert hat, mit der Du einst meine bescheidene Rechtschaffenheit ersticktest.

Du bist im Unrecht, wenn Du Dich bei der Vorsehung beklagst.

Du möchtest gern wissen, welche Ziele mich zu der Abfassung meiner Lebenserinnerungen veranlaßt haben? Nun gut, ich werde Dir die drei wichtigsten von ihnen nennen:

1. Die Gelehrten, die sich so sehr für die Opfer sozialer Ungerechtigkeiten zu interessieren scheinen, sollen, sobald sie sehen, daß diese in den Abgrund gestürzt sind, ihren langen und schmalen Weg, über den sie sich bewegen, um ihr Mitgefühl zu bezeugen, verlassen – dieser Weg ist endlos.

Wenn dieses Mitgefühl wirklich aufrichtig ist, sollen sie die breite Straße nehmen. Es ist wohl wahr, daß deren Kürze ihnen zwar nicht die Möglichkeit bietet, ihr Vermögen zu vergrößern (das ohnehin schon ziemlich groß sein muß, denn es verhindert, daß sie unter die Bestimmungen ihrer eigenen Lehren fallen...); aber auf diese Weise wären sie zumindest dazu gezwungen, endlich auf die Verkündung absurder Theorien zu verzichten, die, so sie nicht wider die Natur sind, diese doch in jedem Fall verachten.

Ich leugne nicht, daß diese Lehre den Unglücklichen an dem Tag einen menschlichen Dienst erweisen könnte, an dem die Gesetzgeber deren Lehre in die Strafgesetzbücher einarbeiten würden. Allerdings muß ich gestehen, daß ich, der ich diejenigen bedauere, die von der Ungerechtigkeit dazu gedrängt werden, denselben Weg einzuschlagen wie ich, keinesfalls wünsche, daß ihnen eine derartige Ehre zuteil wird. Denn ich bin zutiefst davon überzeugt, daß diese Lehre, hätte sie erst einmal Eingang ins Allerheiligste gefunden, lediglich solchen Trugbildern zuträglich wäre, die dem Ansehen der wahren Justiz, dieser einzigen Göttin, derer die Schwachen harren, schaden... Falls die Gelehrten meine Gefühle für abwegig halten sollten, nur weil ich auf keine Universität gegangen bin (was nicht meine Schuld ist), dann entgegne ich ihnen, daß ich, um über dergleichen Dinge zu diskutieren, neben meiner guten Selbstkenntnis noch eine andere sehr gute Eigenschaft besitze; und diese ist sehr viel höher einzuschätzen als alle Fähigkeiten eines Lombroso zusammengenommen...

Ich lade Sie also alle dazu ein, meine Herren Kriminologen, diese Lebenserinnerungen eines Menschen zu lesen, der nicht als Verbrecher geboren wurde, wenn Sie wirklich erfahren wollen, wie es zur Entartung der menschlichen Natur kommt.

2. Die Sänger des sogenannten sozialen Fortschritts (ein Fortschritt, der, das gebe ich zu, nur für sie selbst Früchte trägt) sollten sich, bevor sie ihre Lyren stimmen, etwas mehr für die verstoßenen Kinder interessieren, die mit dem Tag ihrer Geburt – und zwar aufgrund der Kurzsichtigkeit von Gesetzen, die eine Gesellschaft regieren, die sich rühmt, zivilisiert zu sein – jener so ungeheuer wertvollen Gunst beraubt sind, die die Vorsehung allen Kreaturen zugedacht hat: der Liebkosungen, des Lächelns, der Umarmungen einer Mutter. Es hat den Anschein, als würde man diese Kinder nur deshalb am Leben lassen, um sich später ihrer bedienen zu können. Denn wenn die STARKEN glauben, ihre Beute sei bedroht, müssen sie, um ihren Opfern angst zu machen, Exempel statuieren und die Härte

ihrer Gesetze beweisen: Gesetze, die sie, Großdiebe, die sie sind, selbst gemacht haben. Sie verstehen sich darauf, die unendlich Kleinen anzustacheln, wohl wissend, daß die Verletzungen, die von deren Stacheln herrühren, gerade deshalb, weil diese entartet sind, keinerlei Schmerzen hervorrufen werden. Sollten sie sich einmal wundern, so gibt es dafür also durchaus Gründe.

3. Ich möchte meinem Geist ein paar Monate lang eine andere Beschäftigung geben, auch wenn er schon mehr als reichlich Nahrung erhält. Er ist allein vier Stunden täglich mit Lachen beschäftigt – einem Lachen allerdings, das mich dazu zwingt, mir den Bauch zu halten. Wodurch es verursacht wird? Die Überlegungen, die ich über die Bewohner Deines Planeten anstelle, ehrwürdiger Leser, und die Purzelbäume, die sie schlagen, um an den NAPF heranzukommen...

In diesem Zusammenhang muß ich Dir noch unbedingt sagen, daß es mich wirklich sehr erstaunt, wie undankbar sich die GESEGNETE Klasse ihrem Gott gegenüber zeigt; genau wie dem Gott der KANAILLE müßten doch Tempel, goldene Tempel für ihn errichtet werden. Ich vergaß wohl, daß in dieser Klasse die Vorsicht vorherrscht... Wer ist dieser Gott? Es ist jener Mann, der in der Blumenstadt lebte.

Ich wollte also versuchen, die Geschichte meines Lebens zu schreiben. Ich gestehe, es in der Hoffnung getan zu haben, daß ich einige Leser haben werde, die nicht den gleichen SCHARFSINN bestimmter Irrenärzte besitzen und vorschnell zu der Überzeugung kommen, daß derjenige, der die unglückliche Kaiserin ermordet hat, ein Dummkopf ist, wie diese Herren behaupteten. Abgesehen davon blicken Dummköpfe nicht so weit voraus; man muß wohl einräumen, daß die zahlreichen WOLKEN, mit denen sich die Bewohner dieser hohen Sphären so gern umgeben, ihren Blick beeinträchtigen. Ich gebe zu, daß es sich hierbei um eine Vorsichtsmaßnahme handelt, die für den Erhalt ihrer

GESUNDHEIT absolut unabkömmlich ist. Es hat sich nämlich herausgestellt, daß das Klima in dieser Höhe bei HEITEREM Wetter sehr gefährlich ist.

Man hat mir unter anderem vorgeworfen, mein Verbrechen aus reiner EITELKEIT begangen zu haben. Auch hierbei handelt es sich um eine kindische Logik; wäre mir diese Eitelkeit zu eigen gewesen, dann hätte ich damit eine Eigenschaft besessen, die meiner gesellschaftlichen Stellung als ungelernter Arbeiter nicht angemessen ist; denn es dürfte ja allgemein bekannt sein, daß die Eitelkeit nur von denjenigen hochgeschätzt wird, die der oberen Gesellschaftsschicht angehören. Wenn man sich nicht darauf versteift, nur dieses MOTIV sehen zu wollen, dann muß man konsequenterweise anerkennen, daß die Gesellschaft verantwortlich ist; denn hätte sie mich nicht vernachlässigt, dann wäre ihr Zeit genug geblieben, meinen EDLEN Instinkt zu erahnen und zu unterdrücken; vor allem hätte sie mich nicht, wie sie es getan hat, indem sie mir nicht die Möglichkeiten bereitgestellt hat, mir ein TADELLOSES Zeugnis zu verschaffen, dazu zwingen dürfen, mir woanders eben ein BLUTROTES zu besorgen.

Ich möchte nebenbei bemerken, daß der Stoff, aus dem all diese Zeugnisse gemacht sind, immer derselbe ist; die Zeugnisse unterscheiden sich lediglich durch die Farbe voneinander. Vielleicht kommt diese Farbe ja in ein paar Generationen wieder zu der gleichen Ehre, die ihr früher zuteil wurde. Denn unter uns gesagt, verdanken die KOLOSSE von heute ihren BESITZ, das heißt die Mittel, zu Ruhm und Ehre zu gelangen, etwa nicht den Verbrechen ihrer Vorfahren?

Sicher, Ihr ehrenwerten Journalisten, Ihr Beruf zwingt Sie, den Verbrechen Gründe beizumessen, die deren wahren Ursachen völlig entgegengesetzt sind. Das ist deshalb so, weil die Gefahr besteht, daß, wenn Sie die Wahrheit schreiben – so wie Sie es tun, wenn der Mörder FEINE LEDERHANDSCHUHE trägt –, die Zahl der Verbrechen sinkt, und das bedeutet, daß die AUFLAGE SINKT. Wie dem auch sei, diese Biographie wird Ihnen zeigen, ob ihr Verfasser im Geiste eines Brandstifters oder eines Spartakus gehandelt hat, als er dafür sorgte, daß die Räder Eurer Druckmaschinen ein paar mehr Umdrehungen machen mußten.

Obwohl mir bewußt ist, geschätzter Leser, daß Du lediglich im Theater, beim Anblick einiger Szenen, die der Phantasie Deiner Gelehrten entspringen (bei denen es sich im Vergleich zur traurigen Wirklichkeit übrigens um schäbige Machwerke handelt), hin und wieder noch einige Tränen vergießt und Deine Tränenquelle überall sonst trocken bleibt, obwohl mir das also bewußt ist, prophezeie ich Dir trotzdem, daß beim Lesen dieser glücklichen Kindheitsgeschichte in Dir einige schwarze Wolken aufziehen werden, die schwer genug sind, um Dich zum Weinen zu bringen. Wenn meine Vorhersage zutrifft, dann rate ich Dir, nicht gleich danach zu Deinem Arzt zu laufen, damit er die Wunden behandelt, die das Gewitter auf Deiner sehr empfindlichen Haut zurückgelassen hat. Warte ruhig, bis ich selbst Dir das Heilmittel verabreiche, anders ausgedrückt, fahre mit der Lektüre fort, bis einige Anekdoten vorkommen, die Deine andere Quelle zum Sprudeln bringen: die des Gelächters.

Siehst Du, während ich von überempfindlicher Haut spreche (ich will gern glauben, daß Du bescheiden genug bist, dieses Attribut nicht für Dich in Anspruch zu nehmen, wozu ich Dir gratuliere), denke ich an jene Goliaths »im Zentrum des Rades« (Pascal)....

Was diese Riesen mit meiner Geschichte zu tun haben? Sehr viel. Und ich gebe zu, daß ich sie ihnen gern widmen würde. Denn ich bin jetzt gerecht genug, um ihnen die mildernden Umstände zu gewähren, die die falsche Erziehung, die sie genossen haben, notwendig macht (eine Erziehung, die sie unendlich weit von der Wirklichkeit der Welt entfernt und sie unempfänglich macht für das viele Leid, das sie ihren Mitmenschen durch den Überfluß zufügen, mit dem sie sich umgeben). Wenn sie diese Lebenserinnerungen lesen, könnten sie zu der Überzeugung gelangen, daß es sich um ein für viele Menschen verhängnisvolles Verbrechen gegen die Menschlichkeit handelt, wenn die jungen Wölfe ihre Bildung aus Büchern beziehen, die zwar das SESAM ÖFFNE DICH enthalten, sie aber nicht davon in Kenntnis setzt, daß mit jedem Mal, wenn es sich öffnet, eine neue Bastille errichtet werden muß. Das ist auch der Grund dafür, warum es immer mehr davon gibt.

Du sagst, verehrter Leser, daß Du durchaus geneigt bist, an das Schicksal zu glauben, daß Du aber dennoch daran zweifelst, ob Du Dich auch als Fatalist bezeichnen kannst? Nun, Du darfst Dich glücklich schätzen, denn wenn Du Dir die Mühe machst und meine Geschichte aufmerksam liest, dürften alle Deine Zweifel verfliegen, und Dein Glaube wird unerschütterlich.

Obwohl es zahlreiche Gelegenheiten gab, bei denen schon eine Kleinigkeit genügt hätte, um mein Leben in andere Bahnen zu lenken, bin ich weit, sehr weit davon entfernt, an die Existenz dieser angeblich so weitblickenden, in Wahrheit aber blinden Macht zu glauben.

Ich verspreche Dir, verehrter Leser, daß meine Erzählung schonungslos aufrichtig ist. Im Gegenzug bin ich davon überzeugt, in Dir einen unparteiischen Richter zu finden, und deshalb möchte ich Dich um einen Gefallen bitten. Um welchen? Nun: reiß ein Blatt aus Deinem Notizbuch heraus; denke einen Augenblick darüber nach, wie viele Punkte Du meinem Verbrechen gibst – hundert, zum Beispiel –, die Du dann in die Spalte SOLL einträgst.

Beim Lesen machst Du Dir dann bitte die Mühe, alle Punkte in die Spalte HABEN einzutragen, die ich wegen meines Unglücks für mich verbuchen kann. Auf diese Weise verfährst Du dann mit allen meinen schlechten beziehungsweise guten Eigenschaften, die Du in die jeweilige Spalte einträgst. Überflüssig zu erwähnen, daß Du nicht die Fallhöhe meiner Gedanken zu bewerten brauchst; und das aus dem einfachen Grund, weil es keinen Gradmesser gibt, um sie zu messen. Sie hängt einzig von Deinem MASSSTAB ab. Ist er groß? Dann wirst Du die Gedanken für fortschrittlich halten. Ist er mittelgroß? Dann wirst Du sie für mittelmäßig halten. Ist er klein? Dann wirst Du sie für zurückgeblieben halten.

Wenn Du dann später zusammenzählst, wirst Du feststellen, daß die beiden Endsummen nicht besonders stark voneinander abweichen – was auch bedeuten würde, daß die Gesellschaft mitschuldig ist, und ich folglich weniger schuldig bin, als Du zuvor dachtest. Spare Dir aber Deine Sympathie, die Du bereit bist, mir jetzt entgegenzubringen, für all die unglücklichen Kinder auf, die Dir auf den Straßen begegnen, wo sie ohne jeden Halt herumirren.

Sprich sie an, diese Unglücklichen, und schenke ihnen ein paar Worte, die denen ähneln, die Du zu Deinem eigenen Sohn sagst – so als seien sie echte Brüder. Und vielleicht ist einer von ihnen ja auch tatsächlich der Bruder Deines Sohnes…

Weißt Du denn nicht, daß schon ein einziges Wort ausreichen könnte, damit sie später weniger unglücklich sind, Dir also auch weniger schaden?

Vergiß auch nicht die Alten, die keine Bleibe haben, und zwar im allgemeinen deshalb, weil Du wolltest, daß die Deine etwas größer ausfällt.

Das zu tun, dazu lade ich Dich ein. Nicht, um mich damit für meine Arbeit zu entlohnen – die mache ich umsonst –, sondern damit die EHRENWERTEN MANEN Freudenschauer überkommen, was sich auch mein Bruder (sic) wünscht:

Évêché-Gefängnis, 1907 DER SCHÜCHTERNE NAZARENER
Luigi Lucheni DER GROSSZÜGIGE KOSMOPOLIT

Einleitung

Was ich über meine leiblichen Eltern weiß

»Du bist als Kind italienischer Eltern in Paris geboren; deinen Vater kennt man genausowenig wie deine Mutter; die hier sind nicht deine leiblichen Eltern.«

Mit diesen Worten und ohne weitere Erklärungen straft man mich für meinen Hochmut, meine Eltern entschieden verteidigen zu wollen. Denn von den beiden Personen, die ich mit den göttlichen Worten *Vater* und *Mutter* anredete, glaubte ich bis zu jenem Tag, sie seien meine leiblichen Eltern.

Wer war dieser unselige Genealoge? Ein zehnjähriger Junge, dessen Familienwappen, denke ich, derselbe Leitspruch geziert haben muß wie meines. Mein Alter? Ich war damals achteinhalb Jahre und gerade zum zweitenmal im Findelhaus von Parma untergebracht worden.

Diese Worte waren die ersten Hinweise, die ich je auf meine Erzeuger erhalten habe. An anderer Stelle werde ich beschreiben, unter welchen Umständen man mir diese Neuigkeit mitgeteilt hatte, die mich im Moment gleichgültig ließ, weil ich sie für abwegig hielt, von der sich aber schon sehr bald herausstellte, daß sie der traurigen Wahrheit entsprach.

Sechs Jahre später, in meinem vierzehnten Lebensjahr also, sollte ich noch einmal zwei Wörter über meine Eltern in Erfahrung bringen; zwei Wörter, die ich seither immer wieder vor mir gesehen habe und die ich immer vor mir sehen werde, nämlich den Namen und den Vornamen meiner unglücklichen Mutter: Lucheni, Luisa. Ich habe ihn lange ausgekostet, diesen Glücksmoment, den ich an dem Tag erlebte, als ich den Umschlag öffnete, der mir zugesandt worden war und der meinen Paß enthielt, in dem ich zum erstenmal diesen Namen las, der mir die Gewißheit verschaffte, eine Mutter zu haben – eine leibliche Mutter.

Andere Mütter hatte ich nämlich schon genug gehabt.

Dennoch sollte meine Freude nicht von Dauer sein. Ich hatte mir wohl eingebildet, daß es jetzt, wo ich doch ihren Namen kannte, einfach sein müßte, diese Mutter auch zu finden. Aber wo mit der Suche beginnen?

Ich mochte noch so sehr meine Ohren spitzen und immer dort hinlaufen, wo ich zufälligerweise den Namen Luisa ausgesprochen hörte. Wenn ich die so Angesprochenen fragte, ob sie nicht vielleicht auch Lucheni hießen, erntete ich nichts als Gelächter.

Ihr ehrenwerten Philanthropen der ach so christlichen Gesellschaften, die Ihr es Euch, um zu beweisen, daß Ihr dem WEG des HERRN folgt, zur Gewohnheit gemacht habt, Eure Bediensteten zu entlassen, wenn sie Eure wertvollen Angorakatzen von Euren Sofas verscheuchen, auf denen sie ihre Jungen umsorgen, seht Ihr dieses Kind, das noch nichts über die Auswirkungen des gesellschaftlichen Lebens weiß und lediglich der Natur gehorcht, weil Ihr vergessen hattet, es davon fernzuhalten, seht Ihr also dieses Kind, das naiv genug ist, um überall nach seiner Mutter zu suchen – eine Mutter, die es noch nie gesehen hat?

Wird es diese eine Brust finden, die, ohne zu erröten, seine überbordende Liebe – die die anderen mißachten – erwidert?

Denn Ihr müßt wissen, daß dies der einzige Grund für den armen Kleinen ist, seine Mutter zu suchen. Weshalb also, verehrte Philanthropen, zeigt Ihr ihm nicht schnell, wo sich sein Gral verbirgt, obwohl Ihr doch wißt, wo er zu finden ist?

Wißt Ihr denn nicht, daß die zurückgewiesene Liebe Haß gebiert? Dieser Haß dient seinem Wesen nach als Grundlage für all den Haß, der Euren (für ihre Fruchtbarkeit gerühmten) Einrichtungen entspringt; aber ohne dieses Fundament hätte das Gebäude vielleicht nie errichtet werden können.

Sagt nicht, Ihr wüßtet weniger über diese Sache, die ihm so sehr am Herzen liegt, als er selbst. Ihr wißt sehr wohl Bescheid. Das beweist doch wohl die Tatsache, daß er später nur jemanden von Euch erstechen mußte, damit er es erfuhr.

Um seinen Schmerz noch zu steigern, werdet Ihr nach seiner Tat – im Schrittempo, im Trab oder im Galopp, je nach Qualität des Stoffes, den seine Waffe durchstoßen wird – das Geheimnis seiner Geburt lüften; ein Geheimnis, das zu erforschen ihm jetzt nicht mehr die Zeit bleibt.

Wenn ich heute dazu in der Lage bin, etwas über meine Geburt und meine Erzeuger zu sagen, so verdanke ich das in der Tat meinem Verbrechen, denn erst im Anschluß daran bin ich darüber aufgeklärt worden.

Hab also Dank, o Klinge, für den Dienst, den Du mir erwiesen hast; ein Dienst, den Du, o Rechtschaffenheit, die Du mein Leben lenktest, mir niemals hättest erweisen können, selbst wenn ich so alt wie Methusalem geworden wäre.

Folgendes weiß ich also über diese Angelegenheit:

Meine Mutter stammt aus Albareto[6], einem kleinen Dorf, das zu einer der Gemeinden in der Provinz Parma gehört (Bezirk Borgotaro).

Dieses Dorf, in dem ich einmal auf meinem Weg von Parma nach Genua eine Nacht verbracht habe, liegt auf einem der höchsten Berge der Provinz. Seine ungefähr dreihundert Einwohner sind – bis auf wenige Ausnahmen, zu

---

[6] In den Papieren seiner Mutter Luisa ist »Dalbavito« vermerkt (AdH).

denen natürlich der Pfarrer gehört – einfache Bauern, die in der Mehrzahl und die meiste Zeit des Jahres von Kastanien leben, dem wichtigsten Erzeugnis dieser bergigen Region.

Diese vollkommen ungebildeten Bauern, die nicht wissen, was sich jenseits der sie umgebenden Gipfel ereignet, philosophieren den ganzen Winter lang über eine Reise, die jemand von ihnen unternommen hat, um sich mit den Maultieren seines Herrn, die mit dem besagten Erzeugnis beladen sind, auf den Markt nach Parma zu begeben – eine Entfernung von ungefähr fünfundsiebzig Kilometern.

Mit Sicherheit gehörten die Eltern meiner Mutter nicht zu den Ausnahmen, denn das unglückliche Mädchen hatte Herren, die sie als Schäferin beschäftigten.

....

Warum, o Schäferin, gehst Du nicht, wie noch sechs Monate zuvor, emsig Deiner Arbeit nach?

Siehst Du denn nicht, daß Deine Schafe dort unten auf dem Feld weiden, auf das Du sie nicht führen darfst? Was ist denn? Trotz der Vorwürfe und vielleicht auch einiger Schläge, die Du heute abend erhältst, wenn Deine Nachlässigkeit entdeckt wird, bleibst Du dort unter dem Kastanienbaum sitzen?

Nimm doch mal die Schürze weg, mit der Du Dein Gesicht verdeckst!... Was ist, Du weinst ja?

Was fehlt Dir? Warum weinst Du?

Du zeigst mir Deinen Bauch und erzählst mir, daß der, der Dir das angetan hat, kein Lächeln mehr für Dich übrig hat. Und Du erzitterst vor Angst bei dem Gedanken, daß dies ein Hinweis darauf sein könnte, daß er sein Versprechen nicht hält; ein Versprechen, das er schon längst hätte einlösen müssen?

Sag mir, Du Unglückliche, wer ist für diese Missetat verantwortlich?... Was, es ist der Sohn Deines Herrn? Ach, arme Luisa, trockne schnell Deine Tränen; hab keine Angst,

Du wirst später Gelegenheit haben, noch viel bitterere zu vergießen! Nimm all Deinen Mut zusammen. Leg dich in die Mulde dieses Baums, um nicht umzufallen, falls Dich plötzlich Deine Kräfte verlassen sollten. Antworte auf meine Fragen:

»Wem gehört dieses gelb verputzte Haus dort?«
»Meinem Herrn.«
»Und dieser Berghang, wo die großen Bäume stehen?«
»Meinem Herrn.«
»Und diese Elendsquartiere, zu denen auch das gehört, in dem Deine Eltern wohnen?«
»Meinem Herrn.«
»Und die herrliche Schafherde – laß sie weiden, sie sind jetzt satt; siehst Du nicht, daß sie von ganz allein ihren Garten Eden wieder verlassen? –, wem gehört die?«
»Meinem Herrn.«
»Sieh mal, Luisa, eines Tages werden all diese Besitztümer auf seinen einzigen Sohn übergehen, der versprochen hat, dich zu heiraten. Wie kannst Du nur so dumm sein zu glauben, er würde sein Versprechen Dir gegenüber halten? Wo Du doch, wenn Du ein acht Franken teures Kleid Dein eigen nennen möchtest, diese Schafe noch zwei Monate lang auf die Weide führen mußt.

Sprechen wir es aus, MAN HAT DICH VERRATEN!«

Götter des Schattens und des Lichts, zeigt Euch bitte gnädig und laßt die Ohnmacht dieser Unglücklichen ewig währen. Warum solltet Ihr sie ins Leben zurückrufen? Seht Ihr denn nicht all den Schmerz, der sie erwartet, wenn sie je wieder zu sich kommen sollte? – Ihr seid grausam, o Götter, denn die Unglückliche öffnet tatsächlich wieder ihre Augen. So laßt sie denn wüten, Eure Furien! Hetzt sie auf die Verlassene! Versprecht ihnen, daß sie, nachdem sie dieses Wesen verzehrt haben, auch noch das andere Wesen verspeisen können, das sie in ihrem Schoß trägt.

Ihr sollt aber wissen, daß dieses Wesen stark genug werden wird, um Euch alle herauszufordern und Euch alle Schläge zurückzugeben, die Eure Raubtiere ihm zugefügt haben...

Und jetzt, Luisa, wo Du die Frucht Deiner traurigen Verbindung kennst, wie gedenkst Du sie, die doch so bitter schmeckt, zu schlucken?

Merkst Du nicht, daß die Nachbarn anfangen über Dich zu spotten, wenn sie Dich sehen? Früher oder später werden es auch Deine Eltern erfahren; Deine so sehr geliebten Eltern. Und was dann? Du sagst, Du würdest fliehen wollen, bevor sie es erfahren, daß Du aber nicht weißt, wohin Du gehen sollst? Nun, erzähl es dem Verräter, nachdem Du heute abend seine Schafe in den Stall zurückgebracht hast. Du wirst sehen, daß auch er glücklich über Deine Entscheidung sein wird, denn ist es schließlich nicht auch für ihn eine Schande, wenn Du im Dorf bleibst?

Du unwürdiger Vater, glaub nur nicht, daß die Mühe, die Du auf Dich genommen hast, damit Dein Opfer sich leichter der Last entledigen kann, Dir von Nutzen ist, um auf meine Nachsicht hoffen zu können. Ja, ich gebe zu, daß Deine ehrlosen Nacheiferer nichts von dieser Tat wissen, aber Du sollst trotzdem wissen, daß Dich, falls die Götter mein Gebet erhören, Dein Sohn verflucht.

Die Unglückliche konnte ihr Vorhaben in der Tat dank der Mithilfe ihres Verräters durchführen. Das Vorhaben bestand darin, für immer der Gegend und dem Dorf, wo sie geboren wurde, den Freundschaften, die sie dort geknüpft hatte, den Rücken zu kehren und fortzugehen, ohne sich von den Eltern, die sie nie mehr wiedersehen sollte, zu verabschieden.

Errötet, o LUMPEN DER VORNEHMEN WELT mit Euren achtzehn adligen Vorfahren! Wozu sind sie denn, bitte schön, nütze, diese angeblichen Bollwerke der Ehre?

Und wenn es unter Euch vielleicht einige Töchter gäbe, die der Versuchung erliegen (seit langem schon wissen wir, daß es viele davon gibt), verlangt Ihr ihnen dann das gleiche Opfer ab, das sich die einfache Schäferin auferlegt hat?

Eine SAISON in Ägypten, eine weitere im Rigimassiv, mehr verlangen sie ihr nicht ab: »Wenn Eure Sünden sind wie Scharlach, können sie dann weiß werden wie Schnee? Wenn sie rot sind wie Purpur, können sie dann werden wie Wolle?« (Jesaja, 1–18)

Errötet also und verbeugt Euch vor der Schäferin, die vorübergeht.

Wo geht sie hin? Stellt Ihr nicht eine solche Frage! Woher soll sie wissen, dieses arme Wesen, wohin dieser HERR sie führt, der zehn Meter vor ihr hergeht, weil er sich dafür schämen würde, mit ihr zusammen gesehen zu werden.

Nach Paris hat der NETTE HERR die NÄRRIN gebracht; und in dieser Stadt kam die arme Luisa, noch gänzlich beeindruckt von dem, was sie um sich herum sah, dann schließlich am 22. April 1873 mit ihrem Kind nieder, für das sie so teuer bezahlen mußte. Nach den Gesetzen der Natur hätte sich die Unglückliche von diesem Augenblick an normalerweise an der Frucht ihrer zurückliegenden Leiden erfreuen müssen. Aber die Gesellschaft sollte ihr noch ein weiteres Mal Schmerz zufügen, der darüber hinaus noch grausamer war als all der Schmerz, den sie bis dahin ertragen hatte.

Ja, Luisa, Du bist Mutter, aber Du hast kein Kind.

»O weh! Sollte die Heilige Jungfrau Mutter Gottes dem Tod erlaubt haben, mir meinen geliebten Kleinen (Engel?) wegzunehmen?«

»Laß die Jungfrau aus dem Spiel; sie ist weniger jungfräulich, als Du es bist. Nein, Dein Sohn ist nicht tot, er lebt noch, und ihm geht es sehr gut.« (Ja, Ihr könnt Euer BEDAUERN darüber ruhig kundtun, Ihr Riesen, das ist mir völlig wurscht.) Schließlich war Euch mein Schmerz auch vollkommen egal und ist es immer noch. Aber, o Hagar, was willst Du jetzt mit Deinem kleinen Ismael anfangen?

Siehst Du denn nicht, daß Dein Fäßchen leer ist und dein Brotkorb kein Brot mehr enthält? Hoffe nicht darauf, daß Jehovah einen seiner Diener schickt, um Dich zu erretten!

Wir leben nicht mehr in den Zeiten von Abraham –, Abraham, der EHRWÜRDIGE PATRIARCH, der seine arme Dienerin verstoßen hat..., genau wie seinen Sohn, seinen eigenen Sohn, den FREUND der Götter, der Götter der Waisen. Gib ihn also weg, Deinen Knirps; siehst Du denn nicht, daß man, falls Du ihn bei Dir behältst, Euch morgen alle beide verhungert hinter dieser Hecke dort vorn finden wird?

Sei also wacker, Luisa, und ertrage auch noch dieses Unglück, auch wenn es das furchtbarste ist, das einer Mutter widerfahren kann.

Abgesehen davon mußt Du doch glücklich sein, die Gewißheit zu haben, daß die GESELLSCHAFT Deinen Kleinen genauso umhegt, wie Du selbst ihn umhegt hättest.

Fürchte Dich nicht, verwirf diese düsteren Vorahnungen, die Du in bezug auf Deine Zukunft hegst; hierzu besteht überhaupt kein Anlaß mehr. Was?! Glaubst Du vielleicht, wir seien BARBAREN? Weißt Du denn nicht, daß wir dank des Grades an FORTSCHRITT und ZIVILISATION, den wir am Ende dieses Jahrhunderts erreicht haben, aus Deinem Sohn einen rechtschaffenen Handwerker machen, der seinen Mitmenschen nützlich ist?

Bereite Dich also darauf vor, fortzugehen, und zwar allein fortzugehen. Gib mir diesen roten Schal, ZEICHEN und BEWEIS für all Dein Unglück, damit ich Deine armseligen Kleider, die einzigen Besitztümer, die Du auf dieser Welt Dein eigen nennst, darin einwickeln kann.

Halte Dich bereit. Er wird Dich abholen kommen, um Dich zu einem Dampfer mit Kurs auf Nordamerika zu begleiten; und kaum hat er sich von Dir verabschiedet, siehst Du auch schon, wie er sich entfernt, er und dieser Teil der Welt, den Du nie mehr wiedersehen wirst.

*

Meine geliebte Mutter, ich weiß nicht, ob Du noch lebst oder ob die Götter, aus Reue, weil sie Dir schon so viel Leid zugefügt haben, so gnädig mit Dir gewesen sind und Dich zu sich gerufen haben, bevor Deine Vorahnungen in bezug auf die Zukunft Deines Kindes Wirklichkeit geworden sind.

Da ich aber die Unnachsichtigkeit dieser Götter kenne, neige ich eher zu der Annahme, daß Du noch lebst, verehrte Mutter. In diesem Fall solltest Du den Gedanken verwerfen, daß Dein Sohn, weil es ihm an Sonnenlicht mangelt, diejenige verflucht, die ihn in ihrem Schoß trug.

Dich verdammen! Ach, liebe Mutter, wie kannst Du Deinen Sohn nur für so undankbar halten? Nur zu gut weiß er, welches Leid er Dir von dem Tag an zugefügt hat, an dem Du die Gewißheit hattest, daß Du ihn in Dir trugst.

Weiß er doch mittlerweile, daß Du nur eine arme Dienstmagd warst, die, als sie ihm ihr einziges Gut anvertraute, keinen anderen Hüter besaß als die UNWISSENHEIT. Sei also ganz beruhigt, Du unglücklichste aller Mütter. Du mußt wissen, daß Dein Sohn, der Dir nie ins Gesicht gesehen hat, Dich keineswegs verflucht, sondern sich vielmehr vor Dir niederkniet, um Dich um Verzeihung zu bitten für all das Leid, das Du seinetwegen ertragen mußtest.

Empfange also, verehrte Mutter, diesen Beweis für meine Liebe; in der Hoffnung darauf, daß meine Manen irgendwann die Deinen erkennen werden und sie mit einer ewig währenden Umarmung umfangen.

Lebe wohl, über alles geliebte Mutter, lebe wohl.

*

Zwei Tage nach meiner Geburt bin ich ins Findelhaus Saint-Antoine in Paris gebracht worden. Dort habe ich mein Fläschchen zu trinken bekommen, bis ich sechzehn Monate alt war.

Ach, Franzosen, die Ihr Euch so lauthals darüber beklagt, daß Eure Rache so lange auf sich warten läßt (folgt meinem Rat und vergeßt sie; seht Ihr denn nicht, daß es MENSCHEN sind) – diese Rache läßt im wesentlichen deshalb so lange auf sich warten, weil Ihr all die bedeutungslosen Spielzeuge im Hühnerstall anhäuft, die der Grund dafür sind, daß der Legehenne, in völliger Eintracht mit ihrem Hahn, diese Situation sehr angenehm ist und es sie kaum stört, von lauter Küken umgeben zu sein –, warum habt Ihr diesen zukünftigen Husar in das Labyrinth des Elends geschickt?

Sagt nicht, daß der Dolchstoß, den er nach seiner Entlassung ausführen sollte, dazu geführt hat, daß Ihr Euren Betrug bedauert!

Obwohl ich finde, Franzosen, daß der magere Ertrag, den die sechsunddreißig Jahre Republik eingebracht haben, bei weitem nicht die Schäden ausgleicht, die Ihr Euren Wäldern zugefügt habt – ich denke dabei an all die Tannenwälder, die ihr in den Schlachten beschossen habt... Allerdings muß ich einräumen, und hierfür beglückwünsche ich Euch, daß die Pflege, die Ihr Euren ausgesetzten Kindern angedeihen laßt, durchaus ausreichend sein könnte, um zu verhindern, daß sie später einmal zu Bewohnern von Guayana werden.

Kurz gesagt, wäre Lucheni bei Euch aufgewachsen, hättet Ihr nicht die EHRE gehabt, einen Mörder aus ihm zu machen.

Diese Ehre gebührt anderen.

*

Mit sechzehn Monaten brachte man mich von Paris in das Findelhaus von Parma. Zu verdanken hatte ich das der Fürsorge der Magistraten dieser Provinz, die fürchteten, daß ihr LIEBER KLEINER LANDSMANN allzusehr leiden müßte, wenn er in den Händen dieser Kommunarden jenseits der Alpen bliebe. Ganz wie es sich für wahre Philanthropen gehört, beeilten sie sich, seine Übergabe zu fordern, um ihn in ihr Asyl bringen zu lassen, damit er sich dort der Wohltaten ihrer gottergebenen Philanthropie erfreuen konnte.

Ihr könnt stolz sein, o ehrwürdige Magistraten von Parma, den Franzosen gezeigt zu haben, was für einen Mann ihr aus diesem verhätschelten Bübchen gemacht habt, den sie Euch einst übergeben hatten. Und Ihr, Führer des schönen Italien, seid nicht zu hochmütig, dieses Land endlich wirklich zu regieren!

Seht Ihr denn nicht, daß der Abschaum, von dem dieses Land überzogen ist, mittlerweile bei allen Völkern, die Ihr einstmals als BARBAREN bezeichnet habt, sprichwörtlich geworden ist. Wischt ihn also weg, wischt ihn weg, bevor die Leprageschwüre sichtbar werden...

Erster Teil

Meine Kindheitserinnerungen

Ich beginne die Beschreibung meiner Kindheit mit meinem sechsten Lebensjahr.

Damals lebte ich beim Ehepaar Monici. Sie wohnten in Parma, in der Via Naville Nr. 20.

Die Monicis waren schon alt, er zweiundsechzig und sie neunundfünfzig Jahre. Aus ihrer Ehe waren drei leibliche Kinder hervorgegangen, zwei Söhne und eine Tochter. Zu dem Zeitpunkt, von dem ich hier berichte, waren alle drei Kinder bereits verheiratet und führten einen eigenen Haushalt in anderen Straßen. Ich lebte also allein bei den alten Monicis. Ich nannte sie Vater und Mutter.

Über das Leben, das ich bei ihnen führte, kann ich mich nicht beklagen. Soweit ich mich erinnere, liebten sie mich sogar, als wäre ich eines ihrer eigenen Kinder gewesen – was ich ja auch glaubte zu sein. Sie schickten mich jeden Tag in die Schule; sie achteten darauf, daß ich sauber war und gut gekleidet; ich konnte Brot stibitzen, wann ich wollte, denn es gab immer welches, und der Schrank war nie verschlossen. Ich schlief in einem kleinen Bett gegenüber dem ihren.

Monici war Schuster von Beruf, obwohl ich nie sah, daß er ein neues Paar Schuhe fertigte, sondern er reparierte immer nur alte, was man im Italienischen als *ciabattino* bezeichnet. Mochte ich auch noch klein sein, so konnte ich ihm doch bei seiner Arbeit zur Hand gehen, indem ich entweder zu reparierende Sachen bei den Kunden abholte oder fertig Repariertes an sie auslieferte.

Die Monici war Wäscherin und war, mit Ausnahme der Sonntage, fast den ganzen Tag über nicht zu Hause.

Monici hatte, wie alle anderen Menschen auch, sein Laster: Er eiferte Noah nach (einem anderen Freund der Götter) – wenn auch mit Bedacht.

Ich erinnere mich, daß er oft betrunken nach Hause gekommen ist, mehrmals sogar von seinen etwas zurückhaltenderen Kameraden nach Hause getragen wurde. Diese Erinnerung ist noch sehr lebendig, weil Monici, immer wenn er in diesem Zustand nach Hause kam, die Angewohnheit hatte, mich fest in sein Arme zu schließen und mir mit seinem langen Schnauzbart über das Gesicht zu streichen. Hierbei sagte er dann immer, er wolle, daß auch ich einen solchen Bart bekäme und es dazu eben des Samens bedürfte. Und entsprechend seiner feuchtfröhlichen Wirtshausphilosophie war einzig und allein sein Schnauzbart dazu in der Lage, diesen Samen hervorzubringen. Es sollte dann an mir sein, ihn keimen zu lassen, und an den Genfern, ihn zu stutzen.

Überflüssig zu erwähnen, daß die Schreie, die ich während dieser Aussaat ausstieß, laut genug waren, um alle Bewohner der Straße aufzuwecken; denn, ob man es mir nun glaubt oder nicht, zu jener Zeit war meine Haut noch zart...

Trotzdem sollte man nicht denken, daß Monicis Laster diesen daran gehindert hätte, sich für den Zustand des Haushaltes zu interessieren. Ganz im Gegensatz zu seinen Kameraden hatte Monici die Angewohnheit, seiner Frau die Hälfte seines gesamten Verdienstes zu geben, bevor er seiner Neigung nachging. Zudem war er ein fleißiger Arbeiter, der, von einigen Montagen abgesehen, fast nie die Arbeit liegen ließ.

Ich habe den Eindruck, als würde ich ihn noch an seiner Werkbank gegenüber dem einzigen Fenster, durch das Licht in den Raum fiel, sitzen sehen. Da Monici immer in demselben Haus gewohnt hat, scheint mir das zu belegen, daß er es nie versäumt hat, seine Miete zu bezahlen.

Die Schule, die ich besuchte, das *Asilo Infantile*, bot den Eltern, die ihre Kinder dorthin schickten, einen besonderen Vorzug. Außer sonntags war jeden Tag Unterricht. Er begann um acht Uhr morgens und endete erst um fünf Uhr am Nachmittag. Die Schüler bekamen mittags ein kostenloses Essen: eine Suppe. Es versteht sich eigentlich fast von selbst, daß diese Schule nur von den allerbedürftigsten oder eben solchen Kindern besucht wurde, die, wie in meinem Fall, aus einem Kinderheim kamen. Das Mindestalter, das die Kinder erreicht haben mußten, um in dieser Schule aufgenommen zu werden, betrug vier Jahre; das Höchstalter acht Jahre.

Brachten mich die Monicis ins Kinderheim zurück, weil ich das Alter erreicht hatte, in dem die Schule mir ihre Türen verschloß und die Beihilfe, die sie monatlich für meine Betreuung erhielten, von acht auf fünf Franken gekürzt wurde? Ich weiß es nicht.

Tatsache ist, daß sie mich an dem Tag, an dem ich mein achtes Lebensjahr vollendete, wieder ins Heim zurückbrachten.

Einige Tage, bevor sie dies taten, machte Monici sich die Mühe, mir die Entscheidung mitzuteilen und mir die Gründe hierfür zu nennen:

Er sagte, daß er es einzig aus Sorge um meine Zukunft tun würde. »Dort, wo ich dich hinbringe«, sagte er zu mir, »kannst du zur Schule gehen, bis du zwölf Jahre alt bist; wenn du dann erst einmal so alt bist, wird man dich fragen, welchen Beruf du erlernen möchtest, und du kannst dann sofort mit der Lehrzeit beginnen. Du siehst ja, daß meine Haare schon weiß sind, ich bin vierundsechzig Jahre alt; in diesem Alter kann einen der Tod vom einen auf den anderen Tag ereilen, so daß du ohne meine Unterstützung auskommen müßtest; was würde nur aus dir werden, wenn ich stürbe? In dem Haus, in das ich dich bringe, bekommst du diese Unterstützung.«

Das waren die Worte, die der Trinker Monici zu einem Menschen sprach, demgegenüber er eigentlich überhaupt keine Verpflichtung besaß. Wo findet man denn unter den Enthaltsamen – angenommen, Monici wäre ein ganz entsetzlicher Trinker gewesen – jemanden, der derartige Worte findet? Und zwar nicht für ein Findelkind, sondern für seinen eigenen Sohn? Und trotzdem galt derjenige, der diese Worte sprach, als Alkoholiker.

Ich antwortete Monici, wie ein Kind in diesem Alter antworten kann. Ich sagte ihm zum Beispiel, daß er darauf achten sollte, nie seinen Hut abzunehmen, damit der Tod nicht seine weißen Haare sieht. Und ich sagte ihm auch, daß er, falls man ihn nach seinem Alter fragte, antworten solle, er sei erst zehn.

Am 22. April 1881, an meinem achten Geburtstag, brachten mich die Monicis ins Heim, wobei sie mir versprachen, daß der eine oder der andere von ihnen mich immer sonntags besuchen würde. Dieses Versprechen haben sie bis zu jenem Tag gehalten, als sie ihren Luigi besuchen wollten und er (leider!) nicht mehr da war. Man kann sich leicht denken, daß ich noch nicht alt genug war, um zu begreifen, ob die erneute Veränderung, die in meinem Leben stattgefunden hatte, meiner Zukunft dienlich oder abträglich wäre. Sollte sich ein achtjähriges Kind etwa schon mit derartigen Dingen befassen?

Dennoch muß ich gestehen, daß ich, trotz des starken Beruhigungsmittels, das mir die Monicis in Form von Keksen verabreichten, mit denen sie mir die Taschen vollstopften, den ganzen Weg ins Heim, das eine Stunde entfernt war, bitterlich weinte.

Sicher, ich war noch klein; aber ich konnte mir leicht ausmalen, daß, wäre ich erst einmal im Heim, die Monicis, die bis zu jenem Tag immer geantwortet hatten, wenn ich sie als Vater und Mutter anredet, einfach nicht mehr da wären, um darauf zu antworten.

Wer wird sie ersetzen? fragte ich mich.

Solange man im Büro des Direktors noch nach der Karteikarte mit der Kennummer sucht, die zu meinem Namen paßt, werde ich versuchen, ein paar Worte über die Organisation dieses Heims zu sagen.

*

In jedem Hauptort einer italienischen Provinz gibt es ein Findelhaus. Ich weiß nicht, ob für alle diese Häuser dieselben Regeln gelten oder ob jedes von ihnen nach eigenen Regeln geführt wird.

Ich neige eher dazu, letzteres zu glauben; schließlich hatte ich ja Gelegenheit, die Uniformen zu sehen, die von den Kindern in drei verschiedenen Heimen getragen wurden, so daß ich feststellen konnte, daß sie sich voneinander unterschieden – so wie sie sich auch von derjenigen unterschieden, die ich im Heim von Parma trug.

Ich möchte mich hier aber nur mit der Verwaltung dieses Heims in Parma befassen. Ich muß gleich zu Anfang bemerken, daß es sich um Zustände handelt, wie sie vor zwanzig Jahren herrschten. Gern würde ich glauben, und das um so mehr, als es mich wirklich freuen würde, daß die Verwaltung während dieses Zeitraums einige der Abscheulichkeiten aus der Welt geschafft hat. Diese sind dafür verantwortlich, daß ich sie völlig zu Recht oftmals getadelt habe, anstatt sie zu loben, so wie man es von mir erwartet haben dürfte.

Alle bedürftigen Eltern der betreffenden Provinz, die sich ihrer Kinder entledigen wollen, können sie vom Tag ihrer Geburt an bis zum Alter von zwölf Jahren ins Heim bringen.

Sind die Kinder älter, werden sie nicht mehr aufgenommen, es sei denn, sie leiden an einer unheilbaren Krankheit und verlieren plötzlich jeden Beistand.

Wenn ich mich recht erinnere, nimmt das Heim diese Unglücklichen auf, solange sie nicht älter als achtzehn Jahre sind.

Das Heim in Parma ist in drei verschiedene Abteilungen unterteilt, die alle derselben Heimleitung unterstehen. Bezeichnen wir sie zu Ehren des SWEET HOME, in dem ich momentan untergebracht bin, als Abteilung A, B und C.

In Abteilung A sind die Neugeborenen beiderlei Geschlechts untergebracht und alle Kinder, die jünger sind als fünf Jahre. In Abteilung B alle Mädchen und in C alle Jungen, die älter sind als fünf Jahre.

Wenn sie das Glück haben, nicht in die Obhut von Pflegeeltern gegeben zu werden (sind die Heiminsassen älter als zwölf, werden sie nicht mehr an Pflegeeltern gegeben), beträgt das Höchstalter für die Heimbewohner bei den Jungen achtzehn Jahre und bei den Mädchen zwanzig Jahre.

Ohne Unterschied des Geschlechts gehen alle Heimkinder ab dem fünften Lebensjahr bis zur Vollendung des zwölften Jahres in ihren jeweiligen Blöcken in die Schule. Für die Jungen gibt es Schulen sowohl innerhalb als auch außerhalb des Heims. Um die externe Schule besuchen zu dürfen – die eine Außenstelle des Heims ist, da sie ausschließlich von Heiminsassen besucht wird –, muß das Kind, von einigen wenigen Ausnahmen abgesehen, mindestens acht Jahre alt sein. Eine Ausnahme wird beispielsweise dann gemacht, wenn die Intelligenz des Kindes sehr weit entwickelt ist. In diesem Fall darf es die Grundschule verlassen und mit den Großen auf die Schule außerhalb des Heims gehen, noch bevor es acht ist. Hat es dagegen die Grundschule nicht geschafft, muß es noch mit den Kleinen, aber auch mit den ganz Großen zusammen im Heim bleiben. Kommen nämlich Kinder ins Heim, die weder lesen noch schreiben können, dann werden sie zunächst, unabhängig vom Alter, in die Grundschule eingestuft.

Der Unterricht in den Jungenklassen außerhalb des Heims wurde von Schulmeistern abgehalten. Wir wurden von Aufsichtspersonen – von denen jede ihre eigene Gruppe beaufsichtigte – in Zweierreihen morgens um acht Uhr dorthin geführt. Um 11.30 Uhr holte man uns zum Mittagessen im Heim ab; um 13.30 Uhr gingen wir wieder zurück in die Schule, wo wir bis 17 Uhr blieben.

Jede Aufsichtsperson übergab dem Schulmeister ein Blatt Papier, auf dem alle Namen der Schüler aufgelistet waren. Vor Schulschluß trugen die Lehrer jeden Abend neben den jeweiligen Namen ein G, ein M oder ein S ein. G stand für gutes Betragen, M für mittelmäßiges und S für schlechtes.

Alle Kinder, neben deren Namen ein S stand, mußten während der Mittagspause des darauffolgenden Tages die Höfe und Gänge in Abteilung C kehren. Wenn ein Kind, was oft vorkam, an drei aufeinanderfolgenden Tagen ein S bekommen hatte, mußte es eine Nacht lang auf dem Holzfußboden eines Zimmers schlafen, das als Gefängnis diente. Dieses Zimmer wurde scherzhaft LA NONNA (Großmutter) genannt.

An anderer Stelle werde ich die Belohnungen beschreiben, die den anderen gebührte.

Ein paar Tage vor Vollendung seines zwölften Lebensjahres bringt man das Kind zur Heimleitung. Dort fragt man es, welchen Beruf es erlernen möchte. Die beiden Buchstaben O und A, die der Leitspruch des Heims sind und die unsere Mützen zierten, weisen darauf hin, daß man im Heim mehrere Berufe erlernen kann, denn sie sind die Abkürzung für *Ospizio delle Arte* (Heim des Handwerks).

Falls einmal ein Kind den Wunsch äußert, einen Beruf erlernen zu wollen, den man im Heim nicht erlernen kann, bemüht sich die Heimleitung, für ihn eine Lehrstelle bei einer Privatperson in der Stadt zu finden.

Ich kannte beispielsweise welche, die Schriftsetzer, Buchbinder oder Schlosser lernten, Berufe, die es im Heim nicht gab. Von diesen Lehrlingen bleiben einige, abgesehen vom Sonntag, die ganze Woche über aus dem Heim fort; andere kommen jeden Abend zurück. Das hängt vom Vertrag ab, den die Heimleitung mit ihnen abschließt.

Mit dem ersten Tag, an dem ein Kind die Lehre begonnen hat, zahlt die Heimleitung ihm bereits einen kleinen Arbeitslohn, um ihn zu ermutigen.

Dieser Lohn, der im allgemeinen sechzig Rappen die Woche beträgt, erhöht sich Schritt für Schritt bis zu einem Betrag von zwei oder drei Franken. Je nach Fähigkeit im letzten beziehungsweise in den letzten beiden Jahren, die ihm noch im Heim verbleiben, verdient er als Arbeiter maximal fünfundzwanzig Rappen oder einen Franken am Tag.

Sonntags morgens erhält das Kind die Hälfte seines Arbeitslohns der zurückliegenden Woche ausgehändigt; die andere Hälfte wird zur Sparkasse gebracht und in ein Sparbuch eingetragen, das auf den Namen des Kindes lautet. Dieses Sparbuch wird so lange bei der Heimleitung hinterlegt, bis der junge Mann endgültig das Heim verläßt.

Obwohl ich nicht weiß, was die Mädchen von dem Tag an lernen, an dem sie die Schule verlassen, so liegt doch die Vermutung nahe, daß sie keinesfalls nur eine – für ihre kleinen Schwestern so notwendige – EINSTELLUNG beigebracht bekommen, die ihnen die Befolgung der im Heim herrschenden Regeln während der nächsten acht Jahre erleichtert. Sie lernen im Gegenteil alles, was ihnen später einmal dabei behilflich sein kann, wenn sie in den Stand der Ehe eintreten; oder falls nicht, ihren Lebensunterhalt auf anständige Art und Weise zu verdienen.

Überflüssig zu sagen, daß es die großen Mädchen sind, die in den drei Abteilungen, und insbesondere in der Abteilung A, die ihrem Geschlecht angemessene Arbeit leisten: Kämmen, Gesichtswäsche, Waschen, Flickarbeiten und andere Dinge mehr, die für kleine Kinder getan werden müssen.

An seinem achtzehnten Geburtstag bekommt der junge Mann also zwei Dokumente ausgehändigt, einmal sein Sparbuch und daneben noch seine Personenbeschreibung, die ihm als Ausweis dient. Wenn er dann seine Mütze an das Heim zurückgibt, überreicht die Heimleitung ihm als Geschenk und einzige Aussteuer... einen normalen Hut (sic).

Im allgemeinen leisten diejenigen, die in diesem Alter das Heim verlassen, sofort ihren Militärdienst. Denn sie haben gelernt, ihr Vaterland zu lieben; und sie wissen, was sie ihm schuldig sind. Zu all den Ratschlägen, die die Heimleitung den jungen Männern erteilt und die zu beherzigen sie ihnen empfiehlt, gehört auch der, sich freiwillig beim Militär zu verpflichten. Und das ist auch gut so; da die ehemaligen Heiminsassen bereits an eine gewisse Disziplin gewöhnt sind, empfinden sie diejenige des Regiments als weniger streng. Und anstatt mit achtzehn Jahren sich selbst überlassen zu sein, sind sie es erst mit zwanzig oder einundzwanzig Jahren. Das ist keinesfalls belanglos.

*

Wie man sieht, betätigte sich die Gesellschaft an dem Tag als Komplizin der Eltern, als sie ihr Kind weggegeben hatten. Und auch wenn sie den Unglücklichen ohne dessen Einverständnis – denn es hat nicht darum gebeten, auf dieser Erde leben zu dürfen – gewissermaßen dazu gezwungen hat, auf ihr zu leben, so hat sie doch auch Sorge dafür getragen, seinem Leben einen einigermaßen hohen Wert beizumessen, so daß er es nicht verachten müßte.

Denn befindet es sich nicht in einer Situation, um den ihn die meisten Kinder, die von ihren eigenen Eltern großgezogen wurden, beneiden dürften? Es kann lesen und schreiben; es hat einen Beruf erlernt, der es ihm ermöglicht, seinen Lebensunterhalt auf ehrliche Art und Weise zu verdienen; es gliedert sich in einem Alter wieder in die Gesellschaft ein, in dem ihm ein Großteil der Laster, denen die Jungen seines Alters bereits frönen, völlig unbekannt ist.

Die Saat der Demagogie kann bei ihm auf keinen Fall aufgehen. Wie sollte es denn anders möglich sein? Wäre es nicht reine Undankbarkeit von seiner Seite, wenn er gegen die Gesetze verstoßen würde, wo er ihnen doch alles verdankt, was er ist, und das dank der Genauigkeit, mit der er sie befolgt hat?

Aber wie viele sind sie, die das Glück haben, auf diese Art und Weise erzogen zu werden, obwohl es doch die den Regeln entsprechende ist?

Ach! Es mögen vielleicht zwanzig von hundert sein. Hierzu gehören dann die Blinden, Taubstummen, Buckligen, kurz gesagt alle diejenigen, denen die Natur, trotz der schweren Last, die sie schon zu tragen hatten, noch einige zusätzliche Erschwernisse aufgebürdet hat. Diese Unglücklichen können ganz beruhigt sein; niemand wird sie aus dem Heim wegholen. Darüber hinaus gibt es für sie keine Altersgrenze, so daß sie im Heim bleiben können. Ich erinnere mich noch sehr gut, ganz alte Heiminsassen gekannt zu haben, die mindestens dreimal achtzehn Jahre alt waren – unter anderem einen gewissen Liborio, dessen Namen ich aus dem einfachen Grund nie vergessen habe, weil er sich mit mir angefreundet hatte.

Alle anderen, ausnahmslos alle, werden von Pflegeeltern in der Stadt oder auf dem Land großgezogen.

Findet das Heim so viele Pflegeeltern wegen des Preises, den das Heim für jedes Pflegekind bezahlt? Sicher nicht, denn das beweist die Liste der Beträge, die die Pflegeeltern erhalten:

Alter des Kindes	Preis
von 0 bis 2 Jahre	12 Franken pro Monat
von 2 bis 5 Jahre	10 Franken pro Monat
von 5 bis 8 Jahre	8 Franken pro Monat
von 8 bis 12 Jahre	5 Franken pro Monat

Wenn das Kind zwölf Jahre alt wird und lesen und schreiben kann, erhalten seine Pflegeeltern eine Prämie von hundert Franken.

Für die Mädchen gelten dieselben Beträge, mit Ausnahme der Prämie, zumindest was diejenigen betrifft, die sie großgezogen haben. Die Prämie erhalten nämlich die Mädchen persönlich, unabhängig davon, ob sie lesen können oder nicht, allerdings nicht mit zwölf, sondern erst mit zwanzig oder bevor sie heiraten, denn diese hundert Fragen sind die einzige Mitgift, mit denen das Heim diese Unglücklichen ausstattet.

Zum Vergleich die Beträge, die man in Frankreich den Pflegeeltern bezahlt, die ein Heimkind bei sich aufnehmen:

Alter des Kindes	Preis
von 0 bis 1 Jahr	25 Franken pro Monat
von 1 bis 2 Jahre	20 Franken pro Monat
von 2 bis 3 Jahre	15 Franken pro Monat
von 3 bis 13 Jahre	13 Franken pro Monat

Wenn man zusammenrechnet, was Parma (aus besagten Gründen spreche ich nicht von Italien insgesamt) auf der einen Seite und Frankreich auf der anderen Seite für die Aufnahme eines Pflegekindes zahlen, dann ergibt sich für Parma eine Summe von 1276 Franken (die Prämie mit eingerechnet) und für Frankreich eine Summe von 2280 Franken. Zieht man die Prämie ab, dann ist die in Frankreich gezahlte Summe fast doppelt so hoch.

Darüber hinaus wird in Frankreich die Zahlung der Unterhaltsbeiträge am Ende des dreizehnten Lebensjahres eingestellt, also ein Jahr später als in Parma. Allerdings ist dies für die Zukunft des Kindes ohne Belang. Viel entscheidender für das Kind ist, daß es, entsprechend den für Heimkinder geltenden Vorschriften, kurz vor seinem vierzehnten Geburtstag ein Gespräch mit der Leitung des Heims hat, dem es zugeordnet war. Was für eine edle Vorschrift!

Franzosen, seid gelobt für diese Vorschrift, und achtet darauf, daß sie immer eingehalten wird!

Man kann sich leicht vorstellen, welche Fragen dem Kind gestellt werden. Die wichtigste aber, die über die Zukunft des Kindes entscheiden soll, ist die, ob es in Zukunft gern bei der Familie bleiben möchte, die es großgezogen hat, oder ob es lieber ins Heim zurück möchte, um dort einen Beruf zu erlernen.

Hätte man mir mit zwölf Jahren doch nur eine solche Frage gestellt! O Genfer, ich sage es Euch ohne Bedauern, Ihr hättet nicht meine Bekanntschaft gemacht!

Bedeutet das vielleicht, daß die Vorschriften, die für das Heim in Parma gelten, nicht solche edlen Artikel enthält? Nein, ganz im Gegenteil, und das beweist die Tatsache, daß das Kind mit zwölf Jahren in Anwesenheit eines Ausschusses vor der Heimleitung die Prüfung ablegen muß, die darüber entscheidet, ob denjenigen, die sie großgezogen haben, die Prämie zusteht oder nicht. Und ich will gern glauben, daß man bei dieser Gelegenheit dem Kind entsprechende Fragen stellt.

Aber was nützt es, wenn zwar weise Vorschriften in Kraft sind, aber diejenigen, für die sie gelten, diese Vorschriften mißachten? Und eine solche Nichtbeachtung ist die Ursache für mein künftiges Unglück. Hätte nämlich die Heimleitung gewissenhaft ihre Arbeit gemacht, dann hätte sie an dem Tag, als sie der niederträchtigen Person, die mich aus dem Heim geholt hatte, die Prämie gewährte, darauf bestehen müssen, daß ich vor Ort erscheine. Diese Angelegenheit werde ich aber zu gegebener Zeit darlegen.

※

Man wird also eingestehen, so wie ich es auch getan habe, daß es nicht der Reiz des Geldes sein kann, dem die Pflegeeltern erliegen, vorausgesetzt, man unterstellt ihnen, daß sie deshalb ein Kind aus dem Heim geholt haben, um damit Geld zu verdienen.

Denn wie sollte man bei diesen kleinen Beträgen etwas verdienen können, zumindest was die letzten drei Pflegesätze betrifft? Es mag ja sein, daß der erste Pflegesatz mit zwölf Franken für so manche Familien ziemlich verlockend ist, und zwar insbesondere für solche, die auf dem Land leben, wo diese Summe ausreicht, um eine ganze Familie für die Dauer eines Monats zu ernähren; und das um so mehr, als der Appetit des Kindes in den ersten beiden Lebensjahren noch mit Flüssigem zu stillen ist. Und tatsächlich gibt es nicht wenige, die Kinder in den ersten Lebensmonaten aus dem Heim holen, um sie kurz vor ihrem dritten Geburtstag wieder dorthin zurückzubringen.

Aber ich habe ja schon erwähnt, daß fast alle Kinder bei Pflegeeltern aufwachsen. Und was bedeutet das? Nun, daß es für diejenigen Leute, die ein Heimkind bei sich aufnehmen, im allgemeinen überhaupt nicht von Belang ist, was sie dafür bekommen. Sie würden sich im Gegenteil sogar dafür schämen, sich dieses Geld anzueignen, das heißt es einzustecken; deshalb bringen sie es, von einigen Ausnahmen abgesehen, zur Sparkasse und lassen es auf den Namen des Kindes gutschreiben.

Ganz sicher sind es nicht diese Familien, in denen die Unglücklichen vernachlässigt werden und sich selbst überlassen bleiben. Sie haben die Kinder nämlich aus dem Heim geholt, weil sie diese benötigen, sei es, um sie ein Handwerk erlernen, sei es, um sie auf dem Hof arbeiten zu lassen.

1. Porträt Luigi Luchenis nach seiner Verhaftung (*L'Illustration*)

2. Protokoll der Übergabe des kleinen »Luigi Luccheni« an das Pariser Findelhaus. Der Name der Mutter Luisa lautete Lucchini, die Verwaltung jedoch nannte das Kind erst Luccheni und später Lucheni.

3. Das einzige Foto, das Lucheni in Militäruniform und mit Auszeichnung zeigt (*La Revue des revues*).

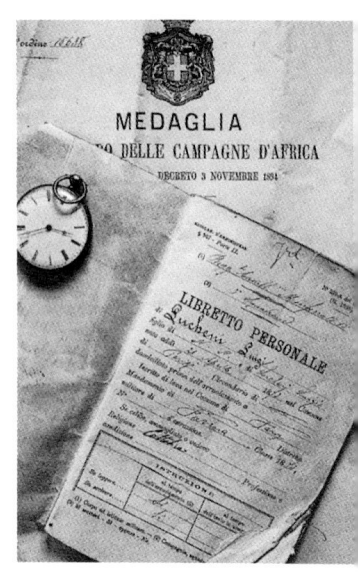

4. Luchenis Soldbuch (*Staatsarchive Genf*).

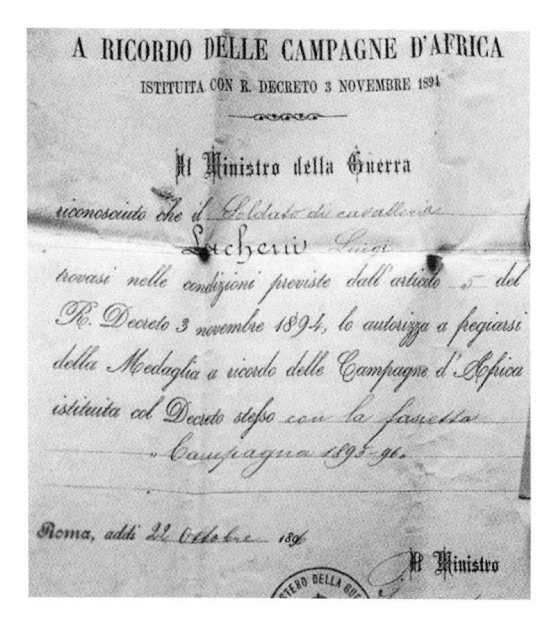

5. »Urkunde der Auszeichnung« für die Verdienste während des Afrikafeldzugs (1895–96); (*Staatsarchive Genf*).

6. Porträt Elisabeths als Königin von Ungarn (8. Juni 1867) (*Bibliothèque publique et universitaire de Genève*); Briefmarke mit dem Konterfei von Kaiserin Elisabeth (*Sammlung Santo Cappon*).

7. Elisabeth und ihre Reisebegleiterin in Territet, September 1898 (*Bibliothèque publique et universitaire de Genève*).

8. Mordanschlag von Lucheni auf Kaiserin Elisabeth (illustriertes Supplement des *Petit Journal*, September 1898) (*Sammlung Santo Cappon*).

9. Mordwaffe: eine spitze Dreikantfeile, die von Martinelli, einem Freund von Lucheni aus Lausanne, mit einem Griff versehen wurde. Die Mordwaffe wurde von Genf an Österreich übergeben.

10. Porträt Luchenis, angefertigt nach seinem Erkennungsbogen (*Polizeilicher Erkennungsdienst, Lausanne*).

11. Der leblose Körper Elisabeths wird vom Schiff »Genève« ins Hotel Beau-Rivage gebracht (*Le Petit Journal illustré*).

12. Landungsbrücke am Pâquis und improvisierte Trage, mit der die sterbende Kaiserin von Bord gebracht wird (*L'Illustration*)

13. Trauerzug auf dem Quai du Mont-Blanc in der Nähe des Tatortes und des Hotels Beau-Rivage (*Le Monde illustré, September 1898*).

14. Das alte Évêché-Gefängnis, das 1940 abgerissen wurde. Luchenis letzte Zelle (Nr. 68) liegt links oben (*Bibliothèque publique et universitaire de Genève*).

15. Luchenis Zelle, die Georges Amoudruz 1940 ausbauen und dann im Untergeschoß seines Hauses wieder aufbauen ließ. Abortkübel, Wandpult und Metallbett (die an der Wand befestigte Kette diente dazu, tagsüber das Bett hochzuklappen) (*Sygma*).

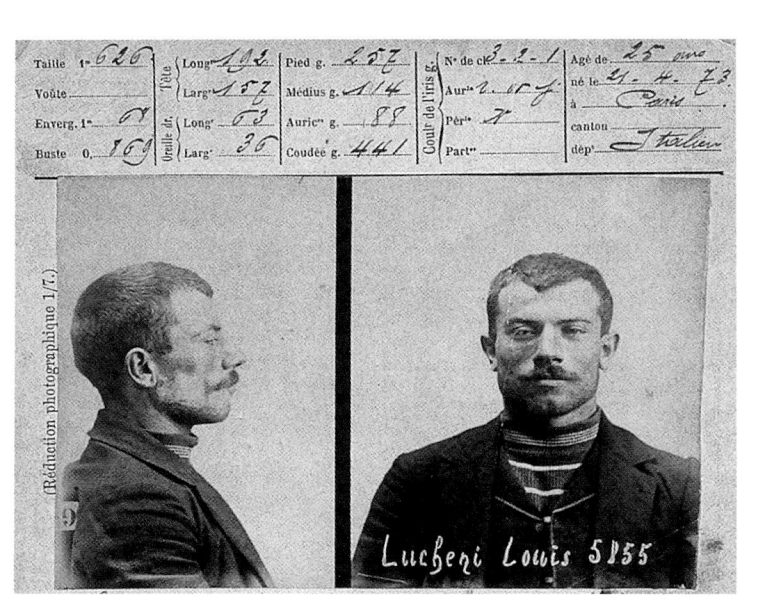

16. Erkennungsbogen Luchenis (*Polizeilicher Erkennungsdienst, Lausanne*).

17. Der von zwei Gendarmen flankierte fröhliche Lucheni auf dem Hof zwischen dem Saint-Antoine-Untersuchungsgefängnis und dem Gerichtsgebäude (September 1898) (*Bibliothèque publique et universitaire de Genève*).

18. Porträt des Untersuchungsrichters Charles Léchet (*Bibliothèque publique et universitaire de Genève*).

19. Porträt des Staatsanwalts Georges Navazza (*Bibliothèque publique et universitaire de Genève*).

20. »Geheimakte« Nr. 13135A des ehemaligen Nachrichtendienstes der Genfer Polizei, die unter dem Namen Louis Lucheni geführt wird (*Staatsarchive Genf*).

21. Notiz Luchenis vom 10. September 1901: »Dritter Jahrestag eines Ereignisses, das ich nie mehr vergessen werde.« Und weiter: »verschärfte Einzelhaft« (*unveröffentlichter Almanach Luchenis; Sammlung Santo Cappon*).

22. »Die Dame in Schwarz« (Porträt einer Frau, das Lucheni in seinem unveröffentlichten Almanach nachgezeichnet hat) (*Sammlung Santo Cappon*).

23. Zeichnungen Luchenis in dessen Almanach (*Sammlung Santo Cappon*).

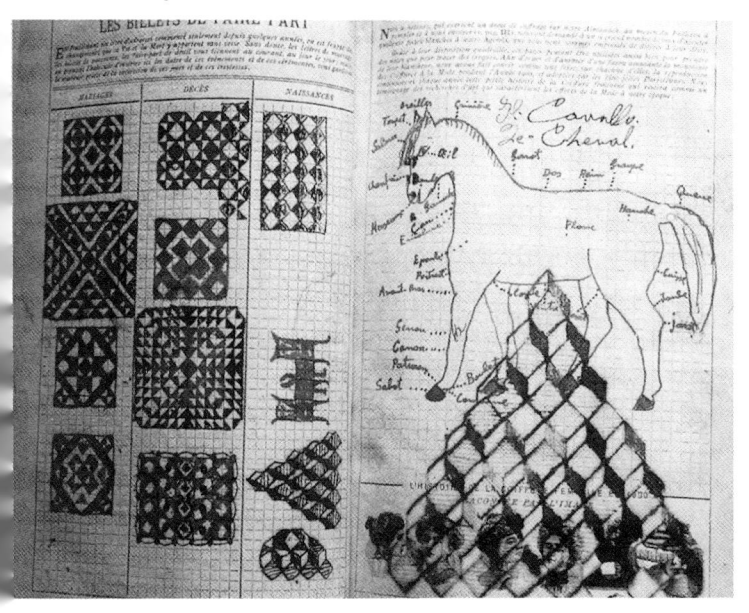

24. Unveröffentlichte Lebenserinnerungen Luchenis (blaue Hefte Nr. 1 und Nr. 2). Sehr gut zu erkennen ist der offizielle Aufdruck (*Sammlung Santo Cappon*).

25. Unveröffentlichte Lebenserinnerungen Luchenis: Die stilisierte Titelseite (Seite 1; Hefte Nr. 1 und Nr. 2). Sehr gut zu erkennen ist der offizielle Aufdruck (*Sammlung Santo Cappon*).

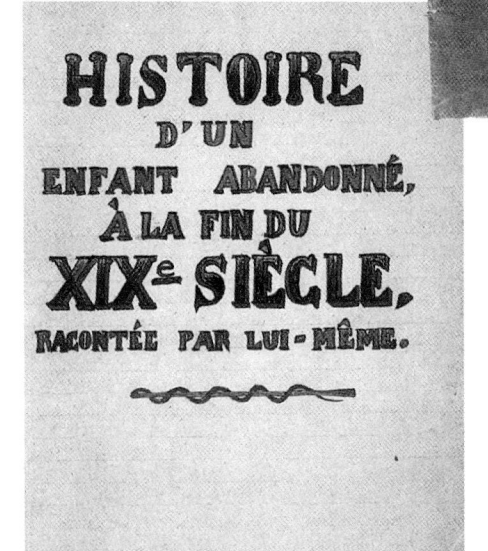

26. Luchenis Uhr.

27. Luchenis Lebenserinnerungen: Ende des Vorworts »An den Leser«, unterschrieben mit »L. Lucheni« und datiert: »Évêché 1907« (Heft Nr. 1; *Sammlung Santo Cappon*).

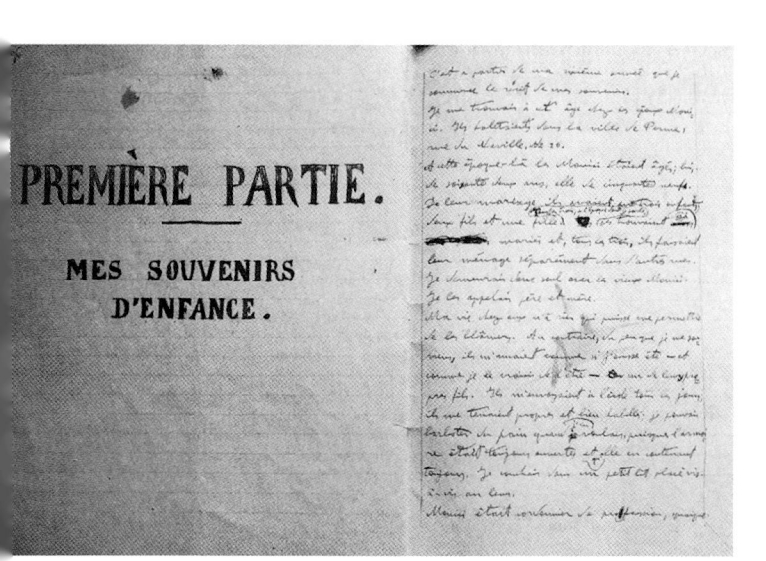

28. Luchenis Lebenserinnerungen: Titel des ersten Teils und die folgende Seite (Heft Nr. 1; *Sammlung Santo Cappon*).

C'est a partir de ma sixième année que je
commence le récit de mes souvenirs.
Je me trouvais à cet âge chez les époux Monici. Ils habitaient dans la ville de Parme,
rue de Naville, N⁰ 20.
A cette époque-là les Monici étaient âgés; lui,
de soixante cinq ans, elle de cinquante neuf.
De leur mariage ils avaient eu trois enfants
deux fils et une fille. (tous trois, à l'époque dont je parle) (se trouvaient déjà)
mariés et, tous les trois, ils faisaient
leur ménage séparément dans d'autres rues.
Je demeurais donc seul avec les vieux Monici.
Je les appelais père et mère.
Ma vie chez eux n'a rien qui puisse me permettre
de les blâmer. Au contraire, de ce que je me souviens, ils m'aimaient comme si j'eusse été — et
comme je le crois de l'être — un de leur propres fils. Ils m'envoyaient à l'école tous les jours;
ils me tenaient propre et bien habillé; je pouvais
barboter du pain quand j'en voulais, puisque l'armoire était toujours ouverte et elle en contenait
toujours. Je couchais dans un petit lit placé vis-
à-vis au leur.
Monici était cordonnier de profession, quoique

---

29. Luchenis Lebenserinnerungen: Erwähnung der Monicis (seine erste Pflegefamilie in Parma bis zu seinem 9. Lebensjahr) (Heft Nr. 1; *Sammlung Santo Cappon*).

30. Luchenis Erkennungsbogen (*Polizeilicher Erkennungsdienst, Lausanne*).

31. Notiz des Gefängnisdirektors Jean Fernex (3. Mai 1909), in der er beiläufig das »Verschwinden« von Luchenis Heften erwähnt (*Staatsarchive Genf, Code »Prisons Cc14«*).

DEUXIÈME-PARTIE

MES SOUVENIRS de JEUNESSE

32. Luchenis Lebenserinnerungen: »Zweiter Teil«, den abzuschließen Lucheni nicht mehr die Gelegenheit hatte (Heft Nr. 5; *Sammlung Santo Cappon*).

33. Luchenis Tabaksbeutel und teilweise gerauchte Zigarren (zum Ärger der ausländischen Presse verteilte der Untersuchungsrichter Léchet Zigarren an Lucheni, um ihm so möglicherweise ein Geständnis abzuringen) (*Staatsarchive Genf*).

34. Luchenis Lebenserinnerungen: Erwähnung seines unwürdigen Vaters, der sich seiner Verantwortung entzogen hat. – Porträt von König Humbert I. (Heft Nr. 1; *Sammlung Santo Cappon*).

35. Porträt des Rechtsmediziners Professor Louis Mégevand, der an den Leichen von Elisabeth und Lucheni die Autopsie vorgenommen hat (*Bibliothèque publique et universitaire de Genève*).

36. FOLGENDE SEITE: Kaiserin Elisabeth.

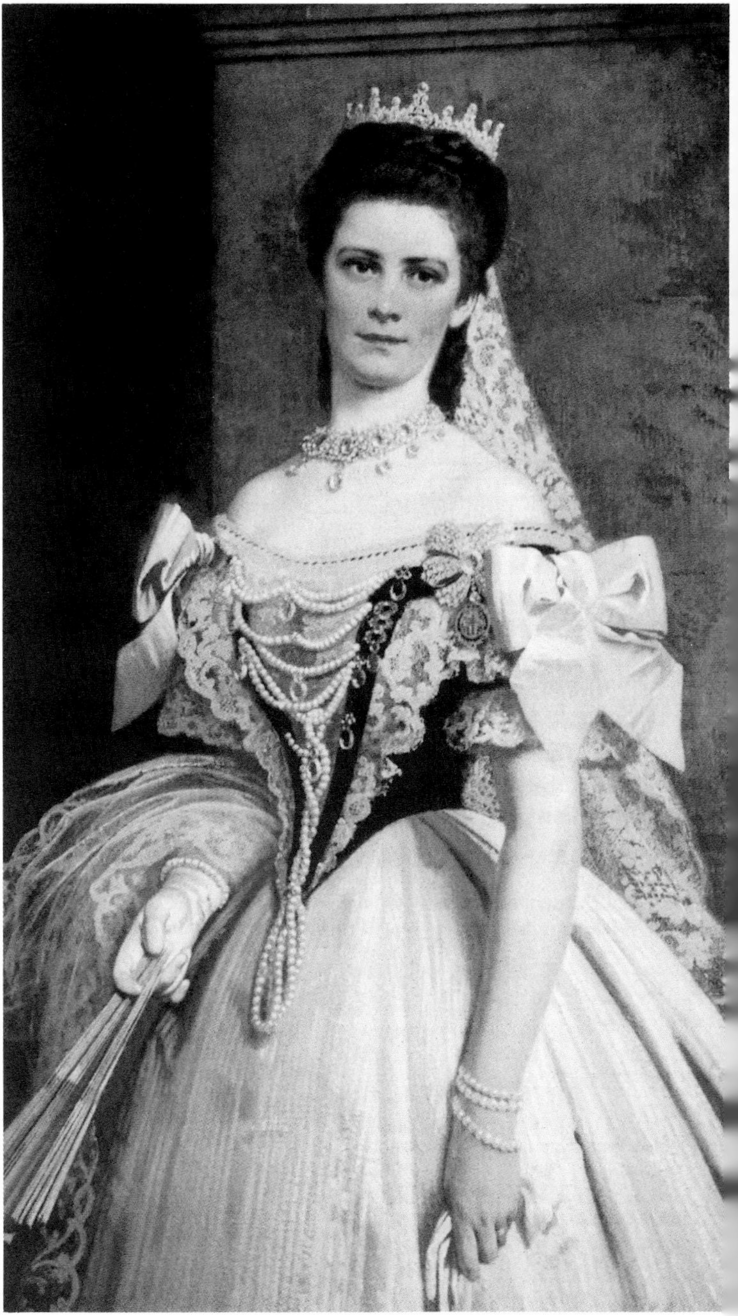

Hierbei ist es völlig unwichtig, ob die eine Familie Paul als Schäfer arbeiten, die andere Familie Pierre einen Beruf erlernen läßt oder Jacques das Glück hat, von einer dritten Familie adoptiert zu werden. Das Allerwichtigste ist, daß die Familien, denen man ein Kind anvertraut hat, sich auch wirklich darum kümmern.

Ist aber eigentlich bekannt, daß es niederträchtige Menschen gibt, die in einer für sie wirtschaftlich schwierigen Situation und mit Hilfe von charakterlosen Bürgermeistern Kinder einzig und allein wegen des Geldes aus dem Heim holen? Sobald sie das Dokument in Händen halten, das sie benötigen, um das Geld einzukassieren, vernachlässigen sie die unglücklichen Kinder schon wenige Tage, nachdem sie diese aus dem Heim geholt haben.

Sicher handelt es sich hierbei um einen Zustand, den man in unserer angeblich so aufgeklärten Zeit für abwegig halten muß; man wird aber sehen, daß er es keinesfalls ist.

Ist es nicht vielleicht doch so, daß Ihr Eurer Fürsorgepflicht gegenüber den Unglücklichen, die Ihr bei Euch aufgenommen habt, nicht wirklich nachkommt? Und wenn es tatsächlich so ist, wie Ihr zu behaupten wagt, daß diese Unglücklichen in Euch einen Beschützer haben, der die Eltern ersetzt, warum unterlaßt Ihr es dann, nachzuprüfen, ob die Personen, die eines Eurer Kinder wollen, es überhaupt wert sind, daß Ihr ihnen einen Eurer Schutzbefohlenen anvertraut?

Man sollte nämlich nicht vergessen, daß diese Kinder nicht für immer Kinder bleiben. Wenn nämlich eines von den Kindern aufgrund Eurer Nachlässigkeit das Pech haben sollte, bei Leuten unterzukommen, die sich überhaupt nicht für seine Zukunft interessieren, wie könnt Ihr dann von diesem Kind das gleiche verlangen, wie Ihr es ganz zu Recht von einem Kind verlangt, das in den vollen Genuß der Fürsorge Eurer Einrichtung gekommen ist? Und das um so mehr, als Ihr wißt, wie sehr diese Wesen der Fürsorge bedürfen!

Als man ihm nicht die ihm zustehende Aufmerksamkeit zuteil werden ließ, hat man ihn bestohlen, denn schließlich wurden Eure Einrichtungen auch seinetwegen gegründet.

Warum überrascht es Euch also, wenn Ihr ihn dann später in den Reihen der Unzufriedenen wiederseht?

Und wen soll er anderes für sein Elend verantwortlich machen als Euch und Eure Nachlässigkeit?

Es dürfte ihm nämlich nicht schwerfallen, zu der Überzeugung zu gelangen, daß seine Jugend nicht von völliger Orientierungslosigkeit geprägt gewesen wäre – was die Ursache seines Unglücks ist –, wenn Ihr Eure Arbeit gewissenhaft gemacht hättet. Ihr, die Ihr dazu auserkoren seid, göttliche Werke zu verrichten, werdet Euch Eurer Verantwortung bewußt!

Ihr müßt wissen, daß eine einzige Nachlässigkeit von Euch schon ausreichen kann, die Existenz des Unglücklichen, der keinen anderen Beschützer hatte als die Euch anvertrauten Vorschriften, zu ruinieren.

Und Ihr, die Ihr Euch des Glücks erfreut, humanitären Einrichtungen Eure Unterstützung angedeihen zu lassen, Ihr müßt wissen, daß es nicht reicht, seinen Obolus zu entrichten, um diesen edlen Titel zu verdienen. Denn Ihr wißt ganz genau, daß Eure Spenden nicht ausreichen, um all die Bedürftigen in den Heimen zu behalten und dort auch aufzuziehen, die man dorthin bringt. Deshalb seht Ihr Euch auch dazu genötigt, sie denen anzuvertrauen, die sie zu sich nehmen wollen. Dürft Ihr ihnen aber einfach Euren Schutz entziehen, sobald sie das Heim verlassen haben?

Besucht sie also mindestens zweimal pro Jahr und versichert Euch, daß man sie entsprechend Euren Vorschriften umsorgt und erzieht. Nur wenn Ihr solche Überprüfungen durchführt, verdient Ihr auch den Titel eines Wohltäters; denn Ihr könnt sicher sein, daß Ihr im Verlaufe derartiger Überprüfungen einige Eurer Schutzbefohlenen ins Heim zurückholen werdet, weil Ihr sie in unwürdigen Händen gefunden habt.

Wenn Euch also wirklich daran liegt, weniger unglückliche Menschen aus ihnen zu machen, nun, dann müßt Ihr die Vorschriften ändern, denen Eure Einrichtungen unterliegen; anstatt diejenigen, die Eure Schutzbefohlenen bei sich aufnehmen möchten, dafür zu entlohnen, fordert einen ziemlich hohen Betrag als Gegenleistung für das Leben, das sie von Euch wollen.

Und um die zusätzlichen Kosten abzudecken, die aufgrund einer derartigen Änderung deshalb entstehen, weil die Heime gezwungen wären, den Großteil ihrer Heiminsassen intern großzuziehen, entlaßt sie erst, wenn sie ihr zwanzigstes Lebensjahr vollendet haben. So tragen auch sie durch ihre Arbeit, die sie während der letzten beiden Jahre leisten, dazu bei, die durch sie verursachten zusätzlichen Kosten wieder auszugleichen. Ich würde mir wünschen, daß meine unglücklichen Brüder diese Möglichkeit erhalten, weil es ziemlich klug ist, ihnen dazu zu verhelfen, ihr Leben lang RECHTSCHAFFEN zu bleiben.

*

223. Das ist die Nummer, unter der man mich im Heim registriert hat, als ich dort zum zweitenmal aufgenommen wurde. Nachdem ich einige Fragen beantwortet hatte, begleitete mich eine Aufsichtsperson in die Kleiderkammer, um mir die vorgeschriebene Uniform anzuziehen.

Nachdem ich angekleidet war, erhielt ich von derselben Aufsichtsperson die Anweisung, mich in einen Hof hinunterzubegeben, den er mir mit einer Handbewegung zeigte. Der Lärm, den ich in diesem Hof hörte, war für mich ein deutliches Anzeichen dafür, daß er gerade voller Kinder war.

Kaum hatten diese mich gesehen, unterbrachen sie alle ihre Spiele und liefen auf mich zu, indem sie riefen: »Eccolo,

eccolo il parigino; faciamogli la guerra!« (»Da ist er, da ist der Pariser; laßt uns mit ihm kämpfen!«)

Ich drehte mich zitternd um, weil ich sehen wollte, wer der Pariser war. Hinter mir stand nur die Aufsicht; wenn das der Feind sein sollte, dann wäre sein Sieg vollständig gewesen, denn eine einzige Bewegung von ihm hätte genügt, um das gesamte Bataillon in die Flucht zu schlagen.

Ich hörte, wie der Aufseher sagte, daß er kein Pariser sei, sondern Italiener wie sie; daß sie ihn nicht grundlos schlecht behandeln sollten... Er sah mich an, und die Kinder sahen mich an; da habe ich verstanden, daß ich der Pariser sein mußte, um den es hier ging.

Sie vergaßen die Drohungen des Aufsehers aber sehr schnell wieder, weil dieser nicht mehr da war. So gaben die Helden eine weitere Salve Pfefferkuchen nicht wirklich auf mich, wohl aber auf meine Armee ab. Innerhalb kürzester Zeit enthielt meine Mütze, in der ich all meine Kekse kaum untergebracht hatte, nachdem sie von einer Reise durch die Luft wieder bei mir gelandet war, nur noch ein paar Krümel, die eine Ameise mühelos hätte forttragen können.

Davon überzeugt, daß ich keine Feinde mehr bei mir hätte, und zufrieden darüber, straffrei auszugehen, traten die Helden langsam ihren Rückzug an, um ihre unterbrochenen Spiele fortzusetzen. Daraufhin trat ich auf den größten von ihnen zu, um mir von ihm erklären zu lassen, was das Wort »Pariser« bedeutete und warum sie mich bekämpfen wollten.

Er antwortete mir, daß sie mich deshalb »den Pariser« nannten, weil ich in einer Stadt geboren worden war, die Paris heißt; und bekämpfen wollten sie mich, weil diese Stadt nicht zu Italien gehörte.

Ich wies ihn sofort darauf hin, daß er sich in bezug auf meinen Geburtsort täusche; der Beweis hierfür sei, sagte ich zu ihm, daß ich in Parma in der Via de Naville Nr. 20 geboren wurde, daß der Name meines Vaters Fernando Monici und der meiner Mutter Lucia Foglia sei. Und wenn er sich davon überzeugen wolle, bräuchte er nur bis zum nächsten Sonntag zu warten, denn dann würde er einen von beiden sehen können.

Und bei dieser Gelegenheit bekam ich die Antwort zu hören, die ich weiter oben schon wiedergegeben habe. Ich habe auch schon gesagt, daß mir diese Neuigkeit gleichgültig war, weil ich sie für abwegig hielt; aus diesem Grund habe ich bei den Monicis anläßlich ihrer Besuche auch nie nachgefragt.

Erst nach meinem Verbrechen habe ich erfahren, daß die Monicis mich mit dreißig Monaten aus dem Kinderheim geholt hatten.

Während der ersten Tage meines zweiten Aufenthaltes im Heim litt ich ein wenig unter diesem Leben, das sich so sehr von dem unterschied, das ich bei den Monicis geführt hatte, und ich vermißte deren Zuwendung; aus diesem Grund bat ich sie bei ihren letzten beiden Besuchen auch ständig darum, mich wieder zu sich zu nehmen.

Aber mein Kummer war nicht von langer Dauer. Zwei Wochen später war ich eines der glücklichsten Kinder, die es im Heim gab.

Sogar mein Spitzname (ich wurde von allen »der Pariser« genannt), dessentwegen ich eine schwierige Situation durchzustehen hatte, war für mich eine Quelle der Freude geworden, denn wenn wir Krieg spielten, war ich es, der die französische Armee befehligte.

Als ich ins Heim kam, mußte ich für ungefähr zehn Tage die interne Schule besuchen; danach ging ich mit den Großen in die externe Schule. Während dieser zehn Tage fiel mir auf, daß die alte Lehrerin fünf Heimkinder bei sich aufgenommen hatte.

Diese kleinen Despoten trugen die Spitznamen Günstling I, Günstling II und so weiter.

Wehe den Normalen, wenn sie diese Günstlinge verärgerten oder sich ihren Marotten widersetzten; dann ließ die Lehrerin sie stundenlang auf getrockneten Erbsen knien; unmöglich, sie mit den Kniescheiben zu zerdrücken. Ich bin mir sicher, daß die Heimleitung der Lehrerin nur erlaubte, diese Schar von Kindern bei sich großzuziehen, weil sie dafür keine zusätzliche finanzielle Unterstützung in Anspruch nahm; sie nahmen nämlich mit uns zusammen ihre Mahlzeiten ein; auch sie trugen die Heimuniform; und wenn eines der Kinder sein achtes Lebensjahr vollendet hatte, schickte die Lehrerin es zurück (woraufhin es für seinen ehemaligen Despotismus büßen mußte), um es durch ein fünfjähriges zu ersetzen.

Der einzige Unterschied zwischen ihnen und uns bestand darin, daß sie bei der Lehrerin schliefen und sich auch bei ihr aufhielten.

Im Verlaufe des ersten Monats hatte ich auch bemerkt, daß einige Freunde verschwanden. Da ich nicht wußte, wohin man sie schickte, erkundigte ich mich bei einem anderen Ciceronen, denn auch der, der so gut über meinen Geburtsort informiert gewesen war, gehörte zu den Vermißten.

Er antwortete mir, daß Bürgersleute uns aus dem Heim holten, damit wir bei ihnen leben.

»Sind es unsere Eltern, die uns holen kommen?« fragte ich ihn aufgeregt.

»Aber nein, es sind Leute, die wir nicht kennen?« gab er mir zur Antwort.

Diese Neuigkeit hatte mein ganzes Glück zerstört; weder die von mir so sehr geliebte Leibeserziehung noch die Spiele mit den anderen Kindern bereiteten mir mehr Freude. Am darauffolgenden Sonntag teilte ich den Monicis sofort diese Neuigkeit mit, wobei ich ihnen auch gleich erklärte, was für eine Veränderung der Einstellung sie bei mit hervorgerufen hatte.

Monici erklärte mir, daß man mir nichts als Lügen erzählt

hätte, und wenn ich einige meiner Freunde nicht mehr sehen würde, dann läge das daran, daß sie von ihren eigenen Eltern und niemandem sonst wieder nach Hause geholt worden wären.

Und damit ich mir in Zukunft nicht mehr den Kopf darüber zu zerbrechen bräuchte, versprach Monici mir, daß ich, falls irgend jemand die Frechheit besäße, mich aus dem Heim holen zu wollen, dem Herrn Direktor nur sagen müßte, es doch bitte meinem Vater mitzuteilen, so daß der mich dann sofort wieder zu sich nach Hause holen könnte.

Obwohl er mich so manches Mal angelogen hatte, habe ich mir auch später noch sehr oft die Frage gestellt, ob Monicis Versprechen aufrichtig gemeint war oder ob er mich einfach nur beruhigen wollte.

Gleich nachdem Monici wieder gegangen war, lief ich schnell in den kleinen Hof, in dem die Turngeräte aufgebaut waren. Ich hängte mich ans Seil; beim Seilklettern hatte ich immer sehr schwach abgeschnitten. Bisher war es mir nicht ein einziges Mal gelungen, mich mehr als zwei Meter vom Boden wegzubegeben. Wer weiß, wie hoch ich jetzt geklettert wäre, wenn mich mein Kopf nicht daran erinnert hätte, daß ich das Ende des Gerüsts erreicht hatte; das Seil war fünf Meter lang.

Ich muß jedoch gestehen, daß es trotz meines wiedergefundenen Glücks und meines Vertrauens in das Versprechen von Monici schon reichte, daß ich ein paar Bürgersleute im Heim sah, um mich zu ängstigen; deshalb versteckte ich mich auch jedesmal, wenn ich jemand Fremdes sah, weil ich Angst hatte, daß man mich mit zu sich nach Hause nehmen würde, wenn man mich sähe.

Im allgemeinen warten alle Heimkinder frohgemut und ungeduldig darauf, daß sie eines Tages jemand mitnimmt. Bei mir war es das genaue Gegenteil. Meine Kameraden mochten mir in den allerhöchsten Tönen davon berichten, daß man bei den Bürgersleuten so viele Kirschen, Äpfel, Feigen und andere gute Sachen essen konnte, wie man wollte; allein der Gedanke daran, daß mich ein Unbekannter abholen könnte, trieb mir die Tränen in die Augen, denn ich sagte ja bereits, daß ich sehr glücklich darüber war, im Heim zu sein; und gern hätte ich es nur dann verlassen, wenn Monici mich mit zu sich nach Hause genommen hätte.

Nachfolgend möchte ich kurz das Leben im Heim beschreiben.

*

Wir schliefen in langen Schlafsälen, in denen zwei Reihen mit durchnumerierten Betten standen; jeder hatte sein eigenes Bett.

Die Kinder, die älter als zwölf Jahre waren, schliefen in Schlafsälen, die von denen der Schüler getrennt waren.

In der Mitte von jedem Schlafsaal stand, einem Katafalk gleich, das mit Vorhängen abgehängte Bett der Aufsichtsperson. Arme Vorhänge! Jeden Morgen waren sie mit Kügelchen übersät, die aus den verschiedensten Substanzen bestanden. Von diesem Bett kamen die Drohungen, daß wir endlich mit unserem allabendlichen Radau Schluß machen sollten, wenn wir mit unseren Mützen Jagd auf Fledermäuse machten oder unsere Nachttöpfe aus Weißblech als Trommel benutzten.

Die Mutigsten machten sich aus dem Schlafsaal davon, um einen Teil der Nacht damit zu verbringen, auf einer Terrasse die Sterne und vorbeifahrende Züge zu betrachten. Nach dem Wecken lief man so schnell wie möglich zu den Wasserhähnen, die sich im hinteren Teil jedes Schlafsaals befanden, um sich das Gesicht zu waschen. Diese Eile, die angesichts der üblichen Abneigung von Kindern gegenüber dieser Form von Körperpflege abwegig erscheinen mag, erklärte sich aus dem Umstand, daß das lange Stück Tuch, das um eine an der Decke befestigte Holzrolle gebunden war und an dem wir uns alle abtrocknen sollten, innerhalb kürzester Zeit vollkommen durchnäßt war. Man kann sich leicht vorstellen, daß die Aussicht darauf, keine trockene Stelle mehr zur Verfügung zu haben, Grund genug dafür war, uns anzutreiben, insbesondere im Winter. Der wichtigste Grund für die Eile aber war, möglichst weit vorne in einer der beiden Reihen zu stehen, so daß man anschließend schneller den Schlafsaal verlassen konnte.

Denn bevor wir hinaus konnten, mußten wir noch gekämmt werden und, im Winter, einen Löffel Lebertran schlucken. Diese Prozedur, die uns ganz und gar nicht gefiel, wurde von nur zwei Frauen ausgeführt, so daß sie mehr als eine Stunde dauerte. Das heißt, daß diejenigen, die vorne in der Schlange standen, über eine Stunde früher aus dem Schlafsaal kamen als diejenigen, die hinten standen.

Es ist eigentlich überflüssig zu erwähnen, daß, hätte eines der Kinder es gewagt, sich mit seinem Bettlaken abzuwischen oder sich in die Reihe zu stellen, ohne zuvor das Gesicht gewaschen zu haben, dies zwangsläufig eine Bestrafung zur Folge gehabt hätte. Abgesehen davon, daß es zum Kehren des Hofs während der Pause eingeteilt worden wäre, hätte die Frau, die den Lebertran ausgab, nachdem sie es zum Waschen geschickt hätte, ihm anstelle von einem gleich zwei Löffel Lebertran verabreicht und ihm zudem noch das kleine Stückchen Zucker entzogen.

Zweimal pro Woche machten wir, ob groß oder klein, einen Spaziergang rund um die Stadt. Diese Spaziergänge dauerten jeweils mindestens zwei Stunden. Wenn das Aufsichtspersonal die Reihen zusammenstellte, achtete es darauf, daß immer etwa gleich große Kinder nebeneinander gingen. An der Spitze jeder Reihe ging eine Aufsichtsperson; nach ihr kamen erst die kleinsten Kinder, die größten gingen am Ende; eine zweite Aufsichtsperson ging oft in der Mitte und eine dritte ganz am Ende der Reihe.

Ich habe bereits erwähnt, daß die Heimleitung gutes Betragen der Schüler genauso belohnte wie dasjenige der Lehrlinge. Diese Belohnung bestand darin, daß wir ins Theater gehen durften. Um in den Genuß dieser Gunst zu kommen, reichte gutes Betragen aber noch nicht aus, denn man brauchte vier Lire, um die Theaterkarten bezahlen zu können. Für die Lehrlinge stellte dies kein allzu großes Problem dar, während es für die Schüler ein fast unüberwindliches Hindernis blieb. Denn man kann sich sicher leicht vorstellen, daß man beim Hofkehren wohl kaum das notwendige Geld gefunden hat. Dennoch gab es viele Schüler, die sich den Theaterbesuch leisteten, allerdings bezahlten sie ihn etwas teuer.

Um nämlich an die nötigen vier Lire zu kommen, waren wir gezwungen, einen Teil unserer sowieso schon kümmerlichen Essensrationen zu verkaufen. Folgendermaßen sah unsere normale Kost aus: Morgens um 7.30 Uhr versammelten wir uns alle, ob groß oder klein, in einem riesigen Saal; nachdem wir uns alle eingefunden hatten, stellten sich zwei Aufseher links und rechts neben die Tür. An ihrer Seite stand ein mit warmem Brot gefüllter Korb.

Nachdem diese Vorbereitungen abgeschlossen waren, erhielten wir die Anweisung, den Saal zu verlassen, und wenn wir über die Schwelle traten, erhielten wir unser komplettes Frühstück, das aus zwei kleinen, hundert Gramm schweren Brötchen von sehr dunkler Farbe bestand.

Mittags warteten wir ungeduldig auf den Klang der Glocke, die uns zum Essen rief. Wir liefen schnell in den geräumigen Eßsaal, in dem Tische standen, die wie Vulkane rauchten. Es gab zwei Arten von Tischen, auf denen allerdings nie Tischdecken lagen. Auf den einen stand das Eßgeschirr, auf den anderen nicht; das Geschirr war in runden Vertiefungen versenkt, damit die kleinen Kinder es nicht herunterwerfen und sich bekleckern konnten – zerbrechen konnte es einfach deshalb nicht, weil es aus Zink war.

Wenn wir uns an die Tische setzten, waren die Teller bereits mit Reis oder immer unterschiedlich langen Makkaroni gefüllt worden, unter die man dicke oder grüne Bohnen oder Gemüse der Jahreszeit gemengt hatte. Am oberen Tellerrand lag ein Brötchen, und daneben stand ein »Weinglas« aus Zink.

Als wir saßen, gingen zwei Köche vorbei, um auf jeden Teller eine Portion Fleisch zu legen. Außer freitags und samstags bekamen wir jeden Tag Fleisch zu essen; an diesen beiden Tagen wurde es durch Käse ersetzt. Abends zwischen sechs und sieben Uhr bekamen wir auf dieselbe Art und Weise wie morgens unser komplettes Abendbrot ausgehändigt, das aus zwei – diesmal allerdings kalten – Brötchen bestand, die dasselbe Gewicht und dieselbe Farbe hatten wie die am Morgen.

Das war unser ganzes Essen. Es war für alle gleich, unabhängig davon, ob man nun fünf, siebzehn oder achtzehn Jahre alt war. Wenn es für die Größeren nicht ausreichte, konnten sie sich von ihrem Geld etwas in der Kantine kaufen, aber die Verwaltung gewährte ihnen keinen Zuschlag.

Sobald unsere Portion Fleisch auf dem Teller war, kamen die Händler vorbei, die es uns abkauften, wenn wir es ihnen verkaufen wollten. Diese Einkäufer, die niemand anderes waren als die über Zwölfjährigen, begannen zu rufen: Ich zahle zwei Lire für Wein und Fleisch, falls es nicht fett ist. Und andere riefen: Ich zahle zwei Lire für Wein und Fleisch, falls es nicht mager ist. Es gab aber auch solche, denen die Beschaffenheit des Fleisches völlig egal war; ihre einzige Bedingung bestand darin, daß sowohl Wein als auch Fleisch unangetastet waren. Überflüssig zu erwähnen, daß alle Einkäufer den allergrößten Wert auf die Einhaltung dieser Forderung legten; und es hätte tatsächlich schon genügt, nur die Lippen an den Becher zu legen oder das kleinste Stückchen Fleisch abgeschnitten zu haben, um die Einkäufer zu vergraulen. Man sieht, unabhängig davon, ob das Fleisch nun fett oder mager war, an Käufern mangelte es nicht. Es reichte also, zwei Tage Wein und Fleisch zu verkaufen, um genügend Geld für die Theaterkarten zusammen zu haben.

Mittwochs und samstags reservierte die Heimleitung im Theater Saint-Jean acht oder zehn Meter auf der Galerie für ihre Heiminsassen. In diesem Theater wurde mit Marionetten gespielt, die größer und dicker waren als die Allerdicksten von uns.

Das Heim schickte immer vierzig oder fünfzig Kinder auf einmal ins Theater. Unnötig zu erwähnen, daß es darunter auch einige gab, die ihr Essen nicht zu verkaufen brauchten, um ihre Karten zu bezahlen, und zwar alle Lehrlinge.

Vielleicht wird man denken, daß die Heimleitung nicht wußte, mit welchen Mitteln die Schüler sich den Genuß eines solchen Theaterabends verschafften? Nein, ihr war es ganz sicher bekannt, denn während der Mahlzeiten befanden sich immer zwei Aufsichtspersonen im Eßsaal; für sie wäre es überhaupt kein Problem gewesen, unseren Handel zu beobachten und ihn zu unterbinden. Aber solange kein Kind einem anderen etwas stahl, ließen sie uns gewähren; also war dieser Handel erlaubt.

Und wenn jemand alles aß (womit er nicht Unrecht hatte) und somit nie ins Theater ging, mochte er auch zehnmal ein G pro Tag bekommen haben, mußte die Heimleitung einfach über die Vorgänge auf dem laufenden sein.

War das ein lobenswertes Verhalten? Ich selbst hätte es damals mit Sicherheit gelobt; aber ich war eben auch erst acht Jahre alt; mittlerweile halte ich diese Einstellung für ein wenig würdelos, und zwar sowohl aufgrund der Mittel, zu denen wir greifen mußten, um uns die vier Lire für den Theaterbesuch zu besorgen, als auch wegen der Einstellung, die uns dadurch eingetrichtert wurde und die nicht unseren zukünftigen Lebensbedingungen entsprach.

Sicher verdient die Heimleitung Anerkennung dafür, daß sie ihre Heimkinder ins Theater schickte; was aber hätten all diese Damen und Herren, die uns mit ihren Operngläsern ansahen, gesagt, wenn sie gewußt hätten, daß die kleinen Bastarde nur deshalb im Theater sein konnten, weil sie einen Teil ihres Essens verkauft hatten?

Was sie gesagt hätten? Sicher gar nichts.

Denn ihnen mußte klar sein, daß alles das, weshalb eine Verwaltung Anerkennung verdient, auf falschem Schein gegründet ist. Dank dieses falschen Scheins vermag eine kleine Minderheit die große Mehrheit überhaupt zu unterdrücken. Was mich betrifft, so muß ich zugeben, daß es mir wichtiger war, ins Theater zu gehen als Fleisch zu essen und Wein zu trinken; aus diesem Grunde verkaufte ich beides viermal pro Woche.

Ach, wenn ich doch nur vorhergesehen hätte, daß für mich schon in wenigen Monaten nicht nur Wein und Fleisch zu einer bloßen Erinnerung geworden sein würden, sondern auch das Brot. Dann hätte ich vielleicht doch besser daran getan, mir zunächst den Reis und die Makkaroni vom Munde abzusparen – ich spreche bewußt nicht von verkaufen, weil niemand sie mir abgekauft hätte –, um mich an die Diät zu gewöhnen, die mir bevorstand.

*

Am 19. Februar 1882 – für mich ein denkwürdiges Datum, weil es mein zukünftiges Schicksal ganz entscheidend beeinflussen sollte – mußte mich die Heimleitung ins Krankenhaus schicken, um dort meine vier mit Frostbeulen bedeckten Finger behandeln zu lassen: den Ringfinger sowie den kleinen Finger meiner rechten Hand, den Zeigefinger und den kleinen Finger meiner linken Hand. Noch heute habe ich ganz furchtbare Narben an diesen Fingern.

Im Winter war dieses Leiden wegen der unzureichenden Beheizung bei den Heimkindern sehr verbreitet; deshalb war die Zahl derer groß, die wie ich Frostbeulen sowohl an den Fingern als auch im Gesicht hatten.

Am 19. März desselben Jahres kehrte ich gesund ins Findelhaus zurück! O Wunden, warum brauchtet Ihr nicht zwei Tage länger, um zu heilen?

Am 20. März ging ich wieder in die Schule; am 21. März erhielt ich mittags folgende Anweisung von der Aufsichtsperson: »Lucheni, nehmen Sie Ihre Bücher mit.« (Mittags ließ man die Bücher in der Schule liegen; erst abends nahm man sie mit zurück ins Heim.)

Ich war wie vom Blitz getroffen, weil ich mir fast sicher war, daß diese Anweisung meine Entlassung aus dem Heim bedeuten mußte, und das um so mehr, als ich beobachtet hatte, daß schon mehrere Kinder wenige Stunden, nachdem sie die gleiche Anweisung erhalten hatten, das Heim verlassen haben.

Meine Kameraden dachten sich, mir eine Freude zu machen, als sie den betreffenden Bescheid vorwegnahmen, der mir noch gar nicht offiziell mitgeteilt worden war.

»Du hast Glück, Pariser, denn schon morgen wirst du im Haus eines Bürgers leben«, riefen sie mir zu.

Zurück im Heim, mußte ich meinen kurzen Mantel ausziehen und ihn zusammen mit den Schulbüchern einer Aufsichtsperson übergeben.

Die Heimleitung erlaubt es nicht, daß Kinder, die das Heim verlassen, diese wertvollen Gegenstände mitnehmen.

Nachdem ich diese Sachen abgegeben habe, werde ich, ohne daß man mir die Zeit gelassen hätte, etwas zu essen, zur Heimleitung gebracht. Beim Betreten des Büros sah ich einen Menschen, wie ich ihn, zum Teil wegen seines Aussehens, zum Teil wegen seiner Kleidung, nie zuvor gesehen zu haben glaubte.

Er war deutlich kleiner als der Durchschnitt; er hatte einen gelblichen Bart, der so lang war wie der Bart alter Mönche; er dürfte wohl nie gekämmt worden sein. Das wenige, was ich von seinem hageren Gesicht erkennen konnte, war leichenblaß. In der einen Hand hielt er einen alten, schmutzigen, zerknitterten Hut, den sich selbst ein Bettler geweigert hätte aufzusetzen.

Dieser BÜRGER, der einem Hanswurst glich, trug einen Mantel, auf dem ich nicht nur verschiedene Stoffstücke erkennen konnte, die Löcher verdeckten, sondern ich sah auch Löcher, über denen keine Stoffstücke aufgenäht waren. Auch wenn am Kragen seines schmutzigen Hemdes ein Knopf angebracht war, so war dieser doch im Moment zu nichts nütze. Aus den sehr dicken Sohlen seiner roten (einstmals schwarzen) Schuhe schauten Nagelköpfe heraus, die größer waren als die, mit denen man die Hufeisen von Pferden befestigt.

Ich weiß nicht, ob ich bereits in diesem Augenblick instinktiv spürte, daß man meine Existenz zerstören würde. Tatsache jedoch ist, daß ich allein wegen der Anwesenheit dieses Menschen, von dem ich noch nicht wußte, ob ich mit ihm zusammen das Heim verlassen würde, anfangen mußte zu weinen. Allerdings war dieses Schluchzen nicht vergleichbar mit dem für einen achtjährigen Jungen typischen Weinen, sondern diese Tränen kamen aus meinem tiefsten Inneren.

Als ich merkte, daß dieser Mensch mich aufmerksam musterte und der Direktor ihm meine Qualitäten schilderte, ist es mir schließlich gelungen, folgende von Schluchzern unterbrochene Worte auszusprechen: »Herr Direktor, bitte haben Sie die Güte, meinen Vater Monici, der in der Via Naville Nr. 20 wohnt, davon in Kenntnis zu setzen, daß ich das Heim verlassen soll. Er hat mir hoch und heilig versprochen, mich in diesem Fall zu sich nach Hause zurückzuholen; bitte, sagen Sie ihm Bescheid, oder erlauben Sie mir, selbst hinzulaufen, um es ihm mitzuteilen; ich weiß genau, wie ich von hier in die Via Naville komme.«

»Das hier ist Ihr Vater.«

So lautete die Antwort des Direktors, und er hatte diese Wörter im höchsten Ton ausgesprochen, über den seine

Stimme verfügte; während er diese Wörter aussprach, zeigte er mit dem Finger auf die Gestalt.

In diesem Moment hielt ich meine Mütze in der rechten Hand; im nächsten Augenblick faßte ich sie mit beiden Händen, führte sie entschlossen zum Mund und biß wütend das Abzeichen des Heims ab.

Mit einemmal hörte ich auf zu weinen und fing an zu lachen. Warum lachte ich, warum hatte ich geweint? Sechzehn Jahre später sollte ich es wissen! Eigentlich müßte ich sagen: sollte MAN es wissen...

Ich sah, wie der Direktor der Gestalt ein kleines Heft überreichte. Und indem er sich zu mir umdrehte, sagte er: »Folgen Sie ihm!«

Ich sagte bereits, daß ich aufgehört hatte zu weinen. Als ich jedoch die Tür erreichte, die mich für immer vom Heim fernhalten sollte, mußte ich wieder zu weinen anfangen.

Meine lauten Schluchzer hatten zur Folge, daß der Hausmeister, als wir hinausgingen, folgende Worte sagte, die ich noch heute genau im Ohr habe: »Jetzt arbeite ich seit fünfzehn Jahren hier; ich habe schon Hunderte von Kindern das Heim verlassen sehen, aber alle waren sie glücklich. Heute sehe ich zum erstenmal ein Kind, das weint, weil es das Heim verläßt.«

Und bedauerlicherweise sollte ich auch allen Grund dazu haben!

*

Jedesmal, wenn ich seither an diesen Tag zurückgedacht habe, an dem ich das Heim verließ, habe ich mich immer wieder aufs neue gewundert und gefragt, warum ich Nicasi (so lautete der Name des ruchlosen Individuums) nicht davongelaufen bin, um zu den Monicis zu laufen. Ich denke schon, daß ich die Absicht hatte, es zu tun, sie war aber nicht stark genug ausgeprägt, um diesen Akt des Ungehorsams zu begehen.

Ich muß nachdrücklich bemerken, und man wird noch reichlich Gelegenheit haben, sich davon zu überzeugen, daß ich mein Unglück gerade der Tatsache zuschreiben muß, immer ein Kind gewesen zu sein, das sich gehorsam seinem Schicksal ergab. Hätte ich nämlich während meiner Kindheit und Jugendzeit damit begonnen, den Bösewicht zu spielen, zu stehlen, anderen Menschen Leid zuzufügen, dann hätte man mit Sicherheit nicht gezögert, mich in eine Besserungsanstalt einzuliefern.

Wie viel hätte mir das genützt! Nachdem ich dort eine Kindheit verlebt hätte, die unendlich viel glücklicher gewesen wäre, als die meine es war, wäre ich sicherlich mit dem notwendigen Rüstzeug entlassen worden, das es mir ermöglicht hätte, wie man so schön sagt, meinen Weg in der Welt zu machen.

Ach, wenn die Kinder nur wüßten. Und ebendieses Wissen war es, das mir fehlte. Und wie konnte ich ahnen, daß man nur dann Beschützer in dieser Welt findet, wenn man für sie gefährlich wird. Bedauerlicherweise entspricht das der Wahrheit! Der Beweis hierfür ist die Tatsache, daß die Guten, anstatt Beschützer zu finden, zur Beute von Unterdrückern werden.

Allerdings mußte ich fünfundzwanzig Jahre alt werden, um zu dieser Einsicht zu gelangen: leider ein wenig zu spät!

*

Während wir die Stadt verließen, knabberte ich an einer Orange, die mir der Bürger gekauft hatte, um meinen Kummer zu mildern. Ich zögerte einen Augenblick lang, bevor ich den Verruchten, der gerade mein Leben zerstört hatte, »Vater« nannte; da ich jedoch noch nicht wußte, was ich zu erleiden haben würde, gebrauchte ich dennoch diesen Titel, um mich bei ihm für die Orange zu bedanken.

Mein neuer Vater wohnte in Varano de' Melegari, einem

fünfundzwanzig Kilometer von Parma entfernten Haufendorf mit ungefähr hundert Einwohnern.

Wir legten die Strecke zu Fuß zurück. Da ich nicht an derartig lange Fußmärsche gewöhnt und die Straße zudem noch schlammig war, mußte mein Bürgersmann von Zeit zu Zeit anhalten, damit ich mich ausruhen konnte; er hatte auch die Güte, mich mehrmals auf seinen Schultern zu tragen.

Als wir das Dorf erreichten, in dem Nicasi wohnte, war es schon dunkel. Wir betraten einen Platz, der von verfallenen Hütten umgeben war, die aber noch von den acht ärmsten Familien das Dorfes bewohnt wurden.

Die Wohnung der Nicasis in einer der besagten Hütten bestand aus einem einzigen großen Raum, der als Küche, Eßzimmer, Schlafzimmer, als Lager für die Lumpen und als Hühnerstall gleichzeitig diente, denn in einer der Ecken sah ich drei Hühner auf einer Stange sitzen.

Die Wände, die niemals verputzt worden sind, waren vollkommen schwarz vom Rauch. Vor das einzige kleine Fenster war ungeöltes Papier gespannt.

Da der Raum keinen Kamin hatte und der Fußboden aus der nackten Erde bestand, auf der die Hütte errichtet worden war, befand sich die Feuerstelle mitten im Raum. Als wir in die Hütte eintraten, brannte dort ein riesiges Feuer. Das war der einzige Überfluß, dessen sich diese armen Familien dank der umliegenden Wälder erfreuten.

Neben dem großen Feuer saß auf einer Bank eine kleine, sehr magere alte Frau, die Werg spann.

Sie hatte ein spitzes Kinn, das mindestens sechs Zentimeter aus dem hageren Gesicht vorstand; später erfuhr ich, daß dieses vorspringende Kinn auch der Grund dafür war, weshalb die Nachbarn ihr den Spitznamen »Schnepfe« gegeben hatten.

An ihrer Nase, die die Form eines Papageienschnabels hatte, hing immer ein schwarzer Tropfen, der ab und zu auf das Kinn hinunterfiel, von wo er mit dem Handrücken weggewischt wurde.

Da sie ihren Rock bis zu den Knien hochgeschnürt hatte, bot sich mir beim Eintreten der Anblick zweier nackter bläulicher Beine dar, die so trocken waren wie welkes Laub.

Ich war völlig erstaunt und konnte nicht verstehen, wie diese Alte die Hitze so nah am Feuer ertragen konnte. Da ich bisher nie ein so großes offenes Feuer in einem Raum gesehen hatte und an glimmende Glut in einem Ofen gewöhnt war (die Monicis hatten einen kleinen Kohleofen), hielt ich mich so weit wie nur irgend möglich vom Feuer fern. Trotzdem schlug mir die Hitze so sehr entgegen, daß ich mich überhaupt nicht ruhig halten konnte, und das um so weniger, als ich fast am Rauch erstickte.

Als sie meine Verwirrung bemerkte, öffnete meine neue Mutter (die Alte war niemand Geringeres als die Nicasi) ihren zahnlosen Mund, so daß ich zum erstenmal den schrillen Ton ihrer gellenden Stimme hörte. Mit gespieltem Mitleid sagte sie zu mir: »Meine armen Kinder! Nie nehmen sie die Wärme wahr. Dabei verrichten wir doch nur ein wohltätiges Werk, wenn wir sie aus dem Heim holen. Dafür schulden sie uns Dankbarkeit.«

Sicher, hätte mein Leben lediglich der Wärme des Feuers bedurft, dann hätte ich dem Heim und den Monicis nicht nachzutrauern brauchen.

Nachdem mein neuer Vater mir meine Mütze aus der Hand genommen hatte, war er zu einer Holzkiste gegangen, aus der er getrocknete Kastanien herausholte, mit denen er meine Mütze füllte: »Ich gebe sie dir roh, um dir eine Freude zu machen. Ich weiß nämlich, daß Kinder sie am liebsten so essen«, sagte er zu mir.

Das war alles, was ich zum Abendessen bekam. Der süße Geschmack dieser Mahlzeit in Verbindung mit meinem Hunger – ich hatte den ganzen Tag über nichts gegessen als meine zwei kleinen Brötchen und die Orange – hatte ausgereicht, um mich einen Augenblick lang all meine Sorgen vergessen zu lassen. Man wird mir also ohne weiteres glauben, wenn ich sage, daß ich beim Essen einen Lärm machte wie ein ganzes Infanterieregiment, das wild drauflosschießt. Auch Nicasi aß Kastanien; ich sah, wie er sie mit einem Metallöffel aus einer Holzschüssel herausfischte. Er machte beim Essen keine Geräusche, weil seine Kastanien gekocht waren.

»Heute ist es schon zu spät; sie werden schon abgeschlossen haben; wir können ihm hier etwas herrichten.«

Was bedeuteten diese Worte, die Nicasi zu seiner Frau sagte? Sie bezogen sich zweifellos auf etwas, das irgendwie mit mir in Beziehung stand. Denn während er diese Worte sagte, sah ich, wie Nicasi zwei Säcke mit Lumpen auf der Erde übereinanderlegte, und indem er einen alten Mantel von der Wand nahm und auf die beiden Säcke zeigte, sagte er zu mir: »Heute nacht schläfst du hier; morgen habe ich was Besseres für dich. Nimm«, sagte er, indem er mir den alten Mantel hinhielt, »du kannst ihn als Zudecke benutzen; du brauchst dich nicht auszuziehen.«

Ich sah ihn erstaunt an, ohne allerdings mit dem Kauen der Kastanien aufzuhören. Das Feuer, das am Ende nur noch glühte, war jetzt mit Asche bedeckt. In einer Ecke, in der ich beim Schein des Feuers ihr Bett gesehen zu haben glaubte, hörte ich, wie die Nicasis miteinander tuschelten. Ich hingegen dachte, während ich in dieser für mich völlig neuen Art von Bett lag, an das Bett, das im Heim auf mich wartete, und an meine Kameraden, die sich im Moment ganz sicher darüber unterhielten, was für ein Glück mir widerfahren war.

Ach, wenn sie doch nur sehen könnten, worauf man bei den Bürgern schläft, sagte ich zu mir selbst, dann würden sie schnell den Wunsch aufgeben, das Findelhaus zu verlassen.

Sechs Jahre sollten vergehen, bis ich wieder in einem Bett schlafen würde. Und von diesem Abend an durfte ich mich nicht nur vom Bett und von neuen Kleidern verabschieden, sondern auch von einer Gepflogenheit, die darin bestand, jeden Sonntag mein Hemd zu wechseln. Bevor ich nach diesem Tag, an dem mir zwar nichts Schlechtes zugestoßen war, der aber so unheilvoll für meine Zukunft sein sollte, in meinen unruhigen Schlaf falle, möchte ich berichten, wer dieser Nicasi eigentlich war und warum er ein drittes Kind aus dem Heim geholt hatte.

*

Sicher ist es nicht Nicasis Schuld, wenn er, genau wie ich, nur wenige Tage nach seiner Geburt in einem Findelhaus untergebracht wurde. Genausowenig ist es seine Schuld, wenn die Person, die ihn bei sich aufgenommen hatte, um ihn zu erziehen, die gleichen Absichten hegte wie er, als er mich aus dem Heim holte, nämlich einen finanziellen Vorteil daraus zu ziehen. Auch Nicasi hatte eine unglückliche und verwahrloste Kindheit verlebt. Denn nach allem, was ich über ihn erfahren konnte, hat er sich teils als Bettler, teils als Schäfer im Dienste unterschiedlicher Familien in verschiedenen Dörfern verdingt.

Als ich zu ihm kam, war Nicasi einundsechzig Jahre alt; seine Juno war genauso alt. Überflüssig zu erwähnen, daß er weder lesen noch schreiben konnte und keinen Beruf gelernt hatte.

Nur wenn er mit seinem Sohn zusammen Lumpen einkaufen ging, arbeitete er mal bei dem einen, mal bei dem anderen Bauern als Tagelöhner auf dem Feld.

Mit zweiundzwanzig Jahren hatte er geheiratet. Aus dieser Ehe waren zwei Kinder hervorgegangen, ein Junge und ein Mädchen.

Als ich zu den Nicasis ins Haus kam, arbeitete ihre Tochter, die neunundzwanzig Jahre alt war, als Dienstmagd in einem anderen Dorf. Der dreiunddreißigjährige Sohn – fast ein Zwerg – hatte keinen Beruf erlernt und konnte nicht als

Handwerker arbeiten, weil er sehr stark humpelte. Er zog mit einem kleinen Geldbetrag ausgestattet durch die verstreut liegenden kleinen Dörfer in den umliegenden Bergen, um dort Lumpen zu kaufen. Aber hinter dieser Betätigung verbarg sich im Grunde genommen nichts anderes als eine unterschwellige Form von Bettelei.

Ich kann mich noch daran erinnern, daß er mit zwei oder drei Franken, die er mit besagter Ware verdient hatte, tatsächlich einen ganzen Monat lang außer Haus blieb; und bei seiner Rückkehr (er blieb nie länger als ein paar Tage) war er immer mit kleinen vertrockneten und verschimmelten Brotstücken beladen, aus denen die alte Nicasi eine Brotsuppe kochte – wirklich außergewöhnliche Brotsuppen, denn je nachdem, welches Mehl man für das Brot verwendet hatte, unterschieden sich all diese Brotstücke voneinander. Wenn der Sohn von seinen Wanderungen zurückkam, waren das bei den Nicasis die Schlemmertage.

Beide Kinder waren unverheiratet; aber nur wenige Monate, nachdem ich in dieser Familie aufgenommen worden war, hatte der Sohn eine Ehefrau und die Tochter einen Ehemann.

Neben seinen leiblichen Kindern hatte Nicasi schon zwei Heimkinder großgezogen: ein Mädchen und einen Jungen. Sie hatten sie beide in einem Alter aus dem Heim geholt, in dem seine Frau ihnen noch das aus ihren kümmerlichen Brüsten zu trinken geben konnte, was ihre eigenen Kinder übriggelassen hatten. Von dem Tag an, an dem das Heimmädchen laufen konnte, mußte es sich bei einem benachbarten Bauern als Schäferin verdingen. Diesen Beruf sollte die Unglückliche bis zu dem Tag nicht mehr wechseln, an dem der Tod sie ereilt hat: Er raffte sie mit achtzehn Jahren hinweg.

Bei dem Heimjungen trug Nicasi dafür Sorge, daß er einen Beruf erlernte, und zwar den des Schneiders. Ich müßte zu weit ausholen, wollte ich hier berichten, unter welchen Bedingungen das Kind diesen Beruf erlernte. Ich beschränke mich also darauf anzumerken, daß Nicasi unmittelbar seinen Nutzen daraus zog, was natürlich auch für den Lehrmeister galt.

Dieses Kind, das in der Zwischenzeit keines mehr war, hatte bereits geheiratet und selbst Kinder. Es hatte seinen eigenen Hausstand gegründet. Und abgesehen von dem Geschenk in Form von mehreren Kilo Maismehl, das es ihnen gelegentlich zukommen ließ, hatte es nichts mehr mit den Nicasis zu tun.

Als Nicasi mich aus dem Heim zu sich nach Hause holte, lebte er in vollkommenem Elend. Er mußte unbedingt fünf oder sechs Franken auftreiben, die er seinem Vermieter schuldete, sonst hätte er sogar aus dem Elendsquartier ausziehen müssen. Der Maishändler wollte ihm keinen Kredit mehr gewähren, weil er ihm schon das Geld für mehrere Maß schuldete; und zu dieser Jahreszeit hätte er auch sicher keine Tagelöhnerarbeit gefunden. Was sollte er also tun?

Hätte Nicasi in einem Land gelebt, in dem die Sklaverei nicht verboten ist, das heißt in dem die Menschen noch einen bestimmten Preis haben, dann wäre er sicherlich schlichtweg deshalb nicht auf den Gedanken gekommen, einen Sklaven zu sich zu nehmen, um seine Lage zu verbessern, weil er zunächst einmal im Besitz des notwendigen Geldes gewesen sein müßte, um sich einen Sklaven kaufen zu können.

Da er jedoch das Glück hatte, in einem zivilisierten Land zu leben, war genau das sein Gedanke, den er dann auch in die Tat umsetzte. Er mußte sich daran erinnert haben, daß es in Parma ein Findelhaus gab, das jeder Person unter der Bedingung Geld bezahlte, daß sie eines der Wesen bei sich aufnimmt, die zu beherbergen das Haus dem Gesetz nach verpflichtet ist, und daß diese Person bekunden kann, geistig nicht zurückgeblieben zu sein.

Welche Dokumente fehlten Nicasi, um sich an dem Schalter dieser Bank anstellen zu können? Gemäß den für diese Einrichtung geltenden Vorschriften benötigte Nicasi eine vom Bürgermeister unterzeichnete Bescheinigung, in der ihm bestätigt wird, daß er imstande ist, das Kind, das er zu sich nehmen will, zu ernähren, zu beherbergen, zu kleiden, zu erziehen und es einen Beruf erlernen zu lassen.

Aber, frage ich noch einmal, was nützt es, wenn die geltenden Vorschriften zwar gut, aber tote Buchstaben sind? Ich will es ein für allemal sagen: Solche Vorschriften dienen lediglich dazu, demjenigen, der unter deren Mißachtung zu leiden hat, reichlich Gründe dafür an die Hand zu geben, die Verantwortlichen zu hassen, und das um so mehr, als er noch nicht einmal darauf hoffen darf, daß das an ihm begangene Unrecht wiedergutgemacht wird.

Denn wo gibt es das Gericht, bei dem diese Art von Klage vorgebracht werden kann? Angesichts der Auswirkungen, die sie für das Leben desjenigen haben, der Opfer von derlei Mißachtungen geworden ist, hätten es diese berechtigten Klagen verdient, gehört zu werden.

Was mich persönlich betrifft, so muß ich sagen, daß ich mir exakt von diesem Tag an über die nicht wiedergutzumachende Ungerechtigkeit bewußt war, die man meiner Kindheit antat. Man nimmt dem Kind das, was ihm von Gesetzes wegen zusteht. Unter diesem Verlust sollte ich mein ganzes Leben lang leiden. An diesem Tag verspürte ich den ersten der zahlreichen Stöße, die mich, trotz meines heftigen Widerstandes, den Abgrund hinunterstürzen ließen.

Dieser Absturz wäre zugegebenermaßen nicht weiter von Belang gewesen und wohl auch von denen völlig unbemerkt geblieben, die mir die Ehre zuteil werden ließen, mich als ihresgleichen zu betrachten, wenn er nicht Unvorhersehbares mit sich gebracht hätte…

*

Es dürfte deutlich geworden sein, daß Nicasi in gar keinem Fall in der Lage gewesen ist, die Anforderungen des Heims für die Überantwortung eines seiner Zöglinge zu erfüllen.

Dennoch wäre es falsch von mir, in diesem Punkt – aber eben auch nur in diesem Punkt – die Verantwortung für den Fehler allein der Heimleitung zuzuschreiben, denn sie beschied Nicasis Anfrage positiv, weil er im Besitz der vorgeschriebenen Bescheinigung war. Und selbst wenn die in dieser Bescheinigung enthaltene Beschreibung von Nicasis materieller Situation nicht vollständig den Vorschriften entsprochen haben sollte, so glaube ich doch, daß sie den Anforderungen sehr nahe kam. Aber auch wenn die Heimleitung natürlich nicht wissen konnte, ob dieser Bürger tatsächlich über die ihm zugeschriebenen Attribute verfügte, so hätte doch meiner Meinung nach allein sein Aufzug – der nun wahrlich nicht den Anschein eines noch so bescheidenen Wohlstands erweckte – ausreichen müssen, um ihm nicht nur das zu verweigern, wonach er verlangte, sondern auch den Zugang zum Heim überhaupt. Um aber so zu handeln, hätte die Heimleitung dem Leben seiner Schutzbefohlenen einen höheren Stellenwert beimessen müssen.

Was Nicasi betrifft, so fällt es nicht schwer, sich vorzustellen, daß es ihm ziemlich gleichgültig war, ob dem Kind nun tatsächlich die von seiten des Heims vorgeschriebene Fürsorge zuteil wurde oder nicht. Hätte er, der noch nicht einmal dazu in der Lage war, jemanden angemessen zu beherbergen, es ansonsten gewagt, sich ein Kind anvertrauen zu lassen? Und gerade weil er sich seiner Armut bewußt war, wollte Nicasi kein zwei- oder dreijähriges Kind zu sich nehmen, für das er zwar acht oder zehn Franken pro Monat erhalten hätte, dem er im Gegenzug aber auch eine gewisse Pflege hätte angedeihen lassen müssen. Lieber gab er sich mit einem älteren Kind zufrieden, das ihm zwar nur fünf Franken einbrachte, aber dazu imstande war, völlig allein zurechtzukommen.

Demzufolge muß man den Bürgermeister, der Nicasi die Bescheinigung ausstellte, für den Verstoß verantwortlich machen. Und dieser Verstoß ist um so gravierender, als er, wäre er ein seines Amtes würdiger Amtsinhaber gewesen, reichlich Gelegenheit und Zeit gehabt hätte, seinen Fehler wieder wettzumachen, indem er mich ins Heim hätte zurückbringen lassen. Denn es bedurfte nun wirklich keiner großen Mühe zu sehen, wie sehr mich die Nicasis verwahrlosen ließen...

Man muß jedoch wissen, daß der Bürgermeister deshalb nicht seine Pflicht erfüllt hat, weil er ein persönliches Interesse daran hatte, es nicht zu tun. Nicasi sollte nämlich tatsächlich diesem ruchlosen Individuum mein Heft aus dem Heim überlassen: Dieser unwürdige Amtsträger würde also die monatlich eingehenden fünf Franken erhalten. Denn der Bürgermeister war niemand anderes als der bereits weiter oben erwähnte Maishändler: Trigoni Casteme lautete sein Name. Ein Name, den ich immer verabscheut habe.

*

Als ich am nächsten Morgen aufwachte, brauchte ich einige Zeit, bis ich begriff, daß ich auch wirklich wach war.

O weh, was für eine Veränderung meiner sowieso schon ziemlich traurigen Lebensumstände war innerhalb von nur vierundzwanzig Stunden eingetreten!

Diese Veränderung vermag denjenigen, die dies wünschen, reichlich Stoff zum Nachdenken zu bieten. Ich bin mir jedoch sicher, daß man eigentlich gar nicht lange nachdenken muß, um zu der Überzeugung zu kommen, daß man einen großen Fehler begeht, wenn man dieser Veränderung keine der zahlreichen Konsequenzen zuschriebe, die mich dahin gebracht haben, wo ich jetzt bin.

Wer hätte denn in diesem traurigen Kind, das da vollständig bekleidet auf dem Boden lag, wo es die Nacht verbracht hatte, und das sich ständig am ganzen Körper kratzte, als hätte es die Krätze, dasselbe Kind erkannt, das gestern zur gleichen Zeit sorgfältig seine Kleider ausbürstete, seine Schuhe wichste und, glücklich darüber, nach einmonatiger Abwesenheit endlich wieder mit seinen Kameraden zusammen zu sein, wohlgemut seinen Schulunterricht vorbereitete?

Gestern hatte das Leben dieses Kindes noch einen gewissen Wert, denn obwohl es das Unglück hatte, seinen leiblichen Eltern entrissen worden zu sein, genoß es doch den Schutz der ganzen Gesellschaft.

Heute besaß dasselbe Leben keinen Wert mehr, denn die Nachlässigkeit eines Amtsträgers – bei der es sich, das muß hier wiederholt werden, um eine bewußte Nachlässigkeit handelte – hatte gereicht, um es plötzlich ausnahmslos aller seiner Beschützer zu berauben, den Himmlischen Vater hierin mit eingeschlossen. (Da er heute davon überzeugt ist, daß dieses edle Wesen nichts tun konnte, um dieses Unglück zu vermeiden, lobpreist er dessen Namen, denn er hat es verdient; würde er jedoch an die Macht glauben, die man ihm zuschreibt, dann würde seine Verehrung sofort in Verachtung für dieses Wesen und seinen ganzen Anhang umschlagen.) Das verstoßene Kind kam also nicht einmal mehr in den Genuß des Schutzes desjenigen, über den es gelernt hatte, daß er die kleinen Kinder so sehr lieben würde. Außer in Schimpfwörtern sollte nie mehr von ihm die Rede sein, und das trotz der inständigen Gebete des Unglücklichen, in denen er ihn anflehte, man möge ihn nicht aus dem Heim fortbringen. Denn obwohl er noch nicht wußte, welches furchtbare Schicksal er erleiden würde, sagte ihm sein noch junger Instinkt ganz deutlich, daß man ihm damit etwas Böses antat; ebendeshalb hatte er den Allmächtigen auch angefleht, aber es war vergeblich.

Gestern hätte man noch ohne weiteres sagen können, daß dieses Kind später einmal einen Beruf erlernen würde, so daß es die Möglichkeit besäße, rechtschaffen seinen Lebensunterhalt zu verdienen und glücklich genug zu werden, um die traurigen Begleitumstände seiner Geburt zu vergessen. Auf diese Weise würde es auch keine Bekanntschaft mit dem Haß machen, den die sozialen Ungerechtigkeiten erzeugen. Denn hatte nicht auch er ein wenig am Glück teil? Ja, durch die Art und Weise, wie er im Heim erzogen worden war – die, das sollte nicht vergessen werden, den geltenden Vorschriften entsprach – hatte er seinen Teil erhalten, den ihm angemessenen Teil.

Nach dieser ersten Nacht dagegen war es schwer, vorherzusehen, was die Zukunft für dasselbe Kind bereithielt. Und hätte man irgend etwas vorhersehen können, ohne daß sofort das Wort GEFÄNGNIS auftaucht?

Ich will aber nicht vorgreifen.

*

Ich sah, wie Nicasi vor der Feuerstelle kniete und kräftig in die Glut blies, um das Reisigbündel, das er darübergelegt hatte, zum Brennen zu bringen. Er achtete darauf, mit der einen Hand seinen Bart gegen die Brust zu drücken.

Nachdem das Feuer entfacht war, legte Nicasi zwei Gegenstände in die Glut, die aussahen wie zwei kleine Tonscheiben; aber der Ton, aus dem sie bestanden, mußte eßbar sein, denn Nicasi, der mir gesagt hatte, daß ich aufstehen solle, ohne mich allerdings zu fragen, ob ich gut geschlafen hatte, sagte zu mir, indem er mit einem glimmenden Holzstück eine der Platten berührte: »Die ist für dich, warte, bis sie durchgebraten ist, dann kannst du sie essen.«

Als ich wenig später sah, daß er große Stücke von der anderen Scheibe abbiß, nahm ich die, die er mir zugedacht hatte, und tat es ihm gleich. Ich aß nicht zum erstenmal Polenta, denn auch bei den Monicis gab es sie von Zeit zu Zeit zu essen. Dennoch unterschied sich die Polenta, die ich gerade aß, grundlegend von allen vorherigen. Abgesehen davon, daß sie säuerlich schmeckte, sah ich auch noch feine weiße Fäden, die sich hartnäckig weigerten, der übrigen Polenta auf ihrem Weg in meinen Mund zu folgen.

Es dürfte eigentlich überflüssig sein zu erwähnen, daß die Scheibe nicht etwa deshalb Fäden zog, weil sie Parmesan enthielt. Es handelte sich schlichtweg um Fäden, die sich gebildet hatten, weil die Platte so alt war. »Schmeckt dir die Polenta?« fragte mich Nicasi.

»Ja, Vater, und um Ihnen das auch zu beweisen, tue ich alles, um sie auch aufzuessen.«

»Oh, nein, nein! Du brauchst dich nicht zu zwingen; im Gegenteil, ich rate dir sogar, ein Stück aufzubewahren, das du dann später ißt.«

Ein paar Minuten danach verließ Nicasi, der sich einen Mehlsack unter den Arm geklemmt hatte, das Elendsquartier und sagte mir, daß ich ihm folgen solle. Nach einer Viertelstunde erreichten wir eine Häusergruppe. Über der Tür von einem dieser Häuser war ein Schild angebracht, auf dem in großen Buchstaben geschrieben stand: MUNICIPIO (Rathaus).

Nicasi blieb stehen und klopfte an diese Tür. Nachdem der Bürgermeister kurz aus dem Fenster oberhalb der Tür herausgeschaut hatte, um sich zu überzeugen, wer da an der Tür stand, öffnete er uns persönlich.

»Ich bin froh, daß Sie erfolgreich waren«, sagte der Bürgermeister, während er mich ansah und nachdem er höflich die Begrüßung Nicasis erwidert hatte. Dieser kramte mit der einen Hand in einer seiner Taschen herum und zog das Heft heraus, das er tags zuvor vom Heimleiter erhalten hatte, um es dem Bürgermeister zu überreichen. Der Amtsträger griff es hastig und blätterte darin herum. Nach einer flüchtigen Überprüfung steckte der Bürgermeister es ein und ging mit uns lächelnd in einen Raum, in dem riesige Mengen Mais lagerten.

Immer noch lächelnd, wies der Amtsträger Nicasi an, seinen Sack zu öffnen, in den er dann zwei genau abgemessene Scheffel Mais kippte. Ich hörte, wie der Bürgermeister Nicasi beglückwünschte, indem er zu ihm sagte: »Sie haben Glück gehabt, denn sie haben Ihnen einen gegeben, der schon lesen und schreiben kann; demnach werden Sie auch die Prämie erhalten.«

»Habe ich es Ihnen nicht vorhergesagt?« antwortete mein Bürger, indem er sich den Sack auf seine Schulter lud und den Raum verließ, um den Inhalt zum Mahlen in die Mühle zu bringen.

»Geh zum Haus zurück«, sagte Nicasi zu mir, als er sah, daß ich ihm folgte, »und sag Deiner Mutter, daß ich zur Mühle gegangen bin, daß ich in zwei Stunden wieder zurück sein werde und sie schon mal den Kochkessel bereitstellen soll.«

Ich ging also zum Haus zurück. Die wenigen Dorfbewohner, denen ich begegnete, waren alle vollkommen erstaunt, einen wie einen Soldaten bekleideten kleinen Jungen zu sehen (die Uniform aus dem Heim ähnelte sehr der Uniform der Infanterie). Ich hörte, wie sie miteinander sprachen:

»Wessen Kind ist das? Wieso ist es allein hier im Dorf? Woher kommt es? Wohin geht es?«

»Ich bin das Kind von Nicasi«, antwortete ich denen, die mich direkt fragten, »und ich gehe zu dem Haus, das sich mitten in dem Weiler befindet, den Sie da oben sehen.«

»Ach, das arme Kind! Ach, das unglückliche Kind!« hörte ich sie sagen, während ich weiterging.

*

Als ich nach Hause kam, saß die Nicasi vor dem Feuer und führte gerade einen Finger in den Anus eines Huhns ein, das sie auf dem Schoß festhielt.

Kurz darauf stand die Nicasi auf und warf, nachdem sie die Tür geöffnet hatte, das Huhn wütend hinaus. Dann, nachdem sie die Tür wieder geschlossen hatte, untersuchte sie das zweite Huhn. Dieses Huhn erlitt das gleiche Schicksal wie das vorherige, abgesehen davon, daß es in höherem Bogen durch die Luft flog, weil die Wut der Nicasi in der Zwischenzeit sehr viel größer war als zuvor.

Schließlich untersuchte sie das dritte Huhn. Ich rechnete damit, daß es das gleiche Schicksal erleiden würde wie seine beiden Vorgängerinnen, und bedauerte fast, nicht zu sehen, wie es durch die Luft flog. Der Grund hierfür war, daß ich bisher Hühner immer nur im Käfig gesehen hatte. Aber meine Erwartung wurde enttäuscht, denn anstatt es hinauszuwerfen, setzte die Nicasi das Huhn, nachdem sie es ein wenig gestreichelt hatte, ganz vorsichtig auf den Boden vor die Holzschale, die zu drei Vierteln mit einem für mich völlig unbestimmbaren Brei gefüllt war.

Diese Untersuchung, die von der Nicasi täglich vorgenommen wurde, bevor sie ihre drei Hühner in die Freiheit entließ, diente dem Zweck, nachzuprüfen, ob Legetag war oder nicht.

Die Nicasi war so rücksichtslos mit den ersten beiden Hühnern verfahren, weil sie an diesem Tag kein Ei gelegt hatten; da das dritte Huhn einige Stunden später ein Ei legen würde, sollte es die Wohnung so lange nicht verlassen, bis es sein Ei abgeliefert hatte.

Im Anschluß an diese Untersuchung entschied sich die Nicasi in der Regel, welche Laune sie tagsüber haben würde, gute oder schlechte, je nach Untersuchungsergebnis. Da es schließlich um etwas ging, hatte meine Mutter nicht völlig unrecht, wenn sie in Wut geriet.

Man muß nämlich wissen, daß die drei Hühner diesem bürgerlichen Haus äußerst dienlich waren, denn dank des Erlöses aus dem Verkauf dieser Eier konnte die Nicasi das Salz für die Polenta und die Brotsuppe kaufen; und, was überhaupt das Wichtigste war, ihren Schnupftabak.

Was für fürchterliche Grimassen sie zog, wenn sie nieste!

Ich meine sie noch vor mir zu sehen. Diese Grimassen hätten spielend ausgereicht, um alle Kinder der zehn Findelhäuser zusammengenommen in Angst und Schrecken zu versetzen.

Nachdem sie die interessante Untersuchung beendet hatte, schickte mich die Nicasi, der ich gerade die mir aufgetragene Botschaft übermittelt hatte, mit einem alten, schmutzigen Kessel und einer Holzkelle an den Boccolo, einen kleinen Fluß, der am Fuße des Hügels entlangfloß, auf dem sich der Weiler befand, um dort Wasser zu holen.

Als ich zurückkam, hängte die Nicasi den Kessel über das Feuer, indem sie ihn in der Mitte einer Eisenstange befestigte, die auf zwei großen Steinen auflag.

Als Nicasi schließlich mit dem Mehl zurückkehrte, kochte das Wasser schon lange. Nach einer halben Stunde dampfte auf dem Deckel der alten Kiste, die als Tisch diente, eine große Polenta, die für mich wegen ihrer Form und ihrer Farbe dem Mond ähnelte.

Die Nicasi hatte die Polenta gemacht, ohne das Mehl zu sieben – so war sie nahrhafter –, was mich ein wenig überraschte. Denn ich erinnerte mich, daß die Monici, wenn sie eine Polenta zubereitete, immer darauf achtete, das Mehl zweimal durchzusieben, wobei das eine Sieb feiner war als das andere. Auch erinnerte ich mich daran, daß es bei den Monicis immer etwas dazu zu essen gab, während bei den Nicasis nur dann von Schwelgerei die Rede sein konnte, wenn man sich ausschließlich mit Polenta zufrieden gab. Jede andere Speise, mit Ausnahme einer dürftigen Gemüsesuppe am Sonntag und einer Brotsuppe an solchen Tagen, an denen mein Bruder heimkehrte, war bei diesen Bürgersleuten unüblich.

Während der drei Jahre, in denen ich bei den Nicasis lebte, habe ich nicht ein einziges Mal gesehen, daß Brot gebacken wurde, was in den anderen sieben Familien, die im Weiler wohnten und die als die ärmsten galten, recht häufig vorkam. Kurz gesagt, die Familie Nicasi war die ärmste unter den armen Familien.

*

Am Abend desselben Tages klärte sich die Bedeutung der Worte vollständig auf, die Nicasi tags zuvor in bezug auf meinen Schlafplatz geäußert hatte.

Er führte mich zu einem einsamen, ungefähr einen Kilometer vom Weiler entfernt gelegenen Pachthof. Wir trafen den Pächter, der Nicasi sehr gut zu kennen schien, im Stall, in dem zu dieser Zeit vier dicke Rinder standen.

Man schickte mich mit einem Bindfaden in den Schober, der auf der Wiese stand, damit ich dort Stroh hole. Nicasi nahm das Bündel Stroh mit in den Stall, das er in der Futterraufe ausbreitete, an der die Kühe angebunden waren, die jetzt weiter weg standen. Dann erklärte Nicasi mir, welche Arbeiten ich zu erledigen hatte, damit der Bauer mir erlaubt, jede Nacht in seinem Stall zu schlafen. Ich mußte den Stall jeden Morgen reinigen, die Strohschütte herrichten, indem ich das Stroh, auf dem ich zuvor geschlafen hatte, hinein gab, und, falls der Bauer es von mir verlangte, zum Schober gehen, um gegebenenfalls noch welches nachzuholen. Vor Einbruch der Dunkelheit mußte ich abends auf dem Bauernhof zurück sein, um mein Nachtlager herzurichten und bei den anfallenden Stallarbeiten zu helfen.

Dank dieses kleinen Vertrages, den Nicasi mit dem Pächter abgeschlossen hatte, konnte er das Kind unterbringen, das ihm von der Gesellschaft anvertraut worden war.

Eine Viertelstunde später verließen Nicasi und der Pächter den Stall und verschlossen die Tür von außen. Obwohl mein Bett im Vergleich zu dem der vorhergehenden Nacht angenehm war, gelang es mir nicht, einzuschlafen. Da ich nie zuvor mit Kühen zusammen war und ich ihr Wesen noch nicht kannte, weinte ich, weil ich fürchtete, daß sie mich fressen würden. Sie brauchten nur das kleinste Geräusch mit ihrem Halsband zu machen, und schon saß ich aufrecht in meinem Lager und gestikulierte wild herum, um den Kühen Angst einzujagen und sie wie Fliegen zu vertreiben.

Meine Angst wurde noch gesteigert durch die Mäuse, die sich nicht davon abhalten ließen, in Längsrichtung über mich hinwegzulaufen, als wäre ich ein Verbindungsweg.

*

Ich habe bereits erwähnt, daß das einzige Motiv für Nicasis Entschluß, ein Kind aus dem Heim zu sich zu holen, der finanzielle Gewinn war, mit dessen Hilfe er sein eigenes Elend zu lindern gedachte.

Von dieser Wahrheit, die angesichts der geringen Summe, die Nicasi für mich bekam, abwegig erschienen sein mag, dürfte man spätestens von dem Augenblick an überzeugt sein, in dem man erfährt, daß ich das Haus endgültig verlassen mußte. Auf jeden Fall möchte ich, falls man es vergessen haben sollte, daran erinnern, daß ich zu diesem Zeitpunkt exakt neun Jahre und elf Monate alt war. Demzufolge mußte mein Heft insgesamt neununddreißig Gutscheine enthalten. Am Ende eines jeden Monats mußte man einen dieser Gutscheine herausreißen – denjenigen, der dem zurückliegenden Monat entsprach – und ihn zum Rathaus der Gemeinde bringen, wo man im Gegenzug fünf Franken ausgezahlt bekam.

Diese Mühe konnte sich mein Bürger aus besagten Gründen ersparen.

Das Heim hat demnach insgesamt einhundertfünfundachtzig Franken in monatlichen Raten sowie die Prämie von hundert Franken an Nicasi gezahlt; das ergibt eine Gesamtsumme von zweihundertfünfundachtzig Franken. Eine in diesem Dorf, und erst recht in dieser Familie, ungeheure Summe.

Um die Prämie zu erhalten, sah sich Nicasi – zweifellos gegen seinen Willen – gezwungen, mich für einige Tage in die Schule zu schicken. Andernfalls – es sei denn, er hätte dem ehrwürdigen Bürgermeister nacheifern wollen – hätte der Schulmeister ihm nicht eine Bescheinigung darüber ausstellen können, daß ich sein Schüler war. Und obwohl dieser Bescheinigung keine große Bedeutung zukam, war sie doch unverzichtbare Voraussetzung dafür, damit ihm die Prämie ausgezahlt wurde.

Ich sage deshalb, daß ihr keine große Bedeutung zukam, weil, wie ich bereits weiter oben geschildert habe, die Heimleitung entsprechend den geltenden Vorschriften erst dann die Prämie an Nicasi auszahlen konnte, wenn ich nach zwei Jahren unter seiner Obhut eine Prüfung im Heim ablegte.

Nicasi hat mir also aus dem einfachen Grund erlaubt, bis zu den nächsten Ferien, das hieß genau für drei Monate, die Dorfschule zu besuchen, weil er ansonsten die Prämie nicht erhalten hätte. Darüber hinaus waren die Kosten, die meine dreimonatige Schulzeit verursacht hat, nicht sonderlich hoch. Der Schulmeister mochte mir sooft er wollte einschärfen, meinen Eltern zu sagen, daß sie mir dieses oder jenes Buch kaufen sollten. Das größte Zugeständnis, zu dem sie sich nach langen Diskussionen durchringen konnten, war, mir ein Ei zu geben, damit ich mir ein Schulheft kaufen konnte. Während dieser drei Monate habe ich insgesamt vier Hefte vollgekritzelt, womit sich die Kosten für meinen Schulbesuch auf vier Eier beliefen.

Obwohl es mir an Büchern und Beistand gleichermaßen mangelte, ist es mir gelungen, die beste Prüfung abzulegen (sollten einige Ungläubige dies nachprüfen wollen, dann brauchen sie sich nur nach Varano de' Melegari zu begeben und das Verzeichnis der Prüfungsergebnisse von 1882 durchzusehen), obwohl unter meinen Mitkonkurrenten auch dreizehn- und vierzehnjährige Jungen waren. Allerdings muß man auch berücksichtigen, daß man auf der Heimschule sehr viel mehr lernte als in den Dorfschulen.

Ich bin in der Dorfschule wegen eines Ereignisses in Erinnerung geblieben, das einige Journalisten nach meinem Verbrechen, als sie auf der Suche nach aufsehenerregenden Neuigkeiten waren, in Beziehung zu meinem Messerattentat stellen wollten: Als ich einmal meine Schirmmütze in die Luft warf, hatte ich unbeabsichtigt die Glasscheibe zerschlagen, die vor dem Porträt von König Humbert I. angebracht war. Das reichte diesen guten Richtern, um zu behaupten, daß ich schon damals ein Feind der Könige war...

*

Der Preis für das beste Prüfungsergebnis war eine schöne, von Ornamenten umrahmte Urkunde, in der mir bescheinigt wurde, daß ich die Fähigkeit besaß, die nächsthöhere Klasse zu besuchen.

Soll ich kurz schildern, welches Ende die Nicasi meinem Zeugnis zugedacht hat? Sie befestigte es in dem Rahmen des kleinen Fensters und ersetzte damit das alte Stück Papier. Dort sah ich es bis zum darauffolgenden Frühjahr hängen; ein verängstigtes Huhn zerriß es, als es sich einen Weg nach draußen bahnte.

In diesem Zusammenhang fällt mir ein, daß ich schon einmal in der Schule einen Preis für die beste Prüfung gewonnen hatte.

Angesichts der Folgen, die das für mich hatte, hätte ich eigentlich jeden Ansporn verlieren müssen, jemals wieder einen gewinnen zu wollen.

Und das aus folgendem Grund: Die Preise wurden in Form von Äpfeln verteilt, die, entsprechend den Kenntnissen des Schülers, groß oder klein waren. Ich hatte einen der dicksten Äpfel gewonnen. Da ich ihn der Monici schenken wollte, hatte ich den Apfel in meine Hosentasche gequetscht.

Als ich nach Hause zurückkam, mußte ich, bevor ich ins Haus ging, nach mehreren vergeblichen Versuchen, den Apfel herauszubekommen, meine Tasche zerreißen. Da ich es diesmal meinen Wangen ersparen wollte, so wie sonst immer, wenn ich meine Kleidung zerriß, ein paar Ohrfeigen von der Monici verabreicht zu bekommen, nutzte ich die Gunst des Augenblicks, in dem ich ihr den Apfel schenkte, um ihr gleichzeitig meine zerrissene Hose zu zeigen. In Wahrheit erwies sich dieser Moment als so ungünstig, daß ich es bitter bereute, nicht einen kleinen anstelle eines großen Apfels gewonnen zu haben.

Während meiner dreimonatigen Schulzeit mußte ich täglich seelische Demütigungen über mich ergehen lassen, die, wäre ich alt genug gewesen, sie zu begreifen, mehr als ausgereicht hätten, um mich den Tag verfluchen zu lassen, an dem ich geboren wurde.

Meiner Heimuniform hatte ich es zu verdanken, daß ich für meine Mitschüler zum Ziel schlimmster Gemeinheiten wurde. Sie beschränkten sich aber nicht darauf, sich mit Schimpfwörtern über mich und meine Uniform lustig zu machen, sondern sie wurden auch handgreiflich, indem sie mit allem nach mir warfen, was ihnen in die Hände fiel, wobei sie dann noch riefen:

»Cacciamo il bastardo!« (»Laßt uns Jagd auf den Bastard machen!«)

So bin sowohl ich als auch die Nicasis im Dorf immer gerufen worden. Damals dachte ich, es würde sich um einen einfachen Spitznamen handeln.

All denen, die mich darum baten, war ich bei ihren Schulaufgaben behilflich, in der Hoffnung, dadurch Freunde zu gewinnen. Doch sobald wir erst einmal das Schulgebäude verlassen hatten, vergaßen sie alle, daß ich ihnen einen Gefallen getan hatte.

Durch das Verhalten meiner Mitschüler war ich gezwungen, über Umwege zur Schule und von der Schule nach Hause zu gehen, damit ich den Handgreiflichkeiten dieser Schulkameraden entging, die so anders waren als meine Freunde im Heim.

Meine Leiden vergrößerten sich noch von dem Tag an, als ein Mitschüler, der genau hinter mir saß, Läuse über den Kragen meiner Uniform laufen sah; er schlug sofort Alarm. Diese Insekten waren bei den Nicasis sehr verbreitet, denn – ich sagte es ja bereits – ihr ältester Sohn lagerte die Lumpen in einer Ecke des Raums, bis er mindestens zwei Doppelzentner davon zusammen hatte, die er dann auf dem Markt von Parma verkaufte. Abgesehen davon unternahmen die Nicasis überhaupt nichts, um diese Insekten loszuwerden; sie beschränkten sich darauf, diejenigen zu töten, die ihnen in die Hände fielen, wenn sie sich kratzten.

Man wird mir wohl ohne weiteres glauben, wenn ich sage, daß ich zwei Wochen nach meiner Entlassung aus dem Heim schon eine große Zahl dieser Insekten mit mir herumtrug. Darüber hinaus mußten sie sich ungeheuer schnell vermehren. Da ich gezwungen war, vollständig bekleidet in einem Stall zu schlafen und aus dem einfachen Grund nie mein Hemd wechselte, weil ich nur ein einziges besaß, fühlten sie sich bei mir sichtlich wohl.

Es ist unvorstellbar, welches Leid ich von dem Tag an zu ertragen hatte, als der Mitschüler diese sechsbeinigen Untermieter bei mir entdeckt hatte. Ich wurde nicht mehr allein von den anderen Schülern beschimpft, sondern auch von Erwachsenen.

Ich erinnere mich noch (eine traurige Erinnerung, die mich noch heute tief bewegt), daß ein Kind, das im selben Weiler wohnte wie ich und das sich einmal neben mich gesetzt hatte, damit ich ihm bei einer Rechenaufgabe helfe, von seiner Mutter ganz fürchterlich verdroschen wurde.

Ich hörte genau, wie sie es, während sie es schlug, anschrie: »Habe ich dir nicht heute morgen gesagt, daß ich dich nicht mehr mit diesem verlausten Kerl zusammen sehen will?!«

Und während sie mit dem Jungen fortging, schaute sie mich verächtlich an.

Ach, daß ich meine Kindheit auch nie werde vergessen können! Wer empfindet Reue für das Unheil, das man jemandem als Kind angetan hat? Sag mir, o Gesellschaft, soll dein Mündel wirklich auf diese Art und Weise behandelt werden? Die Worte und der Blick der Frau hatten mich so sehr beschämt, daß ich noch nicht einmal zu den Nicasis zurückkehren wollte. So lief ich zum erstenmal weinend in einen nahe gelegenen Wald, wo ich mich versteckte und damit begann, mich dieser furchtbaren Insekten zu entledigen, die der Grund für mein noch grausameres Leid waren. Diese Maßnahme sollte ich in der Folgezeit fast täglich wiederholen, ohne daß es mir jedoch gelang, die Läuse völlig auszurotten. Die Stunden, die ich mit dieser Beschäftigung verbrachte, waren furchtbar. Denn obwohl ich sorgsam darauf achtete, mich an Stellen zu verstecken, die dicht genug zugewachsen waren, damit mich niemand sieht, dachte ich immer, mich würde doch jemand sehen können. Es nützte überhaupt nichts, daß ich mich ständig erhob und mich unruhig umschaute, ohne jemanden zu sehen, zu lauschen, ohne jemanden zu hören, ich hatte immer Angst, bei dieser abscheulichen Beschäftigung beobachtet zu werden.

Es dauerte fünf oder sechs Jahre, bis ich später wieder eine Gewohnheit ablegte, die ich mir in dieser Zeit angeeignet hatte: mich ständig umzudrehen, um nachzusehen, ob jemand den Kragen meiner Kleidung betrachtete.

*

Meine Ferien (die leider endlos waren! Und obwohl ich das Gespött meiner Mitschüler war, was hätte ich nicht dafür gegeben, endlich wieder in die Schule geschickt zu werden?! Aber diese Hoffnung sollte genauso enttäuscht werden wie später die Hoffnung darauf, einen Beruf zu erlernen) verbrachte ich damit, Mist und Kot von den Straßen aufzusammeln.

Um in den Besitz einer Polentascheibe zu kommen,

mußte ich meinem Papa und meiner Mama jeden Morgen einen alten Korb voller Scheiße präsentieren (Ich bitte Dich, verehrter Leser, empöre Dich nicht! Oder hattest Du erwartet, daß ich Dir in dieser Geschichte von Diamanten erzähle?), die ich trocken oder noch warm mit bloßen Händen auf einem mehr oder weniger langen Teilstück der Straße aufsammelte, je nachdem, ob in Fornovo, einem sieben Kilometer von Varano entfernt liegenden Dorf, Markttag war oder nicht.

Fornovo. In unmittelbarer Nähe dieses Dorfes hat Ende des 15. Jahrhunderts eine große Schlacht zwischen Franzosen und Spaniern stattgefunden. Noch heute sind die Überreste einer im Krieg zerstörten langen Brücke zu sehen, die über den Taro und den Ceno führte, zwei Flüsse, die sich vor Fornovo zu einem einzigen Fluß namens Taro vereinen. Seither ist die Brücke, trotz der großen Dienste, die sie den Bewohnern der beiden Täler leisten könnte, nicht wieder aufgebaut worden – es sei denn, man hat es irgendwann im Laufe der letzten zehn Jahre getan. Hieran wird ersichtlich, welchen Fortschritt die letzten vier Jahrhunderte und das VEREINTE Italien diesen Tälern gebracht haben.

Am Nachmittag lief ich wieder die Straßen ab, um meinen Korb ein zweites Mal zu füllen.

Einmal pro Woche, meistens am Montag, ging ich mit einem Lumpensack ins Dorf, wo ich alle Abfallhaufen – insbesondere diejenigen der wohlhabenden Familien – nach Knochen, Lumpen und anderen wertvollen Dingen durchstöberte...

Einmal im Monat verkaufte Nicasi den Misthaufen, den ich vor dem Elendsquartier angehäuft hatte, an einen reichen Landbesitzer im Dorf; das brachte ihm ungefähr drei Franken ein.

Mit dieser Arbeit war ich bis zum darauffolgenden 15. November beschäftigt. Von diesem Datum an bot sich durch Zufall meinem Bürger die Möglichkeit, mir eine

Arbeit zu vermitteln, die gewinnbringender für ihn war, andernfalls hätte er sie mich nicht machen lassen.

Bevor ich schildere, worum es sich bei dieser Arbeit handelte, möchte ich kurz die lächerlichen Hochzeiten von Nicasis Sohn und seiner Tochter schildern.

*

Ich erwähnte bereits, daß Nicasis Tochter seinerzeit neunundzwanzig Jahre alt war und sich als Dienstmagd in einem anderen Dorf namens Noceto verdingte.

In diesem Dorf heiratete sie Anfang August des Jahres, in dem Nicasi mich zu sich genommen hatte, einen fünfundfünfzigjährigen buckligen Witwer. Schon bald riß der Tod die beiden Eheleute wieder auseinander.

Die Jungvermählten, die ihre »Flitterwochen« bei meinen Bürgersleuten verbrachten, traten noch am selben Abend ihren Rückweg ins Dorf an, in dem sie in Zukunft leben würden. Die alte Nicasi war trunken vor Freude, weil sie von ihrem Schwiegersohn eine Paar Schuhe und Stoff geschenkt bekommen hatte, aus dem sie sich ein Kleid nähen konnte.

Obwohl ihrem Schwiegersohn der Makel des Alters anhaftete, habe ich oft hören können, wie Nicasi sich gegenüber seinen Nachbarn damit brüstete, daß seine Carlotta großes Glück hatte, einen so ansehnlichen Mann geheiratet zu haben, der obendrein fast ein Nachbar war; denn Noceto ist gerade mal fünf Kilometer von Parma entfernt.

Einen Monat nach der Hochzeit seiner Schwester heiratete auch der Lieferant der Zutaten für die Brotsuppe in einem der in den Bergen verlorenen Dörfer.

Das Ungewöhnliche war, daß dieser dreiunddreißigjährige Kümmerling den Mut hatte, ein gerade mal siebzehnjähriges Mädchen zu heiraten. Sie war eine arme Waise, die überhaupt keine Angehörigen mehr hatte und seit frühester Kindheit die Ziegen aller Dorfbewohner auf die Weide führte.

Diese Unglückliche hegte sicherlich die Hoffnung, durch die Heirat mit diesem Lumpenhändler ihre materielle Situation zu verbessern; da er sich mit ihr in einem weiter unten gelegenen Dorf niederlassen würde, dort, wo die Berge weniger hoch sind und die Menschen, wie man dort oben sagte, in Wohlstand leben.

Dieser vom Schicksal Vernachlässigten war es gelungen, eine kleine Aussteuer in Höhe von zweihundertfünfzig Franken zusammenzusparen. Diese Summe hatte sie sich im Laufe der Jahre langsam von ihrem spärlichen Lohn zurückgelegt, den sie für ihre harte Arbeit bekam.

Aber bald schon sollte sie bereuen, daß sie ihren Heimatort verlassen hatte. Denn nur wenige Monate nach dieser Heirat war der Haushalt der Nicasis zum Gespött des ganzen Dorfes geworden.

Die Schnepfe zankte sich nämlich unaufhörlich mit ihrer Schwiegertochter; diese Schwiegertochter, die im Vergleich zu allen Familienmitgliedern der Nicasis groß gewachsen war, reagierte auf die Streitsucht ihrer Schwiegermutter mit Faustschlägen und Ohrfeigen. Sie beschränkte sich aber nicht darauf, meine Mama zu schlagen, sondern mit ihrem Ehemann, von dem sie unentwegt die zweihundertfünfzig Franken forderte, damit sie wieder in ihr Heimatdorf in den Bergen zurück könne, verfuhr sie genauso.

Mein Bürger glaubte, diesem Zustand ein Ende machen zu können, indem er seinem Sohn riet, mit seiner ungehorsamen Ehefrau einen eigenen Hausstand zu gründen; was die Eheleute dann auch taten. Diese Trennung sollte aber nur wenige Tage dauern, weil die beiden Frauen ständig wegen jeder Kleinigkeit miteinander stritten.

Die Jungvermählten besaßen noch nicht einmal einen Kanister, um Wasser zu holen. Infolgedessen waren sie gezwungen, jedesmal, wenn sie eine Mahlzeit zubereiten wollten, sich bei den Alten die notwendigen Utensilien auszuleihen.

Allerdings machte es der Nicasi Spaß, der Bergfrau (so nannte sie ihre Schwiegertochter) alles auszuschlagen, worum diese sie bat. Das war der Anlaß für die zahllosen Streitereien. (Zweifellos war eines der Hühner im Verlauf einer solchen Streiterei, als es vor einer nahenden Gefahr fliehen wollte, durch das Fenster geflogen und hat dabei mein Zeugnis zerrissen.)

Sie legten ihre Haushalte also wieder zusammen. Dieser Bund wurde aber bald wieder gelöst, um anschließend aufs neue geschlossen zu werden.

Kurz gesagt, die Verhältnisse änderten sich so oft, daß sich sogar der Ehemann, wenn er von seinen Reisen nach Hause zurückkam und bevor er den mit Brotkrusten gefüllten Sack bei seinen Eltern ablieferte, regelmäßig erkundigte, ob seine Frau noch bei ihnen wohnte oder nicht.

Dieses Schauspiel hat so lange angedauert, bis eine zahlreiche Nachkommenschaft – später werde ich sagen, wie groß ihre Zahl war – die Eheleute von dem Nutzen überzeugte, den es für sie hätte, wenn sie sowohl das etwas barsche Wesen der Schwiegermutter als auch deren Autorität akzeptieren würden. Da diese nämlich die Brut beaufsichtigte, konnte die Bergfrau täglich sechzig Rappen verdienen, indem sie sich bei den Bauern verdingte (das ist der Tagelohn, der den Frauen im Frühjahr und im Herbst bezahlt wird. Im Sommer bekommen sie einen Franken, höchstens 1,20 Franken).

Es ist wirklich beschämend, hier das Gebaren dieser Familie zu schildern, denn schließlich habe ich ja für eine gewisse Zeit selbst zu dieser Familie gehört. Ich erzähle diese Dinge nur aus dem Grund, damit der Leser erfährt, in was für einer Umgebung ich einen Teil meiner Kindheit verlebt habe. Abgesehen davon stellt sich die Frage, ob diese Familie überhaupt meine Achtung verdient.

*

Am Martinstag desselben Jahres ließ sich ein blinder Bettler im Dorf, oder, genauer gesagt, in unserem Weiler, nieder. Dieser Unglückliche brauchte ein Kind, das ihn beim Betteln führte.

Ich glaube, er hätte im Dorf nur schwerlich einen Führer gefunden, wenn Nicasi mich ihm nicht förmlich aufgedrängt hätte. Es dürfte überflüssig sein zu erwähnen, daß mein Bürger sich hierbei keineswegs von denjenigen Prinzipien leiten ließ, die einen Menschen normalerweise dazu veranlassen, gute Werke zu tun!

Er muß sich ausgerechnet haben, daß diese Beschäftigung mehr für ihn abwirft, als würde er mich weiterhin Mist und Kot aufsammeln lassen.

Aus diesem Grund sollte ich den Korb für Mist und Kot beiseite stellen, um fortan den Blinden zu führen.

Der Vertrag, den Nicasi mit dem armen Tobia geschlossen hatte, sah folgendes vor: Ich mußte ihm jeden Tag zur Verfügung stehen, ihn in die umliegenden Dörfer und zu entlegenen Höfen zum Betteln führen. Ich mußte alles annehmen, was man ihm gab, und es in einen Quersack stecken, den ich mit einem geflochtenen Band über meiner Schulter trug.

Wenn wir abends wieder im Dorf zurück waren, wurde alles geteilt, was der Blinde bekommen hatte – diese Aufteilung nahm Nicasi vor; einen Teil bekam der Blinde, den anderen Teil behielten WIR.

Wenn ich morgens aus meinem Stall in den Weiler kam, schlug ich also von nun an mit dem Blinden immer den Weg ein, den mein Vater mir am Vorabend genannt hatte, außer es regnete oder schneite zu stark.

(Gab es irgendwo in der Nähe ein Kirchweihfest, führte mein Bürger den Blinden selbst dorthin, denn bei diesen Festen bestand für den Blinden die Möglichkeit, Geldalmosen zu bekommen.)

Ich ging vor dem Blinden her, während ich in der einen

Hand das Ende eines langen Stocks hielt; das andere Ende hielt Tobia mit seiner Hand. Wenn wir an eine Tür kamen, blieb ich stehen und sagte es dem Blinden (ich achtete immer darauf, nur solche Türen auszuwählen, die eine bestimmte AUSSTRAHLUNG hatten...).

Wenn sich die Tür öffnete, begann dieser, so lange vollkommen sinnlose Homilien aufzusagen, in denen der Name Luzia (die angebliche Patronin der Blinden) sehr häufig wiederholt wurde, bis die Frau des Hauses uns endlich etwas gab, damit wir wieder fortgehen. Es gab Hausfrauen, die uns mit der Entschuldigung – eine Entschuldigung, die im übrigen keine Notlüge war –, sie hätten nichts Gekochtes im Haus, mal eine Handvoll Weizenkörner, mal eine Handvoll Bohnen, mal eine Handvoll Maiskörner oder anderes Getreide gaben.

Manchmal bekamen wir auch eine Handvoll verschiedener Mehlsorten.

Ich stopfte alles in den Quersack, die Körner in das eine Fach, das Mehl in ein anderes. Obwohl mich diese Betätigung noch mehr zum Gespött sämtlicher Kinder machte, die ich kannte, erfüllte ich meine Aufgabe mit tadelloser Gewissenhaftigkeit.

Aus diesem Grunde erinnerte ich mich auch immer mit Freude daran zurück, welchen Dienst ich dem Blinden geleistet habe, und ich bin froh darüber, an dieser Stelle darüber berichtet zu haben.

Trotz der Gewissenhaftigkeit, mit der ich meine Aufgabe erfüllte, kam es nur äußerst selten vor, daß mein Bürger, wenn er den Ertrag aufteilte, nicht irgendeinen Anlaß fand, um mir Vorwürfe zu machen.

Wenn man ihn so reden hörte, hätte man meinen können, daß er die verschiedenen Qualitäten der Brote kannte, die in jeder Familie in der Umgebung gebacken wurden – und ich glaube, daß er sie tatsächlich kannte.

»Du Schurke«, sagte er oft zu mir, »du bist nicht mit ihm

zu dieser und jener Familie gegangen, denn ihr Brot ist hier nicht dabei!«

Er vergaß, daß man dem Blinden nicht nur Brot gab. Wenn Nicasi mir nach der Aufteilung ein paar Stücke Brot oder Polenta gab, sagte er mir, wohin ich am nächsten Tag mit dem Blinden gehen sollte.

Anschließend brachte ich ihn zu seiner Behausung zurück und lief dann schnell zum Pachthof, um meinen Schlafplatz herzurichten und die Arbeiten zu erledigen, die der Pächter mir auftrug.

Nachdem ich diese letzten Arbeiten erledigt hatte, schlief ich ein. Allerdings nicht sehr tief, denn meine Läuse hinderten mich trotz meiner Müdigkeit daran. Die Gesellschaft der Rinder und Mäuse fürchtete ich in der Zwischenzeit nicht mehr.

So sah mein Leben aus, das ich bis zum April des darauffolgenden Jahres führte, um es in den ersten Novembertagen desselben Jahres wiederaufzunehmen.

*

In den dazwischenliegenden sechs Monaten ging ich einer anderen Art von Beschäftigung nach. Eine Tätigkeit, die weniger einträglich für meinen Bürger war; ich verstehe nicht, wieso er darin eingewilligt hat, mir diese andere Beschäftigung zu geben.

Aber es ging um nicht mehr und nicht weniger als darum, den Dorfgeistlichen zufriedenzustellen oder zu verärgern; dieser hatte nämlich Nicasi darum gebeten, mich für ihn arbeiten zu lassen. Und wie hätte er demjenigen etwas ausschlagen können, von dem ein einziges Wort gereicht hätte, um die Seelen aller Nicasis zur Hölle zu schicken?

Folglich kam Nicasi seiner Bitte nach. Und die zwei Absätze des Vertrages lauteten:

1. Ich sollte bis Ende Oktober beim Dorfgeistlichen bleiben, das heißt nur während der schönen Jahreszeit.

2. Ich wurde dafür nur verköstigt, während mein Bürger sechs Franken erhielt.

Dieser Dorfgeistliche, der in der Kirchenhierarchie deshalb den Titel eines Erzpriesters trug, weil Varano im Vergleich zu den umliegenden Ansammlungen von Bruchbuden ein großes Dorf ist, hieß Don Giuseppe Venusti. Nie habe ich einen geldgierigeren Menschen kennengelernt als diesen unwürdigen Prediger der Barmherzigkeit und – so wird gesagt – Wahrheit. Dieser angebliche Schüler eines Meisters, der für die Besitztümer dieser Welt nichts als Verachtung übrig hat, gab sich in der Tat nicht mit den Einnahmen zufrieden, die der Kirche aus den beiden Bauernhöfen zuflossen. *(Wenn ich mich nicht täusche und richtig beobachtet habe, ist das der Besitz, in dessen Genuß alle Geistlichen in diesem Tal kommen, die eine eigene Kirchengemeinde betreuen. Seit ich dies weiß, wundert es mich auch nicht mehr, daß diese falschen Leviten von Zeit zu Zeit Litaneien herunterleiern und singen müssen. Eines allerdings erstaunt mich wirklich, daß sie sich nicht schämen, Adam, der es verdienen würde, von ihnen als ihr wahrer Gott angebetet zu werden, herabzuwürdigen. Ich gestehe, daß ich es zweifelsohne getan hätte, wäre ich nur in den Genuß gekommen, den kleinsten dieser Höfe betreiben zu dürfen. Daß ich selbst auf dem Hof gearbeitet hätte, versteht sich eigentlich von selbst. Ich hätte Adam angebetet, weil ich dankbar bin und es nicht versäumen würde, meinem Wohltäter meine Anerkennung zu bezeugen!)* Don Giuseppe Venusti verpachtete den einen der Höfe an eine Familie, der er lediglich ein Drittel aller Ernteerträge ließ, während er den anderen selbst betrieb, wobei er, wenn es notwendig war, Tagelöhner beschäftigte. Er bezahlte diesen Unglücklichen einen äußerst kargen Lohn; im Gegenzug erhielten sie allerdings reichlich Segnungen.

Don Giuseppe aß Weißbrot und trank den Muskatwein, mit dem diese Bauern seinen Speicher und seinen Keller bis an den Rand füllten. Ich sagte bereits, daß er sich nicht mit den Einkünften aus den beiden Höfen sowie einem dritten Hof zufriedengab, der ihm persönlich gehörte – der aber von seinem Bruder betrieben wurde –, sondern er kaufte jedes Jahr noch ein Stück Feld oder Wald hinzu; und das zweifellos mit dem Geld und den Naturalien, die er dafür erhielt, daß er die Seelen Verstorbener vom Fegefeuer direkt ins Paradies schickte. Zumindest glaubten das die Dummköpfe, wenn sie ihm ihre Hühnchen brachten; in Wahrheit war diesen zukünftigen Kapaunen das Schicksal beschieden, im Magen von Don Giuseppe zu enden.

Das erste, was der Erzpriester machte, wenn er ein Stück Land oder Wald gekauft hatte, war, es mit Pfählen zu umgeben, die er in einem Abstand von zehn Metern einsetzen ließ; und das zum Schaden der Armen im Dorf: Solange nämlich das Land den Laien gehört hatte, konnten die Armen es ohne weiteres betreten, um dort Holz oder andere Dinge zu sammeln. Der Gottesdiener dagegen ließ an den Pfählen Schilder anbringen, deren Beschriftungen zum Beispiel folgenden Wortlaut hatten: »Jagen verboten, Holzsammeln verboten, Laubsammeln verboten; Weiden verboten«. Darüber hinaus wurden noch weitere Verbote dieser Art ausgesprochen.

Das einzige Ziel dieser Geldgier bestand darin, seiner Schwester, der Signorina Giovannina, eine ansehnliche Aussteuer mitzugeben. Sie war nämlich schon über dreißig, sehr groß und unbeschreiblich dünn. Es erübrigt sich eigentlich zu erwähnen, daß dieses Fräulein sich durch eine Geldgier auszeichnete, die derjenigen ihres Bruders in nichts nachstand. Ich hatte Gelegenheit – und ich gebe zu, bei dieser Gelegenheit einen großen Fehler gemacht zu haben, auf den ich später noch zu sprechen komme –, den Ort zu sehen, an dem sie das Geld versteckt hielt.

Anfang Mai trat ich also meinen Dienst beim Erzpriester an. Zwei Tage vorher riet Nicasi, zweifellos um Eindruck zu machen, meiner Mutter, alle meine Sachen, das heißt meine

Uniform aus dem Heim, zu waschen. Diese war im Laufe dieses einen Jahres zwar vollkommen unkenntlich geworden, aber mehr Kleidungsstücke besaß ich nach wie vor nicht. Ich glaube nicht, daß einer einzigen von allen Uniformen aller Heime dieser Welt das gleiche Ende beschieden war wie derjenigen, die ich an dem Tag trug, als ich das Findelhaus verließ.

Brummig kochte die Nicasi in dem Polenta-Kessel meine alte Uniform, als würde es sich um die Keule eines zähen Widders handeln.

Diese Wäsche zwang mich, vollkommen nackt in der Wohnung zu bleiben und mindestens sechsunddreißig Stunden zu warten, bis die Uniform getrocknet war.

Als ich beim Geistlichen das Haus betrat, war ich also sauber. Dennoch sollte es nicht sehr lange dauern, bis sich in meinen Kleiderfetzen neue Embryonen entwickelten, aus denen eine neue Läusegeneration hervorging. Denn auch beim Erzpriester war ich gezwungen, vollkommen bekleidet zu schlafen. Ich mußte die Nacht in einer Scheune in Gesellschaft von Ratten verbringen, die größer waren als Katzen.

Kurz gesagt, und um ein für allemal dieses Thema zu beenden – denn, verehrter Leser, Du mußt mir glauben, daß mir sehr daran gelegen ist, Dich nicht abzustoßen und Dir den Appetit zu verderben –, muß ich sagen, daß ich immer, mit Ausnahme meiner Zeit beim Militär und einiger anderer kurzer Unterbrechungen, von diesen Insekten befallen war.

Die Hauptarbeit, die ich für Don Giuseppe verrichtete, bestand darin, seine zwei Kühe und ein großes Kalb auf die Weide zu führen. Neben dieser Arbeit hatte ich unzählige Pflichten zu erfüllen, so daß ich von vier oder fünf Uhr morgens an bis um acht Uhr am Abend nicht eine Sekunde durchatmen konnte.

Er ließ sie mich teuer bezahlen, die karge Kost, die ich bei ihm zu essen bekam.

Es mag fast unglaublich erscheinen, aber dieser Erzpriester ließ in seinem Haus zwei Sorten Brot backen; die eine Sorte war helles Brot für sich und seine Schwester; das andere war Roggenbrot für mich und Agnese, das Dienstmädchen. Ihr erlaubte man wenigstens, ihre Mahlzeiten in der Küche einzunehmen und in einem alten Bett unter dem Dach zu schlafen. Mir dagegen wurde das Essen in den Stall gebracht, wo ich dann auch essen mußte (es dürfte nicht schwer zu erraten sein warum). Es war mir verboten, die Treppe zu betreten, die ins Obergeschoß führte, wo sich die Zimmer und die Küche befanden, es sei denn, ich hatte den Auftrag erhalten, Holz in die Küche zu bringen oder die Schuhe zum Putzen zu holen, falls Agnese vergessen hatte, sie herunterzubringen. Und als ich einmal aus der Küche zurückkam, in die ich Holz gebracht hatte, überraschte ich, als ich an ihrem Zimmer vorbeiging, Giovannina dabei, wie sie etwas in ihrem Bett versteckte.

*

Schon einleitend habe ich gesagt, daß ich mir vorgenommen habe, bei der Beschreibung meiner Lebensgeschichte »schonungslos aufrichtig« zu sein. Jetzt ist der Augenblick gekommen, in dem ich einen kleinen Diebstahl gestehen muß, den ich begangen habe, als ich im zweiten Monat im Haus des Geistlichen war.

Ob man ihn mir vergibt oder nicht, ist mir völlig gleichgültig.

Unter folgenden Begleitumständen habe ich meinen kleinen Diebstahl begangen:

An einem Junitag habe ich von Agnese den Befehl erhalten, eine Ladung Holz in die Küche zu bringen. Um überhaupt in die Küche zu gelangen, mußte ich am Zimmer der Schwester des Geistlichen vorbeigehen.

Ich ging barfuß, und zwar aus dem einfachen Grund, weil ich keine Schuhe besaß. Als ich wieder aus der Küche zurückkam, habe ich, wie ich bereits weiter oben sagte, Giovannina dabei überrascht, wie sie gerade irgend etwas zwischen der Matratze und dem Gestell ihres Bettes versteckte.

Da sie mit dem Rücken zur Tür saß, konnte sie mich unmöglich gesehen haben. Denn hätte sie bemerkt, daß ich sie dabei beobachtete, wie sie etwas versteckte, sie hätte mich, daran besteht überhaupt kein Zweifel, sofort aus dem Pfarrhaus geworfen.

Als ich im Stall zurück war, versuchte ich mir vorzustellen, was Giovannina wohl in ihrem Bett verstecken mochte.

Ich war davon überzeugt, daß sie dort einen Vorrat mit Äpfeln der letztjährigen Ernte angelegt haben mußte, die gerade jetzt sehr gut schmeckten. Infolgedessen erlag ich sehr bald der Versuchung, in ihr Zimmer einzudringen, um dort einen Apfel zu stehlen. Ich nutzte also die Gunst eines Augenblicks, in dem die Schwester des Geistlichen sich nicht im Haus aufhielt, und drang in ihr Zimmer ein, das aus dem einfachen Grund niemals abgeschlossen war, weil die Tür nur einen einfachen Schieberiegel hatte.

Ich steckte meinen rechten Arm zwischen die Matratze und das Gestell, und anstelle von Äpfeln fühlte ich eine große Zahl von Münzen. Ich zitterte, als hätte ich in ein Vipernnest gefaßt. Blitzschnell ergriff ich die Flucht. Diesmal hatte ich noch nichts mitgenommen.

Einige Tage später jedoch ging ich mit dem festen Vorsatz in das Zimmer zurück, nicht mehr als einen Rappen zu nehmen. Ich steckte meinen Arm wieder zwischen Matratze und Bettgestell und zog ihn mit einem Geldstück in der Hand wieder heraus. Ich lief in meinen Stall, und als ich meine Beute begutachtete, sah ich, daß es kein Rappen war, sondern eine Zwei-Franken-Münze in Silber. Ich wollte sie sofort wieder dorthin zurückbringen, wo ich sie herhatte, denn zwei Franken erschienen mir eine derartig große Summe zu sein, daß man sicher sofort ihr Fehlen bemerken würde.

Aber anstatt die Münze, so wie es mein Gewissen von mir forderte, sofort wieder ins Bett zurückzulegen, verschob ich die Angelegenheit auf den kommenden Tag.

Ich ging also am darauffolgenden Tag wieder ins Zimmer, um das Zwei-Franken-Stück ins Bett zurückzulegen und mir dafür im Gegenzug einen Rappen herauszuholen.

Um jeden Irrtum auszuschließen, ging ich diesmal so vor, daß ich die Matratze anhob und sie bis zu den Kopfkissen zurückschlug. Was sah ich da? Vor mir lag zwischen zwei großen Stoffstücken eine derartig große Zahl von Münzen, daß damit leicht ein großer Korb zu füllen gewesen wäre. Es handelte sich durchweg um Zehn-Franken-Münzen, Zwei-Franken-Münzen in Silber sowie eine große Zahl an Goldmünzen. Hätte ich nicht lesen können, wäre dieses Metall sicherlich die Ursache dafür gewesen, daß ich einen größeren Diebstahl begangen hätte als den von zwei Franken. Ich dachte nämlich, es würde sich lediglich um ganz neue Rappen-Geldstücke handeln; ich nahm also eines dieser Geldstücke, und erst als ich zufälligerweise die eingeprägte Zahl las, sah ich, daß sein Wert zwanzig Franken betrug.

Ich legte es schleunigst zurück; und während ich das Bett wieder herrichtete, nahm ich erneut eine Zwei-Franken-Münze und verließ ganz schnell das Zimmer.

Ich versteckte das Geldstück in einem Mauerspalt der Scheune, wo es mehr als einen Monat lang blieb.

Als im Dorf Markttag war, gab ich sie aus, um mir ein paar Hosen zu kaufen. Nicasi, der von mir wissen wollte, wer mir die Hose gekauft hatte, antwortete ich, daß sie ein Geschenk des Geistlichen sei; dem wiederum antwortete ich auf die gleiche Frage, daß Nicasi sie mir gekauft hätte.

Während der zehn Monate, in denen ich noch beim Pfarrer lebte – im darauffolgenden Jahr sollte ich noch mal für sechs Monate bei ihm arbeiten –, zitterte ich jedesmal, wenn ich am Zimmer von Giovannina vorbei mußte, als sei es das Zimmer des Teufels persönlich... Ich habe also meinen

Diebstahl teuer bezahlt, denn neben meinen Gewissensbissen fürchtete ich immer noch, daß man den Täter ermitteln könnte.

Ich spürte, daß es meine Pflicht gewesen wäre, meine Tat zu gestehen; dennoch tat ich es nicht, weil ich fürchtete, für schuldiger gehalten zu werden, als ich tatsächlich war. Eigentlich erübrigt es sich, zu erwähnen, daß ich während der besagten zehn Monate nie wieder einen Fuß in das Zimmer gesetzt habe, in dem ich meinen Diebstahl begangen hatte.

Auch achtete ich sehr sorgsam darauf, niemandem davon zu erzählen, wo die Schwester des Geistlichen ihr Geld versteckte. Was die zwei Franken betrifft, so glaube ich, daß die Besitzerin ihr Verschwinden gar nicht bemerkt hat, denn ich habe nicht gehört, daß sie ein einziges Wort über diesen Diebstahl verlor.

*

Da der Erzpriester ab Ende Oktober meine Dienste nicht mehr in Anspruch nahm, kehrte ich zu den Nicasis zurück.

Nur wenige Tage später führte ich wieder den Blinden am Stock, und wie im Jahr zuvor zogen wir durch die Gegend.

Den Sommer über hatte der Blinde mehrere weite Wanderungen unternommen, bei denen er von meinem Bürger geführt wurde. Der war mit ihm in fast alle Dörfer der Provinz Parma gegangen und hatte alle Kirchweihfeste besucht.

Im darauffolgenden Jahr arbeitete ich wieder für den Geistlichen. Diesmal beinhaltete der Vertrag andere Bestimmungen. Zwar blieb ich für den gleichen Zeitraum bei ihm, vom 1. Mai bis zum 31. Oktober, aber Nicasi erhielt dafür nicht mehr sechs, sondern zehn Franken, und mir sollte Don Giuseppe, zusätzlich zur Kost, zu Mariä Himmelfahrt im August einen nagelneuen Barchentanzug kaufen. Ich möchte nicht vergessen zu erwähnen, daß mir der

Geistliche an Mariä Himmelfahrt erlaubt hat, seine Kühe nicht auf die Weide führen zu müssen, damit ich ein wenig spazierengehen und meine neuen Kleider feiern könne; so brauchte ich sie an diesem Tag lediglich mit Heu und Wasser zu versorgen.

An diesem großen Tag hatte er auch die Güte, mich in der Küche zu Abend essen und mir ein sehr großes Stück Fleisch zukommen zu lassen, nach dem ich mir bestimmt eine ganze Woche lang die Finger abgeleckt habe.

Wie im Jahr zuvor benötigte mich der Geistliche ab Ende Oktober nicht mehr. Also kehrte ich erneut zu den Nicasis zurück.

*

Man wird sich vermutlich die Frage stellen, ob bei mir während der insgesamt zwölf Monate, die ich beim Geistlichen verbrachte, nicht vielleicht ein wenig religiöser Glaube aufgekeimt ist. Die Antwort lautet nein.

Und, füge ich noch ergänzend hinzu, falls ein solcher Glaube bei mir vorhanden gewesen wäre, als ich meinen Dienst beim Erzpriester antrat, wäre ich gezwungen gewesen, ihn aufzugeben.

(Seit ich das Heim verlassen hatte, sprach niemand mehr mit mir über Religion, und selbst im Heim wurde diesem Thema keine große Bedeutung beigemessen. Sollte man mir die Homilien des Blinden entgegenhalten wollen, dann würde ich antworten, daß es sich um einen kindischen Einwand handelt, den man nicht vorgebracht hätte, wenn man wüßte, wie schnell Tobias Bibelauslegungen in ihr genaues Gegenteil umschlugen, wenn eine Hausfrau es wagte, uns mit leeren Händen wegzuschicken. Diese abrupten Wechsel waren sicher wenig dazu geeignet, mir die Religion nahezubringen, ich meine die echte.

Abgesehen davon vermittelt man die Prinzipien dieser Lehre wohl kaum auf eine derartige Art und Weise; eine

Lehre, die im Grunde genommen eher schädlich als nützlich ist, weil sie nichts als Heuchler hervorbringt. Denn Heuchelei ist genau das, was ich immer schon bei denjenigen festgestellt habe, die sich selbst als CHRISTEN bezeichnen, und ich stelle es immer noch fest...)

Dafür war nicht nur die Geldgier meines Herrn verantwortlich, sondern während der gesamten zwölf Monate, die ich bei ihm verbracht habe, hat er mir, außer einem einzigen Mal an Mariä Himmelfahrt, nie erlaubt, an der Messe oder am Vespergottesdienst teilzunehmen.

Das beweist meiner Meinung nach eindeutig, daß er sich mehr für seine Kühe interessierte als für meine Seele – was ich ihm gar nicht vorwerfen möchte –, obwohl diese doch, schließt man sich der Meinung eines bestimmten Richters an, von großem, unschätzbarem Wert ist. In jedem Fall mußten diese Wiederkäuer täglich auf die Weide geführt werden, und man wird ohne weiteres einsehen, daß es sie wenig kümmerte, ob gerade Zeit für das »sursum corda« oder die Litaneien war; sie ästen trotzdem, und ich paßte auf sie auf.

Ich muß gestehen, daß ich meine Pflicht als Hirte sehr viel gewissenhafter erfüllte als mein Herr, denn ich verbat seinen Kühen streng, dort zu äsen, wo sie nicht äsen durften; und wenn mein Sanftmut zur Folge hatte, daß sie nicht gehorchten, dann scheute ich mich auch nicht, von meinem Weidenstab Gebrauch zu machen. Ich glaube, daß ich, mochte ich auch noch so klein gewesen sein, zumindest für diese Kühe ein »incomodo« war, das heißt ein Hemmnis.

*

Der darauffolgende Winter war sehr hart für mich. Der Blinde war nämlich umgezogen und hatte sich in einem sehr weit entfernten Dorf namens Varsi niedergelassen. Die Familie der Nicasis wuchs mit einer Geschwindigkeit, die den Neid von so manchem königlichen Haus hätte hervorrufen können. Ich werde später noch berichten, um wie viele Personen es sich genau handelte.

Was sollte Nicasi nur mit diesem Kind machen, das einen so großen Appetit hatte?

Mein Bruder hatte wohl einmal versucht, mich mit auf seine Wanderungen zu nehmen, aber bei diesem einen Versuch blieb es dann auch, weil er nicht die Schande ertragen wollte, die ich ihm machte.

Dieser Kümmerling besaß doch tatsächlich die Frechheit, den Leuten oben in den Bergen zu erzählen, ich sei einer der vielen Söhne einer armen Witwe, und er hätte mich deshalb mit hierher genommen, um deren Armut ein wenig zu lindern! Ich jedoch unterbrach ihn und sagte zu dem Bürger, den er anlog, daß ich früher einmal bei den Monicis und dann später im Findelhaus in Parma gelebt hatte, von wo ich von seinem Vater weggeholt worden war. Mochte mir dieser erbärmliche Ehemann auch noch so oft drohen, mich in eine Schlucht zu stürzen, falls ich so etwas noch einmal machen würde, ich erzählte den Menschen immer die Wahrheit.

Von dieser ungefähr zwanzig Tage langen Reise, auf der wir lediglich ein paar Streichholzschachteln verkauft hatten, kehrten wir beide so voll beladen mit Brotkrusten zu den Nicasis zurück, daß man daraus Brotsuppe für eine ganze Woche kochen konnte. Mit Nicasis Sohn ging ich nie wieder auf Wanderschaft.

Nicasi nutzte danach die Gelegenheit und machte mir deutlich, daß ich mich angesichts meiner Dreistigkeit, den Leuten in den Bergen zu erzählen, ich sei nicht der Sohn einer Witwe, in Zukunft damit abfinden dürfe, ganz allein zurechtzukommen. »Es gibt genügend kleine Jungen wie dich, die nicht so anspruchsvoll sind«, schloß er.

*

Den Winter 1885 verbrachte ich infolgedessen damit, jeden Tag bei den Familien im Dorf nachzufragen, ob sie nicht irgendeine Beschäftigung für mich hätten, für die ich im Gegenzug etwas zu essen bekam.

Manche gaben mir Arbeit. Sei es, daß sie mich im Wald Reisig holen, sei es, daß sie mich Körner zum Malen in die Mühle tragen ließen...

Meistens jedoch bekam ich etwas zu essen, ohne dafür arbeiten zu müssen. Am häufigsten beschäftigte mich ein gewisser Dottore Antonio, der älteste Sohn einer reichen Familie. Dieser ließ mich seine Jagdtasche tragen, wenn er auf die Jagd ging; für diese Arbeit erhielt ich einen Brotlaib.

Wie oft habe ich in diesem Winter die Dorfbewohner nicht sagen hören: »Warum mußte dieser Nicasi das arme Kind auch aus dem Findelhaus zu sich nehmen! Und wie konnte die Heimleitung ihm nur das Kind anvertrauen?«

Ich muß gestehen, daß ich während dieses Winters oft von der Versuchung heimgesucht worden bin, der Schwester des Geistlichen Geld zu stehlen. Das zu tun, wäre für mich ganz leicht gewesen, aber ich erwehrte mich dieser Versuchung erfolgreich.

An dieser Stelle muß ich noch einmal die Frage wiederholen, die ich bereits zuvor gestellt habe: Wäre es nicht die Pflicht des Gemeindevorstehers gewesen (seinerzeit bekleidete ein gewisser Giuseppe Mantovani, der Müller und Bürgermeister von Varano, dieses Amt), mich ins Heim zurückzubringen?

Ich habe mich oft gefragt, was die Nicasis wohl mit mir gemacht hätten, wenn ich zufällig krank geworden wäre!

In diesem Zusammenhang muß ich von einer Begebenheit berichten, die sich einige Monate, nachdem ich ins Dorf gekommen war, ereignet hat und die mich fast das Leben gekostet hätte (was sie dann aber bedauerlicherweise doch nicht tat!). Seinerzeit hatte ich es mir – vor lauter Hunger – zur Angewohnheit gemacht, alle Pilze, die ich im Wald fand, wenn ich dort das weiter oben beschriebene Geschäft verrichtete, roh zu essen.

Als ich einmal eine große Menge unterschiedlicher Pilzarten gegessen hatte, bekam ich so fürchterliche Schmerzen, daß ich mich über den Boden schlängeln mußte wie eine Natter.

Eine Stunde später verlor ich das Bewußtsein; ich weiß nicht, wie lange meine Ohnmacht gedauert haben mag; das einzige, was ich weiß, ist, daß mir seit jenem Tag allein schon beim Anblick von Pilzen – unabhängig davon, ob sie nach Art des Königs, des Kaisers oder des Sultans zubereitet worden sind – übel wird.

Letztendlich bekam ich in diesem für mich so denkwürdigen Winter, teils weil ich es mir verdient habe, teils weil ich es geschenkt bekommen habe, genügend zu essen.

*

Am 25. März (man bezeichnet diesen Tag als den Tag der Madonna der Leibeigenen; an diesem Tag stellen die Landbesitzer in der Tat die Knechte und Hausdiener für das kommende Jahr ein beziehungsweise verlängern deren Arbeitsverhältnis; ich spreche hier ausschließlich von der Provinz Parma, da ich nicht weiß, wie es im übrigen Italien ist) stellte mich Nicasi einem mir unbekannten Mann vor. Dieser Mann sollte für die nächsten zwei Jahre mein Herr werden.

Nachdem dieser Unbekannte mich in Augenschein genommen hatte und mich einmal auf und ab hatte laufen lassen wie einen Sklaven vergangener Zeiten (man wird, so hoffe ich, einräumen, daß meine Lebensbedingungen unendlich viel schlimmer waren als diejenigen eines Sklaven jeden beliebigen Zeitalters und jeden beliebigen Landes), schloß er mit meinem Bürger einen Vertrag ab, um mich in seinen Dienst zu nehmen.

Folgendes beinhaltete der Vertrag: Ich mußte das ganze Jahr bei meinem neuen Herrn bleiben; dafür erhielt ich Kost, zwei Barchentanzüge, zwei Hemden, ein Paar Schuhe

– falls es notwendig sein sollte auch neue Sohlen –, einen Hut sowie die Summe von fünfzehn Franken. Im zweiten Jahr galt derselbe Vertrag, außer daß Nicasi anstelle der fünfzehn Franken diesmal fünfundzwanzig erhielt, denn er war es, der meinen Lohn einheimste.

Ich war sehr überrascht, weil mein Bürger mir nicht gesagt hatte, daß er mich ab dem 25. März als Hofknecht an einen neuen Herrn vermittelt hatte.

Erst als ich mich als Objekt besagter Musterung wiedersah, setzte er mich von der Angelegenheit in Kenntnis.

Ich brauche wohl nicht zu sagen, daß ich keinerlei Einwände dagegen erhob. Ich war vielmehr glücklich darüber, das Dorf zu verlassen, um bei diesem neuen Herrn zu leben, der gerade einen Vertrag abgeschlossen hatte, durch den ich in den Genuß so vieler schöner Dinge kam. Ich ging also auf der Stelle und in dem Zustand, in dem ich mich gerade befand, mit dem Unbekannten fort, gerade so, als müßte ich eine kleine Besorgung machen. In Wahrheit verließ ich für zwei Jahre, eigentlich müßte ich sagen, für immer, das Dorf.

Ich nahm nichts mit; was hätte ich auch anderes mitnehmen sollen als das Ungeziefer, von dem es auf meinen Lumpen nur so wimmelte?

*

Im April, das heißt genau einen Monat, nachdem ich den Dienst bei meinem neuen Herrn angetreten hatte, wurde ich zwölf Jahre alt, so daß sich Nicasi ins Heim begeben konnte, um die hundert Franken Prämie einzukassieren, die er zwar nicht im geringsten verdient hatte, die er aber trotzdem erhielt.

Ach, hätte der Heimleiter doch nur die geltenden Vorschriften befolgt!

Ich sagte bereits, daß ihn diese Vorschrift dazu verpflichtete, mich am 22. des betreffenden Monats ins Heim kommen zu lassen, um dort die Prüfung abzulegen. Wie hätte ich bei dieser Gelegenheit dem Direktor nicht berichten können, was während der vergangenen drei Jahre geschehen war?

Hätte er es dann immer noch gewagt, Nicasi die Prämie auszuzahlen und mich weiterhin diesem elenden Schuft anzuvertrauen?

Und was hätte er gesagt, wäre ihm zur Kenntnis gelangt, daß dieses ruchlose Subjekt, das die Dreistigkeit besaß, von ihm die Auszahlung der Prämie zu verlangen, das Kind, das man ihm anvertraut hatte, gar nicht mehr bei sich beherbergte?

Unwürdiger Direktor, haben Sie jetzt gesehen, wozu Ihre Nachlässigkeit geführt hat?

Wie konnten Sie nur die Dreistigkeit besitzen, an dem Tag, als Sie erfuhren, daß der Mörder der Königin einst Ihr Schutzbefohlener war, den Präfekten von Parma umgehend davon in Kenntnis zu setzen, daß Sie den Mörder in seiner Kindheit einer »ehrenwerten Familie« anvertraut hätten?

Das sind Ihre eigenen Worte; diese Worte habe ich in dem Brief gelesen, den Sie Ihrem Vorgesetzten geschrieben hatten und den ich in meinen Unterlagen fand.

Vighy (so lautet der Name des Direktors, der zu der Zeit, als ich mein Verbrechen beging, immer noch das Heim leitete), so bereuen Sie doch, denn Sie müssen wissen, daß es zum großen Teil auf Ihre Nachlässigkeit zurückzuführen ist, wenn Ihr ehemaliger Zögling dazu verurteilt wurde, sein Leben in einem Gefängnis zu beenden.

*

Mein neuer Herr lebte in Rubiano, einem sechs Kilometer von Varano entfernten Dorf, das am Eingang des Tals liegt, das den Taro und den Ceno voneinander trennt.

Im vorausgehenden Winter hatte ich den Blinden in dieses Dorf geführt, und ich bin mir sicher, daß mein Herr bei dieser Gelegenheit auf mich aufmerksam geworden war und sich danach erkundigt hat, wer ich sei und ob er mich in Dienst nehmen könnte.

Es kommt nämlich sehr selten vor, daß Familien, und mögen sie auch noch so arm sein, ihre Kinder bei einem Pächter in den Dienst schicken, denn dort führen sie, insbesondere im Winter, ein hartes Leben, weil sie den ganzen Tag über die Schafe und Ziegen auf die Weide führen.

Ein ebensolcher Pächter war es, der mich von den Nicasis wegholte und mit zu sich nach Hause nahm.

Er hieß Angelo Savi; seine Familie bestand aus vierzehn erwachsenen Personen.

Er holte mich zu sich, damit ich seine Schafherde auf die Weide führte. Diese Herde bestand im Winter aus dreißig bis vierzig Tieren; im Sommer kamen noch sieben oder acht Kühe hinzu. Diese vielköpfige Familie bewirtschaftete einen großen Pachthof – der, zusammen mit ungefähr fünfzehn anderen Höfen, der Signora Bonassi gehörte, eine der reichsten Landbesitzerinnen der gesamten Provinz, die allerdings, was im Grunde genommen nur eine untergeordnete Rolle spielt, nicht adelig war.

Das erste, was mein neuer Herr tat, als wir bei ihm zu Hause ankamen, war, mich zu einem großen, ganz mit Broten gefüllten Schrank zu führen und mir die Erlaubnis zu erteilen, daß, wann immer ich wollte, ich ohne zuvor jemanden zu fragen, mich immer aus diesem Schrank bedienen konnte.

Die Familie erlaubte mir auch, meine Mahlzeiten am selben Tisch einzunehmen wie sie selbst – das erwähne ich zur Schande des Erzpriesters und seiner Genossen, womit ich alle jene meine, die genauso verfahren wie er –, ausgenommen die ersten beiden Tage, denn der Zustand, in dem ich in diesem Haus ankam, hat es meinen Dienstherren, trotz ihres guten Willens, schlichtweg unmöglich gemacht, mir zu gestatten, daß ich mich auf dieselbe Bank setze wie sie.

Die Frau des Hauses hat jedoch schnell alles in Ordnung gebracht, allerdings nicht ohne ein gewisses Maß an Ekel und Erstaunen an den Tag zu legen. Obwohl ich auch hier vollkommen bekleidet in einem Futtertrog im Stall schlafen mußte, sollten sie nicht mehr die Zeit haben, mich zu ihrem Tummelplatz zu erwählen – jedenfalls nicht mehr in geschlossenen Formationen. Die Frau des Hauses achtete nämlich darauf, daß ich jeden Sonntagmorgen mein Hemd wechselte und meine Sachen von ihren Töchtern gewaschen und ausgebessert wurden.

Meine Lebensbedingungen haben sich also verbessert, als mich die Familie in Dienst nahm, und ich tat alles, um meine Arbeit so gut wie möglich zu verrichten. Und meine Dienstherren waren auch tatsächlich sehr zufrieden mit meiner Arbeit, denn sie sprachen mir oft ihre Anerkennung aus und sagten, daß sie noch nie einen Jungen in Dienst genommen hätten, der so arbeitsam und aufmerksam war wie ich.

Die Tradition will es, daß die Dienstherren ihren Knechten an Weihnachten drei Tage frei geben, so daß sie die Möglichkeit haben, das Fest im Kreis ihrer Familie zu begehen.

Da ich zu den Nicasis hätte zurückkehren müssen, hatte ich nicht die geringste Lust, diese drei freien Tage in Anspruch zu nehmen. Anders ausgedrückt, hätte es an mir gelegen, dann wäre ich während der Weihnachtstage lieber bei meinen Dienstherren geblieben. Aber so sollte es nicht sein. Denn dieselbe Tradition will es, daß die Dienstherren ihren Knechten fünf Kilogramm weißes Mehl, drei Laibe Weißbrot, eine Dreiliterflasche Wein und ein Stück Fleisch schenken, falls, was nur sehr selten vorkommt, ein Schwein geschlachtet wird. Genau das war es, was mir das Fest verdarb. Denn tatsächlich erschien am Nachmittag des Tages vor Weihnachten Nicasi bei meinen Dienstherren, um ganz fürsorglich sein liebes Kind abzuholen, damit es während der Festtage mit der Familie zusammen sein konnte. Ich mußte also mit ihm gehen.

Ich bin zwei Jahre bei den Savis geblieben; Nicasi ist mich nie besuchen gekommen, mit Ausnahme der beiden Weihnachtsfeste, aber das wohl eher wegen der oben genannten Geschenke als aus Liebe zu mir.

Nachdem ich das zweite Weihnachtsfest bei den Nicasis verbracht hatte, hätte ich, als ich ihr Elendsquartier verließ, um zu meinem Dienstherrn zurückzukehren, Lebewohl sagen können, denn ich sollte nie mehr auch nur ein einziges Mitglied dieser Familie sehen.

Nicasi hatte mir gesagt, ich sollte meine Dienstherren davon unterrichten, daß er kurz vor dem 25. März zu ihnen käme, um sich mit ihnen über die Erhöhung meines Arbeitslohnes zu verständigen, der sie zustimmen müßten, falls sie wollten, daß mein Papa mich weiterhin bei ihnen arbeiten läßt.

Man wird sehen, daß sich mein Bürger da ganz gewaltig täuschte. Seit zwei oder drei Monaten verging tatsächlich kein Tag, an dem ich nicht über ein Vorhaben nachdachte, dessen Verwirklichung mir sehr am Herzen lag. Dieses Vorhaben bestand darin, aus diesen Tälern zu fliehen und irgendwo anders hinzugehen.

Denn mir wurde langsam klar, was dieser Nicasi für mich eigentlich war. Ich fing an zu begreifen, daß dieser Elende, den ich liebevoll als meinen Vater bezeichnete, sich mir gegenüber ganz und gar nicht so verhielt wie ein Vater zu seinem Sohn.

Ich war nun schon seit langem zwölf Jahre alt, und dieses niederträchtige Subjekt hatte mich immer noch nicht gefragt, welchen Beruf ich erlernen wollte. Ich war einfältig genug, um mich immer noch der entsprechenden Hoffnung hinzugeben – einer Hoffnung, die mir Monici eingetrichtert hatte.

Von all den kümmerlichen Arbeitslöhnen, die ich im

Schweiße meines Angesichts so hart verdiente, ließ dieses niederträchtige Subjekt mir als Ausgleich für meine Mühen nicht einen einzigen Rappen zukommen.

Auch erinnerte ich mich an das traurige Leben, das ich bei ihm geführt hatte; ich hatte seine Worte in den Ohren, die er mir gesagt hatte, als ich mit seinem Sohn vom Marsch in die Berge zurückgekommen war.

Hatte ich nicht recht, wenn ich mich über diesen Nicasi beklagte und seiner Unterdrückung ein Ende machen wollte?

Ihn nicht mehr wiedersehen, weder ihn noch das Dorf, in dem er lebte und dessen Kirchturm ich sah, wenn ich auf den Hügel hinaufstieg. Das war das Vorhaben, über das ich seit Weihnachten nachdachte. Der erste Schritt zur Umsetzung dieses Vorhabens bestand darin, daß ich meine Dienstherren davon in Kenntnis setzte, am kommenden 25. März meine Arbeit aufgeben zu müssen, weil mein Vater wollte, daß ich zu ihm zurückkehre.

*

Acht Tage vor dem eigentlichen Ende meines zweiten Dienstjahres bei den Savis bin ich also aus Angst, daß Nicasi, der jeden Tag hätte eintreffen können, mich noch bei meinen Dienstherren vorfindet, mit dem festen Vorsatz aus dem Dorf geflohen, mich direkt nach Genua zu begeben.

Ich wußte, daß man über die breite Straße, die am anderen Ufer des Taro an Rubiano vorbeiführte, nach Genua kam, weil ich diesen Namen sehr oft auf den Kilometersteinen dieser Straße gelesen hatte.

Darüber hinaus war der Name Genua in allen Dörfern dieses Tals durchaus sehr geläufig, weil überall Plakate hingen, auf denen dieser Name stand. Diese Plakate waren von Beschäftigten der Auswanderungsbüros dort angebracht worden, um die Dorfbewohner dazu zu bewegen, nach

Südamerika auszuwandern und sich in Genua auf dem und dem Dampfer dieser oder jener Reederei einzuschiffen.

Ich ging also fort und nahm mein gesamtes Vermögen mit, das aus den armseligen Kleidern bestand, die ich gerade trug, die aber an manchen Stellen zwei oder drei Lagen bildeten, da ich eben alles angezogen hatte, was ich besaß. Ich habe auch dafür Sorge getragen, am Abend zuvor alle meine Taschen mit Brot zu füllen. So gerüstet, stürzte ich mich im Alter von noch nicht ganz vierzehn Jahren ins Abenteuer und begab mich auf meinen Weg über die Straßen dieser Welt.

Wohin würden mich diese Straßen wohl führen?...

*

Nachdem ich diesen Punkt meiner Erzählung erreicht habe – ein Punkt, an dem meine Kindheitserinnerungen bald zum Abschluß kommen werden –, möchte ich Dich, verehrter Leser, bevor Du meine Jugenderinnerungen zu lesen beginnst, einladen, einen Augenblick bei der Lektüre innezuhalten und ein wenig über das nachzudenken, was Du bisher gelesen hast.

Wenn Du das tust, dann hege ich keinen Zweifel daran, daß Du zu der Überzeugung gelangt bist, daß nämlich die Gesellschaft, die sich rühmte, die Beschützerin meiner Kindheit gewesen zu sein (und was sie nach dem Gesetz auch hätte sein müssen), sich bei mir schwerer Vergehen schuldig gemacht hat. Darüber hinaus bin ich mir sicher, daß Du Dich im Laufe der Lektüre meiner Kindheitserinnerungen oft gefragt haben wirst, ob meine Beschreibung wirklich der vollen Wahrheit entspricht. Was bedeuten würde, daß Du sie für durchaus außergewöhnlich hältst, nicht wahr?

Wenn das der Fall ist, dann sollst Du wissen, daß mich Dein Urteil sehr glücklich macht, weil es richtig ist, und dafür verdienst Du meine aufrichtige Anerkennung, denn ich muß zugeben, daß es genau das Außerordentliche dieser Kindheit war, was mich auf den Gedanken gebracht hat, sie zu schildern. Wie hätte ich es wagen können, von dieser Kindheit zu berichten, wenn sie nichts Außergewöhnliches besessen hätte?

Sicher, auf dieser Seite der Alpen wird man keine gleichartigen Kinderschicksale kennen, und ich glaube, daß es Dir deshalb schwerfällt, mir zu glauben. Was kann ich dagegen tun? Du zweifelst, nicht wahr? Nun, willst Du Dich wirklich davon überzeugen, daß Deine Zweifel unbegründet sind? In diesem Fall empfehle ich Dir, Dich nach Varano de'Melegari zu begeben und bei denjenigen Auskünfte einzuholen, die dort vor fünfundzwanzig Jahren lebten – beim Geistlichen zum Beispiel –, und sie zu fragen, ob sie sich noch an dieses Kind erinnern, das damals den blinden Bettler führte, an dieses Kind, dem sich zu nähern sie ihren Familienangehörigen untersagt hatten.

Obwohl seine Theorien vollkommen falsch sind, möchte ich mit Vergnügen die Gelegenheit nutzen, um mich aufrichtig bei Professor Cesare Lombroso zu bedanken.

Am Tag meines Prozesses las mein Verteidiger in der *Revue des revues* einen Artikel, in dem davon die Rede war, daß Nicasi mich betteln schickte. Dieser Artikel stammte von Professor Cesare Lombroso.

Er hat also die Güte gehabt, in dem Dorf Erkundigungen über mich einzuziehen und eine Wahrheit auszusprechen, die sich durchaus dazu eignete, das Fundament seiner Theorie zu erschüttern. Ich spreche ihm hier also meine aufrichtige Dankbarkeit aus, und das um so mehr, als er der einzige war, der überhaupt irgend etwas zu meinen Gunsten auszusagen wagte, und das auch noch in einer ausländischen Zeitschrift, was seinem Heimatland nicht gerade zur Ehre gereicht.

Hätte er Kenntnis von der Nachlässigkeit gehabt, die die Heimleitung in meiner Angelegenheit an den Tag legte, dann hätte er, das steht für mich außer Zweifel, auch diese öffentlich gemacht.

*

Ich halte es für nützlich, kurz zusammenzufassen, was meine Kindheit für mich gewesen ist, denn es ist mir äußerst wichtig, daß Du sie nicht vergißt. Ich möchte nämlich nicht, daß Du, verehrter Leser, später den Irrtum begehst, keinen Nutzen aus den Lehren zu ziehen, die man allen Kindern erteilt.

Du hast gelesen, daß diese Kindheit seit seiner Entlassung aus dem Heim nichts als eine einzige Folge von Leiden war, von denen das eine Leid größer war als das andere. Daß im Laufe dieser Kindheit nie sein Verlangen nach Liebe befriedigt wurde. Wer hätte seine Liebe empfangen sollen?

Diese Kindheit entbehrte der einfachsten Vergnügen und Freuden, in deren Genuß alle Kinder kommen; die ganze Zeit über lernte dieses Kind nie die Annehmlichkeit einer Freundschaft, einer Kameradschaft oder einfach nur der Gesellschaft gleichaltriger Freunde kennen. Ihm fehlte es an Schulbildung, an Ratschlägen, Trost und Zuneigung; alles unentbehrliche Dinge, wie mir scheint, um ein Kind angemessen darauf vorzubereiten, sein Leben als Mensch in der Gemeinschaft anderer Menschen zu führen und genauso sein Pflicht zu erfüllen wie alle anderen Menschen auch.

Trotzdem konntest Du sehen, mit welcher Ergebenheit der Junge das Schicksal ertrug, das ihm beschieden war, mit welcher Beflissenheit er die abscheulichen Pflichten und schweren Arbeiten erfüllte, die ihm aufgebürdet worden waren.

Kurz, jetzt kannst Du nicht umhin, Dir zu sagen, daß dieses Kind wirklich ein vernünftiges, gutes und folgsames Kind war; daß bei ihm nichts darauf hinwies, daß es später einmal zu einem Verbrecher werden würde. Denn die Natur hatte ihn, wie alle anderen Menschen auch, mit guten Eigenschaften ausgestattet, nicht wahr?

Wie hätten diese Eigenschaften aber die furchtbare Lage (eine Lage, die noch unendlich viel schlechter war als diejenige der Unberührbaren oder primitiver Naturvölker. Wer hatte sich das angeeignet, was ihm rechtmäßig zustand?... Er hatte mit niemandem einen Vertrag abgeschlossen...) unbeschadet überdauern können, in die ihn derjenige gebracht hatte, der sie sich unberechtigterweise zunutze machte? Falls er dies nicht getan hätte, wäre er bar jeder Intelligenz gewesen. Nicht er ist es also – und noch weniger die Natur –, die für die Verstümmelung, die diese Eigenschaften seither erlitten haben, verantwortlich zu machen sind.

Folglich hoffe ich, daß Du mit mir darin übereinstimmst, daß es die Gesellschaft ist, die sich schuldig gemacht hat; sag ihr, sie soll erröten, weil sie sich nicht schämt, ihr eigenes Werk zu bestrafen!...

*

Ich möchte noch ein paar Worte über die Familie Nicasi verlieren sowie über die Lage, in der sie sich in dem Augenblick befand, als ich sie zum letztenmal sah.

Zwei Jahre nach ihrer Heirat ereilte Nicasis Tochter das Unglück, mit zwei Kindern zur Witwe zu werden. Ihre Lebenssituation machte es ihr unmöglich, sie großzuziehen. Was sollte sie mit ihren beiden Söhnen machen? Wenn die Nicasis so sehr darauf erpicht gewesen wären, kleine Kinder in ihrem Haushalt aufzunehmen, warum nahmen sie dann nicht die Kinder ihrer Tochter zu sich, vor allem wo sie doch die Absicht hatte, sie ins Heim zu bringen?

Sie taten es deshalb nicht, weil die alten Nicasis genau wußten, daß sie, würden sie die beiden Kinder zu sich nehmen, dafür nicht jeden Monat Geld einkassieren könnten. Aus diesem Grund mußte Nicasis Tochter, wenige Tage nach dem Tod ihres Mannes, die beiden Kinder ins Findelhaus bringen. (Costelletti lautete der Name des Vaters; und unter diesem Namen nahm das Heim die Kinder auch auf.)

Ich habe mir für diese armen Waisen immer gewünscht, daß sie das Glück haben, dort bis zu ihrem achtzehnten Geburtstag bleiben zu können.

Dem Streichholzverkäufer, also dem Sohn der Nicasis, waren vier Jahre nach seiner Heirat bereits vier Mädchen geboren worden.

Wollte man also alle Familienangehörigen zusammenzählen, die in der Höhle der Nicasis lebten, so kommt man allem Anschein nach auf eine Summe von insgesamt acht: die beiden alten Nicasis, ihr Sohn, seine Ehefrau und ihre vier Töchter. Aber in Wahrheit waren sie nicht zu acht, sondern zu neunt. Wer war das neunte Familienmitglied? Nicasis Tochter? Nein. War es der Schneider? Nein. War ich es? Nein. Wer war also dann diese neunte Person?

Hier zeigt sich, daß die Phantasie der Schriftsteller – ich meine solche Schriftsteller, die es sich zur Aufgabe gemacht haben, die verborgenen Seiten des gesellschaftlichen Lebens zum Vorschein zu bringen – im Vergleich zur Wirklichkeit richtiggehend jämmerlich zu nennen ist.

Ich möchte mich aber gar nicht weiter zu ihren kindischen Schöpfungen äußern, wenn sie das Publikum in Rührung versetzen wollen, indem sie Findelkinder in Szene setzen. Schließlich weiß alle Welt, daß ihre Phantasie nur Kindereien hervorzubringen vermag, wenn sie über dergleichen Dinge schreiben. Tragen sie doch dafür Sorge, daß alle diese Kinder am Ende von ihren Eltern in die Arme geschlossen werden, wobei diese Eltern im allgemeinen auch noch der gehobenen Gesellschaftsschicht angehören.

Ich weiß so viel, daß der Leser, der solche Romane liest, die Findelkinder um das Ende, das ihnen die Autoren zugedacht haben, beneidet. Sollte es also das Ziel dieser Schriftsteller sein, die Aufmerksamkeit des Lesers auf das Schicksal der gesellschaftlich Benachteiligten zu richten, dann täuschen diese sich gewaltig. Würden sie allerdings ihre Bastarde auf dem Schafott oder im Zuchthaus enden lassen, dann entsprächen ihre Schöpfungen zumindest ein wenig mehr der Wirklichkeit. Mir scheint, daß ihre Phantasie in diesem Fall immerhin von einer gewissen Nützlichkeit wäre.

Aber hier geht es ja weniger darum, Romane zu kritisieren, als vielmehr darum, herauszufinden, wer das neunte Mitglied der Familie Nicasi ist. Ich fürchte aber, lieber Leser, daß Du vergeblich versuchen wirst, die richtige Antwort herauszufinden, wenn ich Dir nicht behilflich bin.

Dennoch glaube ich nicht, daß ich Dir mangelnden Scharfsinn vorwerfen muß, denn Du kennst ja jetzt die Familie Nicasi und das Schicksal der beiden Söhne der Witwe; darüber hinaus weiß ich, daß Du in einem Land lebst, in dem derartige Dinge nicht geschehen könnten. Allerdings solltest Du deshalb nicht glauben, daß ich Dir jetzt eine Lüge erzählen werde.

Auf einem Haufen Lumpen in der Höhle sah ich zwischen den vier Mädchen ein über und über mit Grind bedecktes Kind sitzen; dieses Kind war drei Jahre alt; es kam aus dem Findelhaus in Parma (sic).

Auf folgende Weise war dieses unglückliche Kind zum Mitglied dieser elenden Familie geworden: Dieses Kind war aus dem Heim geholt worden, als es noch nicht einmal zwei Monate alt war. Eine Frau aus dem Dorf hatte es, nachdem ihr eigenes Neugeborenes gestorben war, zu sich genommen, einerseits weil sie stillen konnte, andererseits weil sie materielle Not litt. Es war ihre Absicht, das Kind ins Findelhaus zurückzubringen, denn es hatte sein zweites Lebensjahr vollendet.

Aber die alte Nicasi, die eine sehr enge Freundin dieser Frau war, hatte es geschafft, das Kind zu sich zu nehmen, indem sie folgenden Vertrag mit der Frau schloß:

»Du weißt ja, daß das Findelhaus jetzt, wo das Kind zwei Jahre alt ist, bis zur Vollendung seines dritten Lebensjahres monatlich zehn Franken bezahlt; vertraue es mir nur für dieses eine Jahr an, und anstatt der zehn Franken gebe ich mich mit acht Franken zufrieden; die beiden restlichen Franken behältst du für dich.«

(Mir ist nicht bekannt, ob das Kind mit Vollendung seines dritten Lebensjahres wieder ins Heim zurückgebracht worden ist oder ob es die Nicasis bei sich behalten haben, um es großzuziehen.)

Die Frau überließ das Kind der Nicasi, weshalb neun und nicht acht Personen in der Höhle lebten.

Manen des großen Vinzenz, verbeugt Euch und empfangt zur Strafe die Schandmale des Ungehorsams, derer Du Dich, nachsichtiges Herz, gegenüber demjenigen schuldig gemacht hast, den Du Deinen Herrn nanntest. Hatte er Dir nicht befohlen, die Kinder zu ihm kommen zu lassen? Warum hast Du sie dann daran gehindert? Sahst Du denn nicht noch zu Deinen Lebzeiten, welches Schicksal man ihnen zugedachte? Sie waren gewachsen, und deshalb hast Du sie nicht wiedererkannt, als Du die Galeeren aufsuchtest!...

Erlaube ihn also, den Kindesmord an den Bastarden, wenn Du, o Gesellschaft, wirklich würdig sein willst, die falschen Götter anzubeten, die Du Dir geschaffen hast. Könnten Deine Amtsträger sich nicht auf eine andere Art und Weise bereichern?...

*

ENDE DES ERSTEN TEILS

In der Zwischenzeit: Das Jahr 1908

Am 1. Januar 1908 war Lucheni mit Sicherheit noch mit der Abfassung seiner Lebenserinnerungen beschäftigt. Seit mehr als fünf Jahren führte er ein völlig unauffälliges Gefängnisleben, das einzig und allein bestimmt war von der Lektüre sowie vom kürzlich begonnenen, einzigartigen inneren Abenteuer der Niederschrift seiner Erinnerungen.

Alexandre Perrin, der dreizehn Jahre lang das Amt des Gefängnisdirektors bekleidet hatte, wurde von Jean Fernex abgelöst, eine ungewöhnliche Ernennung. Allem Anschein nach hat sie so manchen abgelehnten Anwärter auf diesen Posten bestürzt, der unzweifelhaft bessere Qualifikationen vorzuweisen hatte. Fernex war seinerzeit tatsächlich nur stellvertretender Urkundsbeamter, das heißt ein kleiner Angestellter in der Justizverwaltung. Einige, die sich mit der Angelegenheit befaßt haben, äußern sogar die Vermutung, daß die Ernennung von Fernex in genau dem Augenblick erfolgte, in dem zunehmender Druck aus dem Ausland die Exekutive in Bern dazu veranlaßt haben könnte, die Daumenschrauben anzuziehen. Der Historiker Youssouf Fehmi geht sogar so weit zu behaupten, daß die Schweizer Bundesbehörden ganz dezidiert die Entscheidung getroffen hätten, dem Fall Lucheni ein Ende zu machen.

Tatsache ist, daß Fernex von Anfang an entschlossener zu Werke ging als sein Vorgänger. Das zeigte sich besonders an den von ihm erlassenen Verordnungen, die das Ziel verfolgten, sowohl seine eigene Autorität als auch die seiner Untergebenen zu stärken:

»29. Januar 1908. Ich lege größten Wert darauf – und werde auch dauernd überprüfen, ob diese Anweisung auch befolgt wird –, daß das Verhältnis zwischen Gefängnispersonal und Häftlingen das zwischen Vorgesetzten und Untergebenen ist« (diese beiden Substantive sind im Text unterstrichen).

Vier Tage nach seinem Dienstantritt im Évêché-Gefängnis dringt er zusammen mit vier Gendarmen in Luchenis Zelle ein: »Ich bin der Nachfolger von Alexandre Perrin. Ich habe weder seine Geduld noch seine Nachsicht. Bisher sind Sie sehr nachsichtig behandelt worden. Sie haben viele Vergünstigungen erhalten. Damit ist jetzt Schluß. Meine Aufgabe ist es, Sie zu bändigen. Guten Abend!« Der furchtbare Gefangene beschränkte sich darauf zu jammern. Bleibt anzumerken, daß beim Tod von Fernex im Jahre 1937 in allen Nachrufen davon die Rede sein sollte, daß er ein eher grober Mensch gewesen war.

Noch ein weiteres Ereignis dieses Jahres sollte von entscheidender Bedeutung für Lucheni sein: Ein vom Oberwärter Victor Depierrez im Namen des gesamten Gefängnispersonals eingereichtes schriftliches Gesuch sollte zu einer erheblichen Verschlechterung des Klimas in der Strafanstalt führen:

»... Sehr geehrter Herr Direktor, im Namen aller Gefängnisbediensteten möchte ich Sie darum bitten, unserem Antrag stattzugeben, ein Faß Rotwein kaufen zu dürfen, das wir dann im Haus lagern, so daß wir uns daraus bedienen können. Sie werden sicher Verständnis dafür haben, daß wir angesichts unserer Dienstzeiten nicht auf den Konsum von Rotwein verzichten können...«

Die Genehmigung des Gefängnisdirektors wurde von der Justiz- und Polizeibehörde bestätigt. Damit wurde dieses denkwürdige Weinfaß, aus dem sich alle bedienen konnten, schließlich all denen bewilligt, deren ausgetrocknete Kehlen so sehr danach gelechzt hatten. Obwohl der Konsum von Wein sowohl dem Personal als auch den Häftlingen immer erlaubt gewesen ist, belegen die Gefängnisunterlagen eindeutig, daß er bis zu jenem Zeitpunkt immer begrenzt und genau bemessen war. Der besagte Vorstoß der Aufseher gegen die ursprünglich von der Gefängnisleitung erlassenen Verordnungen bildete den Auftakt zu einer ganzen Reihe von Überschreitungen der Machtbefugnisse, deren bevorzugtes Opfer Lucheni werden sollte.

Pastor Roehrich, der Genfer Gefängnisgeistliche und für mehrere Jahre Luchenis Pfarrer, ließ in einem 1911 unter dem Titel *Une visite aux prisons, au point de vue de l'éducation des détenus* veröffentlichten Buch ehemalige Häftlinge zu Wort kommen. Pastor Roehrich würdigt in seinem Buch den läuternden Wert eines jeden anständig geführten Lebens in einer Strafanstalt. Dennoch hebt er mittels der Zeugnisse der Strafgefangenen die wiederholten Verstöße der Gefängnisbediensteten hervor:

»Bevor man die Moral der Häftlinge verbessert«, bemerkt einer der ehemaligen Häftlinge, die in seinem Buch zu Wort kommen, »muß man zunächst einmal die des Personals verbessern, das nicht unbedingt der Creme der Gesellschaft angehört. Trunksucht, gefälschte Berichte, Gemeinheit und Despotismus sind deren herausragende Eigenschaften. Wie soll man Häftlingen, die diese Dinge jahrelang mit ansehen müssen, die Idee von Gerechtigkeit und Rechtschaffenheit einschärfen? Beispiele sind bekanntlich ansteckend...«

»Den Gefangenen hielt man Moralpredigten«, kommentiert ein anderer, »während die Gefängnisbediensteten Wein und Absinth ins Gefängnis brachten und den Häftlingen, die in deren Aufenthaltsräumen Reinigungsdienst hatten, sogar davon zu trinken gaben. Ich habe mit meinen eigenen Augen eine Korbflasche mit Absinth gesehen, die in einer Kohlenkammer versteckt war! Auch habe ich mehr als einen betrunkenen Wärter gesehen... So ging zum Beispiel einmal ein betrunkener Wärter singend und Grimassen schneidend von Zelle zu Zelle und duzte die Häftlinge, um sie zu erheitern. Es war derselbe denkwürdige Wärter, der mich vier Jahre lang so sehr quälte. Er beschimpfte mich mehrmals und wollte mich des öfteren schlagen...«

»Man wundert sich«, äußert ein dritter, »daß die Häftlinge gegen die Aufseher aufbegehren; ich für meinen Teil halte das für vollkommen natürlich, denn um diese zu ertragen, müßte man ein Engel sein, oder man dürfte kein Blut in den Adern haben... Je erbarmungsloser man mit Menschen umgeht, um so mehr reizt man sie.«

Pastor Roehrich kommt daher zu dem Schluß: »Der Wärter kann seiner Aufgabe nicht gerecht werden, wenn er ohne jede weitere Ausbildung nach seiner, in vielen Fällen sehr bescheidenen, früheren Tätigkeit plötzlich mit Häftlingen umgehen muß. Warum gibt es keine Schule für das Aufsichtspersonal in Gefängnissen?«

Anfang 1909 beendet Lucheni die Arbeit an seinen Kindheitserinnerungen. Sie haben einen Umfang von zweihundert Seiten und füllen die fünf Hefte, die aus der Gerichtsschreiberei stammen. Damit konnte sein Zeugnis der ganzen Welt zugänglich gemacht werden! Es war nicht Luchenis Ziel, sich in seinen Lebenserinnerungen von seiner Schuld reinzuwaschen, vielmehr hat er sich zu seiner Tat bekannt. Ganz besonnen zeigt er die Mechanismen seiner eigenen »Deformierung« auf und läßt auf diese Weise dem unglücklichen Kind, das er nie aufgehört hat zu sein, Gerechtigkeit widerfahren. Er hat gezeigt, daß alle während seines Prozesses geäußerten Interpretationen und die daraus abgeleiteten Schlußfolgerungen falsch waren. Er hat dargelegt, daß der Mangel an Liebe die Ursache für seine spätere Entgleisung darstellte.

Die letzten acht Jahre ohne jede Disziplinarstrafe wurden nur durch den Wechsel an der Spitze der Gefängnisleitung gestört. Lucheni faßt seinerzeit den Entschluß, seine Lebenserinnerungen unter dem Titel »Meine Jugenderinnerungen« fortzusetzen.

Der 15. März 1909: »Der Lucheni-Skandal«

Dann verschwinden »auf geheimnisvolle Weise« die fünf Hefte sowie der Almanach von 1901. Nach so vielen Jahren ohne irgendwelche Schwierigkeiten, in deren Verlauf sich, wie wir gesehen haben, in den Gefängnisdokumenten nicht eine einzige Bemerkung zu Lucheni oder gar ein Verweis findet, fühlt er sich zunächst nicht imstande, seiner Entrüstung Ausdruck zu verschaffen, mag sie auch noch so berechtigt sein.

Und trotzdem scheint er mit einemmal vollkommen verzweifelt zu sein. In diesem Gefängnis war es ihm gelungen, im Schatten der Gelehrsamkeit Quartier zu beziehen, durch die er sich durch intensives Nachdenken zu bereichern wußte. Die geistige Nahrung wirkte bei ihm kathartisch. Rücksichtslos gegen sich selbst hat er seine Erinnerungen bis in die düstersten Winkel seiner Verbitterung erforscht. Aber sein Text enthält auch einen Hoffnungsschimmer, und zwar den der Vergebung und einer imaginären Liebe für eine unerreichbare Mutter. Wohin führt ihn das alles? An die Schwelle der letzten Konfrontation mit sich selbst, mit seinen Kerkermeistern und dem Tod. Ganz sicher verzweifelt er bei dem Gedanken daran, um das beraubt worden zu sein, was seinem Leben einen Sinn gegeben hatte: Indem er in seiner ergreifenden Beichte die Maske fallen ließ, hat er seine Würde und, wer weiß, vielleicht auch die Hoffnung wiedergefunden, die Hoffnung – wer weiß? –, von seiner Mutter gelesen zu werden...

Er beginnt also, sich lauthals zu beklagen, wobei er sich – so kann man annehmen – auf seine Vorstellung von Gerechtigkeit beruft.

Der Direktor ordnet an, daß man aus seiner Zelle alle Bücher entfernt, zweifellos damit die denkwürdigen Hefte gefunden werden. In der Zwischenzeit wird Lucheni zum Posten von Block B gebracht. Lucheni ist so außer sich, daß er dort drei Scheiben zerschlägt. Man findet nichts in seiner Zelle, dafür aber wird er wegen fortgesetzten Ungehorsams und Beschimpfungen mit sechs Tagen Dunkelzelle und anschließendem verschärften Arrest bestraft. Dunkelzelle bedeutet: Wasser und Brot, dann ab dem 18. März »normales Essen«. Verschärfter Arrest: Entzug aller Vergünstigungen; darüber hinaus wird das hochgeklappte Bett mit einer verschließbaren Eisenkette an der Wand befestigt, damit er sich nicht vor der vorgeschriebenen Schlafenszeit hinlegen kann.

Die Entlassung aus der Dunkelzelle findet in Anwesenheit von Alfred de Meuron am Samstag, den 20. März, statt. Alfred de Meuron, ein Freund von Ernest Favre, hat, genauso wie dieser auch, dem »bürgerlichen Egoismus« entsagt. Da auch er ganz und gar durchdrungen ist vom Gerechtigkeitsgedanken, empört ihn jede Art von Ungerechtigkeit. In jedem Menschen sieht er zunächst einmal »den guten Kern«, mag er auch noch so tief unter Schlacke und Schmutz verborgen liegen. Er versteht sich selbst als »Menschenfischer«. Er widmet sich den von der Gesellschaft Ausgestoßenen, den vom Elend, vom Verbrechen und Gefängnis Bedrohten. Als Abgeordneter im Großen Rat (dem Genfer Parlament) ruft er wiederholt Jesus als seinen Zeugen an, so daß der Sitzungssaal häufig »von lautstark an den Himmel gerichteten Worten« widerhallt.

Wenn dieser »Kämpfer gegen die Ungerechtigkeit« an besagtem 20. März vor Ort ist, dann bedeutet das, daß man ihn auf die eine oder andere Art und Weise benachrichtigt haben muß. Wie verdienstvoll auch immer sein Engagement gewesen sein mag, Meuron hat sich nie schriftlich zu den Geschehnissen dieses Tages geäußert. Direktor Fernex jedenfalls wird, wie wir sehen werden, alles tun, um die wahren Ursachen dieses »Skandals« zu vertuschen.

Lucheni indes fordert unaufhörlich und dermaßen nachhaltig zurück, was ihm gehört, daß Fernex sich dazu veranlaßt fühlt, in seinem Tagesbericht vom 3. Mai 1909 folgendes zu vermerken:

»Lucheni beschwert sich darüber, daß während seiner Dunkelhaft vier oder fünf Hefte verschwunden sind. Der Wärter Lée sowie der Oberwärter Depierraz erklären übereinstimmend, diese Hefte nicht gesehen zu haben. Ich bin dem nachgegangen. Die fraglichen Hefte sind nicht wiedergefunden worden. Es fragt sich, ob sie vielleicht mit Abfällen zusammen verbrannt worden sind.«

Infolgedessen hätte das Personal gegen die geltenden Vorschriften verstoßen: »Es ist ausdrücklich verboten, aus diesem Heft Blätter herauszureißen oder es zu vernichten.« Fernex, ein Mann mit Prinzipien, der normalerweise nicht zögert, Sanktionen gegen das Gefängnispersonal zu verhängen, erregt dieser Vorfall nicht besonders, und er betrachtet ihn schnell als erledigt. Lucheni beizupflichten käme ihm, vollkommen unabhängig von den tatsächlichen Umständen, niemals in den Sinn.

Aber von diesem Tag an herrscht im Gefängnis ein schlechtes Klima, jeder mißtraut dem anderen, insbesondere aber dem Direktor. Am 17. Mai muß dieser sogar die schlechte Laune und die deutlichen Vorwürfe von Frau Ramel, der Concierge des Gefängnisses, über sich ergehen lassen. Unter dem Datum 17. Mai notiert Fernex voller Verbitterung in seinen Akten:

»Am gestrigen Sonntagabend wurde das Personal Zeuge der unwürdigen Szene, die Frau Ramel mir machte, nachdem ich sie gebeten hatte, die Türen leise zu schließen. Ich mißbillige ihr Verhalten nachdrücklich und hoffe, daß das Gefängnispersonal nicht die Meinung teilt, die Herr und Frau Ramel von mir haben. Beide versicherten mir, daß ich in den Augen des Personals der schlechteste Direktor sei, den sie je hatten.«

Lucheni jedoch läßt weiterhin nicht locker und beklagt sich lauthals über das ihm angetane Unrecht, so daß Fernex am Morgen des 18. Mai mit offenkundigem Mißfallen in seinen Akten notiert: »Es ist bewiesen, ein für allemal bewiesen, daß Lucheni nicht in Gemeinschaft mit anderen zu leben imstande ist; für ihn ist alles Unrecht. Heute morgen hat er den Unterzeichnenden erneut beschimpft, ohne daß es irgendeinen ersichtlichen Grund für seinen Zorn gäbe!«

Von nun an bleibt er in verschärfter Einzelhaft. Man nimmt ihm sowohl das Messer als auch die Gabel seines Eßgeschirrs weg, da jede Möglichkeit eines Selbstmordversuchs ausgeschlossen werden soll; die diesbezüglichen Vorschriften sind eindeutig. Man läßt ihm seine Bücher und sein Bett. Sechs Wochen lang, also bis zum 30. Juni, erhält er weder Wein noch neue Bücher; die *Annales* bekommt er nur in gebundener Form. Er macht keine Spaziergänge und wird nur dann in den Waschraum geführt, wenn sich kein anderer Häftling im Block aufhält. »Strenge Vorsichtsmaßnahmen ergreifen«, heißt das bei Fernex.

Und am selben 18. Mai macht er um 13.30 Uhr folgenden Vermerk: »Nachdem Lucheni in seiner Zelle alles zertrümmert hat, wird die heute morgen verhängte Strafe umgewandelt: Er wird zu sechs Tagen Dunkelzelle bei Wasser und Brot, gefolgt von einem Monat verschärftem Einzelarrest, verurteilt.«

Am 24. Mai: »Lucheni wird mitgeteilt, daß, falls er nicht aufhört zu schreien, er nicht mehr aus der Dunkelzelle herauskommt.«

Am 25. Mai um 13.30 Uhr: »Lucheni kommt aus der Dunkelzelle, um in die Nummer 35, die Zelle für den verschärften Einzelarrest, verlegt zu werden.«

Nach seiner Entlassung aus der Dunkelzelle wird Lucheni also in die genannte Zelle verlegt. Er weigert sich jedoch, diese Zelle zu beziehen. Fernex ist gezwungen einzuschreiten. Schließlich wird Lucheni zwangsweise von Wärtern dorthin gebracht, während der Direktor diese Überführung vom Erdgeschoß aus überwacht. Als sie den

Innenhof im ersten Geschoß erreichen, reißt sich Lucheni, vollkommen außer sich, von seinen Bewachern los und stürzt sich von der seinerzeit noch nicht vergitterten Galerie aus einer Höhe von ungefähr vier Metern hinunter. Er fällt auf die Füße, so daß er eine Knöchelverstauchung davonträgt. Wäre der Gefängnisdirektor nicht zur Seite gesprungen, hätte Lucheni ihn direkt getroffen. Diese Verzweiflungstat dürfte wohl gegen Fernex gerichtet gewesen sein, denn diesem macht Lucheni ganz sicher zum Vorwurf, daß er seine Erinnerungen entweder vernichtet oder gestohlen beziehungsweise deren Diebstahl gedeckt hat. Der Gefängnisarzt Dr. Blanchard nennt diesen Vorfall ganz lakonisch einen »Selbstmordversuch«. Der Direktor entschließt sich, diesem Zwischenfall nicht allzu gründlich nachzugehen, weil sonst die Gefahr bestünde, daß Luchenis eigentliches Motiv zum Vorschein käme. Bezeichnenderweise sollte dieser Freund detaillierter Berichte bis zum Tod Luchenis warten, um über die Zeitungen und auf Nachfrage eines Nervenarztes seine Darstellung des gegen seine Person gerichteten »Attentats« zu verbreiten.

Auch nach diesem schwerwiegenden Zwischenfall weigert sich Staatsanwalt Navazza weiterhin hartnäckig, sich der allgemein verbreiteten Ansicht anzuschließen, daß der Mörder der Kaiserin von Österreich ein Geisteskranker sei. Logischerweise widersetzt er sich einer Einweisung Luchenis in die Nervenheilanstalt Bel-Air, und das um so mehr, als diese Einrichtung seiner Meinung nach zu viele Fluchtmöglichkeiten bietet.

Im Juli 1909 ordnet die Justiz- und Polizeibehörde infolge fortgesetzter »Gehorsamsverweigerungen« eine erneute medizinische Untersuchung Luchenis an. Die beiden mit dieser Untersuchung beauftragten Ärzte, Martin und Blanchard, schließen ihren Bericht mit den Worten: »Lucheni wie einen Kranken behandeln; seine Beschuldigungen und seine Kritik nicht ernst nehmen.« Auch in diesem Fall scheint alles so arrangiert worden zu sein, daß die traurige und von der Gefängnisleitung stillschweigend gedeckte Tatsache der verschwundenen Lebenserinnerungen verschwiegen wird. Es werden Maßnahmen vorgeschlagen, mit deren Hilfe man Luchenis Empörung beschwichtigen will: ihn in seiner Zelle mit einer Arbeit beschäftigen, die ihm gefällt; wenn möglich den zuständigen Wärter auswechseln und so weiter. Nebenbei sei angemerkt, daß es sich dabei zugleich um Maßnahmen handelt, die das Ziel verfolgen, ihn stärker zu isolieren.

In einem Bericht vom 16. Juli wettert der Direktor: »Seine Gemeinheit, seine Überheblichkeit und seine Bösartigkeit sind nach wie vor ungebrochen. Und sicher wird er bald wieder in die Dunkelzelle gesteckt, denn wenn man nachsichtig mit Lucheni umgeht, wird es um so schwerer, die anderen Häftlinge, die sich des Ungehorsams schuldig machen, zu bestrafen.«

Fernex lehnt von nun an jede Bitte um eine Unterredung kategorisch ab und verlangt, daß alle Gesuche schriftlich gestellt werden.

Chronik des Jahres 1910

Infolge der Ereignisse des Jahres 1909 wird die Atmosphäre im Gefängnis immer angespannter. Argwohn, Feindseligkeit und Verleumdung bestimmen das alltägliche Leben. Angeregt durch das Beispiel eines oftmals angetrunkenen Gefängnispersonals, nutzen die Häftlinge diesen Zustand genüßlich aus: Am 8. Februar entdeckt der Wärter Lée, daß die Gitterstäbe in der Zelle von Collant angesägt worden sind; am 4. März schlägt Turco mit seinem Besen Wimmer nieder, wofür er zehn Tage Dunkelhaft erhält. Latout verbringt acht Tage in der Dunkelzelle, weil er die Arbeit verweigert hat.

Einmal erregt sich der Direktor wegen des Umgangs der Häftlinge mit dem Brot:

»Auf dieser Welt gibt es viele Menschen, die verhungern. Im Évêché-Gefängnis gibt es einerseits Gefangene, die hier sind, weil sie ihr gesetzwidriges Verhalten hierhergebracht hat, und die ganze Stücke Brot wegwerfen, an dem es vielen ehrbaren Menschen auf dieser Welt mangelt. Andererseits gibt es im Évêché-Gefängnis Angestellte, die dieses Verhalten dulden. Ist das statthaft? Ich denke nicht. Ich will nicht, daß Brot verschwendet wird, und ordne daher an, daß auch die Nachttöpfe kontrolliert werden, um festzustellen, ob möglicherweise auch auf diesem Weg Brot sinnlos verschwendet wird.«

In diesem Klima nehmen Luchenis Klagen und Nörgeleien zu. Am 22. März und am 9. Juli richtet er zwei der wenigen Briefe, die er seit seiner Festnahme verfaßt hat, an den Polizeipräsidenten. Diese Schreiben sind sehr ausführlich, und Lucheni schüttet darin sein Herz aus. Da es in der Strafanstalt niemanden gibt, der seinen Beschwerden Rechnung trägt, hält er es für notwendig, denjenigen zu seinem Zeugen zu machen, der in der Welt außerhalb des Gefängnisses als die Verkörperung des verlängerten Arms ebenjener Justiz gilt, auf die er sich sein ganzes Leben lang vergeblich berufen wollte. Diese beiden Briefe sind von größter Wichtigkeit, weil sie aus einer ganz entscheidenden Zeit stammen. Ihre Existenz ist durch die Register des Évêché-Gefängnisses belegt.

Aber bedauerlicherweise sind diese beiden Briefe verschwunden. Es sei denn, die Genfer Polizei bewahrt in einem verborgenen Winkel ihrer riesigen Kellergewölbe diese zwei Dokumente auf, deren Platz eigentlich im Staatsarchiv des Kantons Genf sein müßte. Doch dank des Arztes A. Papadaki sind uns einige Bruchstücke davon in dessen Artikel *L'aliénation mentale d'un prisonnier* erhalten geblieben:

»... Für die seelischen Leiden bin ich empfänglicher als für die körperlichen... Ich schreibe nicht, um eine Veränderung des Systems zu bewirken, sondern um Sie über einige der Ursachen auf dem laufenden zu halten, die zum Verlust der Winzigkeit an Achtung geführt haben, das man anfing mir entgegenzubringen und die allein für mich die dauerhafte Substanz darstellte, mit der ich meine letzten Illusionen nährte...«

Lucheni erhält nicht nur keine Antwort auf seine Briefe, sondern es gibt in der Tat niemanden, der ihn ernst nimmt. Vergegenwärtigt man sich eine seiner letzten, im Hinblick auf seinen Charakter äußerst aufschlußreichen Aussagen, die er 1901 gegenüber den beiden Ärzten Ladame und Régis machte, dann muß man eine deutliche Verschlimmerung der Lage befürchten:

»Mein großer Fehler besteht darin, daß ich meine Verachtung, meine Abscheu gegenüber der Ungerechtigkeit auf die Spitze getrieben habe. Wenn ich mich nicht vollkommen falsch einschätze, dann würde ich sagen, daß ich lieber fünfzigmal sterben würde, als mich zu unterwerfen...«

Aber dennoch dachte er nie daran, seinem Leben vorzeitig ein Ende zu machen.

»Hier fürchtet man, daß ich Selbstmord begehen könnte, und läßt mir weder Gabel noch Löffel. Ich denke aber überhaupt nicht daran. Das Leben ist kurz, ›fugit irreparibile tempus‹!«

Am 24. März veröffentlicht Fernex folgende Verordnung: »Die Herren Gefängniswärter werden ein weiteres Mal angewiesen, sich Lucheni gegenüber geduldig zu verhalten. Sie dürfen weder auf seine Taktlosigkeiten noch auf seine Provokationen eingehen; vor allem ist es ihnen untersagt, mit anderen Häftlingen über Lucheni zu sprechen. Es ist grundsätzlich verboten, mit Häftlingen über anderes als dienstliche Dinge zu reden. Dagegen ist dem Direktor jedes auffällige Verhalten Luchenis sofort anzuzeigen sowie über alle von ihm gemachten Äußerungen Bericht zu erstatten.«

Der 1. Juni ist ein Feiertag in Genf (man gedenkt des Beitritts zum Schweizer Bund), aber dem Direktor ist ganz offensichtlich nicht zum Feiern zumute, und so erläßt er folgende Anweisung: »Ich erinnere daran, daß es verboten ist, den Gefangenen Blumen zu überreichen oder sie sich von ihnen wegnehmen zu lassen!«

In Wahrheit hat er zweifellos ein immer schlechteres Gewissen, und vielleicht fürchtet er auch, daß der Skandal vom März 1909 immer weitere Kreise zieht und sich die Gemüter nicht beruhigen werden. Folglich verordnet er »eine schärfere Kontrolle in der Werkstatt im dritten Stock von Block B, denn Lucheni darf auf keinen Fall Zettel oder irgendwelche anderen Gegenstände auf die Straße werfen«. Ergänzend fügt er hinzu, daß darauf zu achten sei, »ständig zu beobachten, was in der Straße (Rue de la Fontaine) passiert.«

Vor allem aber fürchtet er um sein eigenes Leben. Am 11. Juni 1910 vermerkt er in seinem Tagesbericht: »Ich habe allen Grund zu der Annahme, daß Lucheni versuchen könnte, seine Talente an mir zu erproben, und da ich keinen gesteigerten Wert darauf lege, ist es Lucheni strikt untersagt, Block B zu verlassen, außer wenn eine Besprechung stattfindet. Die Seelsorger und der Arzt treffen ihn entweder in seiner Zelle oder in einem anderen Raum in Block B.«

Im September fand dann die Bundesfeier statt. Für Fernex der Zeitpunkt, um nach zweieinhalb Jahren als Gefängnisdirektor Bilanz zu ziehen. Bei dieser Gelegenheit beklagt er die schlechte Stimmung im Gefängnis sowie die bedauerlichen Spannungen, die zwischen dem Gefängnispersonal und ihm herrschen.

Bei seiner Arbeit in der Buchbinderei von Block B (er stellt inzwischen keine Pantoffeln mehr her) wird Lucheni weiterhin sehr streng von einem Wärter überwacht. In diesem Zusammenhang schreibt er dem Direktor:

»Da ich Ihre hohen Ansprüche an die Bindearbeiten kenne und überzeugt bin, weit davon entfernt zu sein, sie zu befriedigen, halte ich es für meine Pflicht, Ihnen die Gründe dafür darzulegen, weshalb es mir nicht nur unmöglich ist, Fortschritte zu machen, sondern weshalb ich auch noch die wenigen Kenntnisse, die ich bei dieser Tätigkeit erworben hatte, eingebüßt habe. Sie dürfen mir glauben, daß diese Angelegenheit mir wirklich Sorgen bereitet, denn trotz Ihres unrechtmäßigen Verhaltens mir gegenüber ist es stets mein größter Wunsch, den Anforderungen gerecht zu werden.«

An einer seiner Zellenwände hatte Lucheni ein aus einer Zeitung ausgeschnittenes Bild der Kaiserin von Österreich aufgehängt; aber der Gefängnisdirektor fordert ihn nachdrücklich auf, es wieder abzunehmen. Nachdem erneut Zwang auf Lucheni ausgeübt worden ist, nimmt dieser auch all die anderen Bilder ab, die er an seiner Zellenwand aufgehängt hat. Das ist seine Form des Gehorsams: Er zeigt, daß er immer noch dazu imstande ist, selbstbestimmt zu handeln.

Luchenis letzte Tage

Am 14. Oktober 1910 ist Lucheni krank.
Am 15. Oktober kommt es zu einem lautstarken Konflikt zwischen Margueron, dem Werkmeister, und Fernex, der so weit eskaliert, daß Margueron diesem die Tür der Werkstatt vor der Nase zuschlägt. Der Gefängnisdirektor notiert:

»Diese Form der Erziehung von Gefangenen wird ganz sicher Früchte tragen, denn diese Szene fand vor aller Augen statt. Margueron wurde in die Behörde zitiert und erhielt einen Verweis!«

Am 15. Oktober fühlt sich Lucheni immer noch unwohl. Fernex jedoch zwingt ihn, aufzustehen und wie alle anderen auch seine Arbeit aufzunehmen. Daraufhin verlangt der Häftling – allem Anschein nach zum erstenmal überhaupt –, mit seinem Anwalt sprechen zu dürfen, der nach Schweizer Gesetz zugleich sein Vormund ist. In diesem Zusammenhang sei angemerkt, daß sein Anwalt Pierre Moriaud, der in der Nähe des Gefängnisses wohnt, sich seit dem Prozeß nie mehr für seinen Mandanten und Mündel interessiert hat. Fernex läßt dieses Gesuch unbeantwortet.

Am 16. Oktober verläßt Lucheni seinen Arbeitsplatz in der Zelle, um neues Werkzeug für Einschnitte zu beantragen. Der Werkmeister Franki Margueron, der gerade Streit mit dem Direktor hatte, ist in schlechter Stimmung. Er bestreitet, daß Lucheni wirklich braucht, was er verlangt. Das verärgert Lucheni, der erklärt, »daß er diese Tätigkeit von jemandem erlernt hätte, der sehr viel fähiger sei als er, und daß er, Margueron, überhaupt nicht die Kompetenz besitze, um ihm irgendwelche Befehle in bezug auf seine Arbeit zu geben«. Und er fügt hinzu: »Sie sind ja betrunken, Sie riechen nach Alkohol!«

Der gekränkte Werkmeister erstattet dem Gefängnisdirektor Bericht, der dem Vorfall nachgeht. Er kommt zu der Überzeugung, daß Lucheni nicht völlig unrecht hat, entscheidet sich aber dennoch, ihn mit drei Tagen verschärftem Einzelarrest zu bestrafen. Einmal mehr ist er seinem Prinzip treu, nach dem er den Beschwerden seines Schwarzen Schafs keine Beachtung schenkt. In seinem Tagesbericht aber brandmarkt er Marguerons Verhalten auf eine ironische, durchtriebene und fast zynische Art und Weise:

»Heute morgen hat mir Margueron berichtet, daß sich Lucheni ihm gegenüber ungehörig betragen habe, und das vor allen Häftlingen. Margueron gehört zu jenen Angestellten, die Grobheiten eines Wahnsinnigen, wie Lucheni einer ist, nicht ertragen. Diesen bestrafe ich mit drei Tagen verschärftem Einzelarrest; bleibt zu hoffen, daß die Strafe diejenigen zufriedenstellt, die dieses Gefängnis entgegen meinen Anweisungen führen wollen, bei denen es sich ja schließlich um Anweisungen der Justiz- und Polizeibehörde handelt.«

Lucheni darf also seine Zelle nicht verlassen, in der er darunter leidet, nicht arbeiten zu können, und das um so mehr, als er sich im Recht fühlt. Er schreit: »Ich habe nur die Wahrheit gesagt!«

Ihn überkommt ein Anfall von Raserei (ein sogenannter Raptus). Er verspürt das plötzliche und unwiderstehliche Verlangen, seine Wut an irgend etwas auszulassen, auch wenn das für ihn und für andere dramatische Folgen haben wird. Er fängt an, in seiner Zelle alles zu zertrümmern. Zunächst zerschlägt er ein Fenster, gegen das er dann alle Einrichtungsgegenstände schleudert; einzelne Bruchstücke fliegen sogar bis vor die lutherische Kirche am unteren Ende des Place du Bourg-de-Four, was zu einem beachtlichen

Menschenauflauf führt. Die Passanten sammeln Steingutscherben auf, die sie als Souvenir behalten.

Daraufhin stürmen sechs Wärter in Luchenis Zelle, der erneut fordert, »seinen Anwalt zu sehen« (Y. Fehmi). Fernex läßt sich überhaupt nicht darauf ein und ordnet drei Tage Dunkelhaft für Lucheni an. Die sechs Männer traktieren den Häftling, der vollkommen außer sich ist, mit Stockschlägen, um ihn dann mit Faustschlägen und Fußtritten in die Zelle ins Untergeschoß zu befördern.

Die Dunkelzelle im Évêché-Gefängnis

Diese Zelle ist ein winzig kleiner, enger und leerer Raum (1,85 Meter breit, drei Meter lang und zwei Meter hoch). Er befindet sich ungefähr in Höhe der Rue de la Fontaine, so daß man noch zwei Etagen hinabsteigen muß, um in den Keller zu gelangen. Insgesamt gibt es fünf solcher Zellen, die nebeneinander auf einem Gang liegen und durch 1,10 Meter dicke Mauern voneinander getrennt sind. Zusätzlich zu einer Eisentür werden diese Zellen auch noch mit einer Holztür verschlossen. Von außen dringen weder Licht noch Geräusche in die Zelle. Anstelle eines Bettes stehen dem Gefangenen nur eine Matte, eine Art Strohsack, sowie eine dünne Decke zur Verfügung. Seine Nahrung beschränkt sich auf Wasser und Brot. »Ein echtes Grab«, schreibt Paul Adam in einer im *Journal de Genève* erschienenen Artikelserie, die sich mit dem Évêché-Gefängnis befaßt. Diese Strafe, die auf keinen Fall länger als zehn Tage dauern darf, ist furchtbar und wird erst dann verhängt, wenn keine anderen Mittel mehr fruchten.

Nur zur Ergänzung sei angemerkt, daß es auch im Saint-Antoine-Gefängnis eine Dunkelzelle gibt, in die der Gefängnisdirektor Greiler aber nie jemanden länger als einen Tag einsperren läßt, weil er der Meinung ist, daß diese Strafe den Häftling um den Verstand zu bringen droht. Seiner Ansicht nach sollte man denjenigen, der darin eingesperrt ist, unter strenge Beobachtung stellen, und darüber hinaus dürfte er weder einen Gürtel tragen noch dürften ihm ein Laken zur Verfügung stehen. Zudem müßte sich der Aufseher beim kleinsten Geräusch versichern, ob der Häftling nicht möglicherweise versucht, seinem Leben ein Ende zu machen.

Es hat den Anschein, als sei die Dunkelzelle im Saint-Antoine-Gefängnis im Vergleich zu der im Évêché-Gefängnis ein ziemlich harmloser kleiner Raum. Hier laufen die Ratten zwischen den Beinen des Häftlings herum und stoßen dabei schrille Schreie aus. Den Brotlaib, den man dem Häftling hinwirft, muß er unentwegt gegen die gefräßigen Nager verteidigen. Ein ermüdender Kampf für einen Häftling wie Lucheni, der geschwächt ist von seinen zwölf Haftjahren und der möglicherweise sein Seelenheil im Tod zu finden hofft. Vielleicht ist genau das die Überlegung, die einige anstellen.

Denn völlig im Widerspruch zu einer diesbezüglich unmißverständlichen Vorschrift nimmt man ihm nicht seinen zudem noch ziemlich langen Ledergürtel ab. Ergänzend sei angemerkt, daß das kleine Dachfenster der Dunkelzelle von innen nicht zu sehen ist.

Eine traurige Feststellung…

Der weitere Ablauf der Ereignisse läßt sich nur mit Hilfe der zeitgenössischen Tagespresse sowie des Berichts von Dr. A. Papadaki, Privatdozent für Gerichtsmedizin an der Genfer Universität, rekonstruieren. Von Fernex gibt es keine schriftlichen Aufzeichnungen, ausgenommen folgende lapidare Bemerkung in seinen »Notizen des Monats Oktober 1910«: »Lucheni verstorben«. Überhaupt gibt es zu Luchenis Tod von ihm nur eine einzige Aussage, die er im Jahre 1912 gegenüber dem Historiker Fehmi machte, der ihn im Évêché-Gefängnis aufsuchte.

Die Durchsicht der zeitgenössischen Tagespresse unterstreicht die Widersprüche und Unglaubwürdigkeiten im Zusammenhang mit Luchenis Tod.

»Am 19. Oktober bestellt der Polizeipräsident Perrier den Gefängnisdirektor Fernex um 17 Uhr in sein Büro, um ihn darüber zu befragen, in welchem geistigen Zustand Lucheni sich befinde. Nachdem Fernex vom Personal versichert worden war, daß dieser ruhig sei und singe, ordnet er an, daß Lucheni um 19 Uhr aus der Dunkelzelle geholt und zurück in seine normale Zelle gebracht werden soll. Gegen 17.30 Uhr hörten die Wärter immer noch, wie er fröhlich sang. Sie setzten ihren Rundgang fort und kamen gegen 18 Uhr zurück. Um 19 Uhr stellten die beiden Wärter Becchio und Vannod, die mit der Verlegung von Lucheni aus der Dunkelzelle beauftragt worden waren, fest, daß Lucheni sich mit einem Riemen, der ihm als Gürtel diente, erhängt hatte. Dieser Gürtel war an der Fensterangel befestigt, die teilweise herauszubrechen ihm gelungen war.« (*La Tribune de Genève*, 20. Oktober 1910)

»Lucheni war ruhig und sang sogar, als Herr Fernex ihn um 17 Uhr verließ, um sich zum Rathaus zu begeben, wo er Herrn Perrier in dessen Büro Bericht erstatten sollte... Zwischen zwei Rundgängen hatte Lucheni sich mit einem dicken, zwei Zentimeter breiten und fünfundsiebzig Zentimeter langen Lederriemen erhängt.« (*La Suisse*, 20. Oktober 1910)

»Er hat seinem Leben ein Ende gemacht, indem er einen Haken herausgerissen hat, an dem er eine Art Riemen befestigte.« (*Journal de Genève*, 20. Oktober 1910)

»Am 18. Oktober schrie Lucheni den ganzen Tag lang und beschimpfte den Gefängnisdirektor auf unflätige Weise, und sicher heckte er auch schon seinen Plan aus: Um zu vermeiden, daß man ihm in Zukunft seine Arbeit in der Buchbinderei wegnimmt, dachte er sich in der Dunkelzelle einen vorgetäuschten Selbstmord mit einem Riemen aus, den er am Kellerfenster befestigte, nachdem er die Kittmasse daraus entfernt hatte. Zu seinem Unglück konnte er aber nicht alles vorausplanen, vor allem nicht die Tatsache, daß seine ursprünglichen Absichten von einem Zufall durchkreuzt wurden: Um 19 Uhr wurde Luccheni tot aufgefunden. Das Gesicht zeigte zur Wand, der Topf, auf den er gestiegen war, lag umgestürzt nur wenige Zentimeter neben seinen Füßen. Der Todeszeitpunkt ließ sich sehr genau bestimmen. Er muß kurz vor 18 Uhr gestorben sein (um 17.55 Uhr hat man einen lauten Schrei gehört, wahrscheinlich seinen Hilferuf). Luccheni wußte, daß die Wärter um genau 18 Uhr auf ihrem Rundgang an seiner Zelle vorbeikommen würden, und so beschloß er, sich um diese Zeit zu erhängen (!).

Wenige Minuten vor 18 Uhr ist der Wärter, der für diesen Rundgang eingeteilt war, an der Tür vorbeigegangen; da er den Häftling jedoch schreien hörte, hielt er es für überflüssig, sie zu öffnen, und setzte seinen Rundgang fort. Genau das ist der Zufall, dem Luccheni den unerwarteten Erfolg seines Selbstmordversuchs verdankt, der nach Ansicht des Gefängnisdirektors lediglich ein vorgetäuschter Selbstmordversuch sein sollte...« (Dr. A. Papadaki, Gerichtsmediziner, *L'aliénation mentale d'un prisonnier*, Januar 1911)

»Auch wenn man Luccheni zwischen Himmel und Erde hängend fand, so hatte er dies dennoch nicht in einem Anfall blinder Wut, sondern wohlüberlegt getan: Er hoffte nämlich, man würde ihn finden, bevor er stirbt. Auf diese Weise hätte er gegenüber den Wärtern erneut ein Mittel oder ein Argument in der Hand gehabt, mit dem er seine Interessen hätte durchsetzen können. Vor allem aber auch deswegen, damit man über ihn spricht, was für ihn ein besonderer Genuß war.« (Brief eines Mitgefangenen – Fernex hat sich dieser Einschätzung ausdrücklich angeschlossen.)

»Um 18 Uhr hören die Wächter ihn auf ihrem Rundgang noch schreien.« (Persönliche Notiz von Fernex an Graf Egon Corti)

»Am Mittwoch, den 19. Oktober, begab sich Gefängnisdirektor Fernex um 19 Uhr zur Dunkelzelle. Er öffnete die Tür. Die überraschten Ratten ergriffen die Flucht. Er trat einen Schritt zurück und schlug Alarm, denn er sah seinen Häftling an dem viel zitierten Gürtel hängen, der an den Gitterstäben des Dachfensters befestigt war, das durch die zerstörte Mauer sichtbar geworden war. Luchenis Kleidungsstücke waren zerfetzt, seine Beine so sehr verrenkt, als hätte sie jemand verbogen; sein Gesicht war entstellt und verschwollen, seine Augen verdreht. Dieser Anblick mußte furchtbar gewesen sein, denn als Herr Fernex, dieser kleine Angestellte, der zum Sultan des Évêché-Gefängnisses geworden war, dieses sich ihm seinerzeit darbietende Bild beschrieb, durchfuhr sein Körper ein nervöses Zittern, das er nicht zu beherrschen vermochte... Um die Gitterstäbe des Dachfensters zu erreichen, hätte Lucheni mehr als einen Meter des Deckengewölbes herunterreißen müssen. Nach Aussage des Direktors soll der Häftling diesen ›Abriß‹ mit bloßen Händen vorgenommen haben. Ohne Hacke und Hammer dürfte dies jedoch schlichtweg unmöglich sein. Und selbst mit den entsprechenden Werkzeugen hätte der Gefangene Lärm verursacht, und entsprechend den Vorschriften hätte der Gefangene zu keinem Zeitpunkt unbeobachtet bleiben dürfen.« (Y. Fehmi, 1912 – Besuch im Évêché-Gefängnis und Gespräch mit Fernex)

»Man sagt, daß der Staatsanwalt Navazza den Direktor des Évêché-Gefängnisses zu sich bestellt hätte, um ihm wegen einiger Gerüchte die mögliche Einleitung juristischer Schritte anzudrohen. Angeblich hätte man bei Luchenis »Selbstmord« nachgeholfen, um sich seines schwierigen Charakters und seiner ständigen Beschwerden zu entledigen.« (Charles Ponce, *L'Affaire Lucheni*)

»Am 21. Oktober hat Emil-Conrad Padowetz, der Konsul von Österreich-Ungarn, den Polizeipräsidenten Perrier um die Erlaubnis gebeten, den Leichnam des Mörders sehen zu dürfen, um seiner Regierung Bericht erstatten zu können...« (*Journal de Genève*)

Es scheint notwendig, diese widersprüchlichen und wirren Behauptungen einer kritischen Bestandsaufnahme zu unterziehen:

1. Fernex gibt an, daß Lucheni am 18. und 19. Oktober ruhig gewesen sei (was nach Meinung von Perrier seine Entlassung aus der Dunkelzelle rechtfertigte); andere sind der Meinung, er habe geschrien und lauthals geschimpft; wieder andere meinen, Lucheni habe fröhlich gesungen.

2. Alle stimmen darin überein, daß Lucheni zwischen 17.55 Uhr und 18 Uhr einen lauten Schrei ausgestoßen hat. Das war genau die Zeit, in der der Wärter seinen Rundgang machte. Da dieser mit dem Häftling vertraut war, hielt er es in diesem Augenblick für unnötig einzuschreiten. Auch Fernex ist offensichtlich nicht auf den Gedanken gekommen nachzusehen. Wäre man sofort tätig geworden, hätte Lucheni vielleicht gerettet werden können. Die Zeitung *La Suisse* meldete sogar, Lucheni sei zwischen zwei Rundgängen gestorben.

3. Lucheni soll sich für seinen »vorgetäuschten Selbstmord« angeblich ganz genau die Uhrzeit ausgesucht haben, in der der Rundgang stattfand. Wie aber hätte er in vollkommener Dunkelheit, ohne Uhr und ohne auch nur das kleinste Geräusch von draußen zu hören, überhaupt die Uhrzeit abschätzen sollen? Man ist geneigt, darin eine viel zu weitgehende Interpretation zu sehen, mit deren Hilfe sowohl die Koinzidenz zwischen Selbstmord und Rundgang des Wärters als auch dessen Untätigkeit plausibel gemacht werden soll...

4. Dr. Papadaki gibt an, Lucheni habe mit dem Gesicht zur Wand gehangen; nach Aussage von Fernex dagegen waren seine Beine verrenkt und sein Gesicht erkennbar.

5. Die Wärter Becchio und Vannod wären die ersten gewesen, die die Zelle betreten hätten, wohingegen der Gefängnisdirektor im Jahre 1912 gegenüber Fehmi erklärte, selbst den Leichnam entdeckt zu haben.

6. Lucheni selbst hätte in der Dunkelheit und mit »bloßen Händen« die Fensterangel, einen Haken oder irgendeinen Dichtungskitt herausgelöst. (Fernex)

7. Warum trug Lucheni einen Gürtel?

8. In der Gerichtsmedizin erklärte Professor Mégevand nach der Autopsie der Leiche, daß »er überhaupt nicht gelitten« hätte. Dagegen wäre auf den von ihm selbst und mit der Unterstützung seines Laborassistenten Arlaud gemachten Fotoaufnahmen ein schmerzverzerrtes Gesicht zu sehen gewesen (Fehmi). Bleibt noch ergänzend hinzuzufügen, daß es aufgrund der kategorischen Weigerung seitens der Verwaltung weder dem Untersuchungsrichter J. Peter noch dem Anwalt P. Moriaud gelungen ist, eine Kopie besagter Aufnahmen in die Hände zu bekommen.

9. Der Staatsrat Vautier (Justiz und Polizei) erklärte: »Noch gestern habe ich mit meinem Sekretär, Herrn Odier, darüber diskutiert, ob wir Lucheni, falls er für geisteskrank erklärt worden wäre, nicht in sein Heimatland hätten zurückschicken können. Denn in diesem Fall wäre er niemals wieder in die Werkstatt zurückgekehrt, weil er sowohl für die Aufseher als auch für die Mitgefangenen eine zu große Gefahr darstellte. Es hätte einer Untersuchung durch mehrere Ärzte bedurft.«

10. Sowohl der Direktor als auch das Wachpersonal des Évêché-Gefängnisses erklärten, »glücklich darüber zu sein, Lucheni, diesen unbequemen, rachsüchtigen und hinterhältigen Gefangenen vom Hals zu haben«.

Darüber hinaus wollte sich der offizielle Vertreter Österreichs persönlich davon überzeugen, ob Lucheni auch wirklich tot war.

Für nicht wenige war Luchenis Tod in jeder Hinsicht eine wunderbare Fügung.

11. Erklärung von Luchenis Anwalt und Vormund Pierre Moriaud:

»Hat Lucheni Selbstmord begangen? Er war ein vom Schicksal Vernachlässigter. Die Nachricht überrascht mich jedenfalls nicht. Nach dem jüngsten Vorfall, über den ich durch meinem Gehilfen, Herrn Tissot, Kenntnis erhielt, habe ich diesen Ausgang fast erwartet. Nach jenem denkwürdigen Prozeß vom 10. November 1898 habe ich Lucheni nie mehr wiedergesehen. Er hat nie verlangt, mit mir zu sprechen, genausowenig wie er wollte, daß ich ihn verteidige.«

Nach Aussage von Y. Fehmi hat Lucheni zweimal verlangt, mit seinem Anwalt sprechen zu können, aber seinen Gesuchen wurde nicht stattgegeben. Dennoch ist es befremdlich, daß Pierre Moriaud in seiner Funktion als Vormund niemals das Bedürfnis verspürt hat, seinen Mandanten während seiner zwölfjährigen Haftzeit auch nur ein einziges Mal zu besuchen.

12. Der Staatsanwalt Navazza, der immer eine gewisse geistige Unabhängigkeit und Unvoreingenommenheit an den Tag gelegt hat, war der einzige, der vorsichtig erklärte: »Ich kann dieses Nachspiel nicht gutheißen!«

Vielleicht machte er sich ja so seine Gedanken...

Auch ich möchte keine vorschnellen und endgültigen Schlüsse ziehen. Mein Interesse war es in erster Linie, alle Einzelheiten des Falls darzustellen.

Ich möchte mich auf die Feststellung beschränken, daß dieser zu frühe Tod das Ende eines Weges markiert, dessen letztes Teilstück sehr schmerzlich war und der aufgrund der Umstände das Schicksal eines Unverstandenen immer schneller auf das Nichts zulaufen ließ.

Ob man nun der Selbstmordthese zustimmt oder nicht, ob man diesen Tod nun der Verzweiflung oder einer Verschwörung zuschreibt, heute können wir nur eines mit absoluter Sicherheit feststellen: Luigi Lucheni ist gestorben, nachdem verschwunden war, was seinem Leben überhaupt Würde verliehen hat: seine Lebenserinnerungen.

Der dritte Tod

> *»Wenn du die Geschichte eines Mannes erzählst, der den Kopf verliert, dann mußt du den abgeschnittenen Kopf zeigen, ansonsten handelt es sich um nichts als einen folgenlosen dummen Scherz«*
>
> ROMAN POLANSKI

Nachdem Fernex den Tod Luchenis festgestellt hat, benachrichtigt er umgehend den Polizeipräsidenten Perrier, den Staatsanwalt Navazza, die beiden Polizeikommissare Rataly und Marchand sowie den Sekretär des Polizeipräsidenten Sessler.

Der ebenfalls herbeigerufene Arzt Dr. Blanchard stellt den Tod Luchenis fest.

Ihnen allen bietet sich der Anblick von zwei glasigen, halb von den Lidern verdeckten Augen, die zu schielen scheinen. Wulstige, blutleere Lippen, die das trübe Gelb zweier Reihen kleiner Zähne sichtbar werden lassen, betonen noch die blasse Farbe des Leichnams. Ein Mehrtagebart sowie die wirren Haare vervollständigen dieses grausige Bild.

Um 21 Uhr wird der noch mit der Sträflingskleidung – Zwillichhose, blaues Hemd, Jacke aus grobem Baumwollstoff und Pantoffeln – bekleidete Leichnam in einen Sarg gebettet. Den berüchtigten festen und zirka ein Meter langen Riemen, mit dem er sich das Leben genommen haben soll, läßt man an seinem Hals. Die Überführung in die Gerichtsmedizin wird von Perrier und Mégevand überwacht.

In dem kleinen Saal seines Labors bahrt Mégevand den Leichnam auf. Auf den Wangen sowie am Hals der Leiche zeichnen sich Flecken ab, ein leichter Krampf verzerrt die untere Gesichtshälfte. Man bereitet eine Autopsie vor.

Im Anschluß an diese Autopsie äußert der Professor die Ansicht, daß der Tod sehr schnell durch Ersticken eingetreten ist. »Der wirklich außerordentlich gelungene Gesichtsabguß des Mörders wird die ohnehin schon reichhaltige und interessante Sammlung der Gerichtsmedizin bereichern.« Diese Totenmaske aus Gips ist so perfekt, daß man sogar die Spuren erkennen kann, die die »Schnur« *(Tribune de Genève)* hinterließ, mit der Luccheni sich »erhängt« hat.

Die Hauptarbeit jedoch bleibt noch zu tun: die Abtrennung des Kopfes.

Der Respekt vor der Ruhe der Toten ist ein Grundsatz, der bei Mördern keine Anwendung findet, und erst recht nicht bei Luccheni, der es in den Augen vieler verdient hat, ein drittes Mal zu sterben, nachdem er ein erstes Mal durch den Verlust seiner Lebenserinnerungen vernichtet worden ist und anschließend sein tatsächliches Leben verloren hat.

Nachdem besagte Arbeit getan ist, macht Professor Mégevand sich daran, die Schädeldecke aufzusägen, um Luchenis Gehirn zu entnehmen. Das wichtigste Organ eines Menschen, der ein »derart abscheuliches« Verbrechen begehen konnte, muß sicher eine Anomalie aufweisen, die dem Ausmaß seiner Tat entspricht. Dies ist die Argumentationsweise in jener Zeit.

Mögen die Theorien von Cesare Lombroso von einer sich langsam entwickelnden Psychiatrie auch noch so sehr angezweifelt werden, sie halten sich dennoch hartnäckig. Sie bieten die Voraussetzung dafür, auf eine simple Art und Weise die Ursachen für die Brüche zu erklären, von denen die Gesellschaft erschüttert wird. Man sucht die berühmt-berüchtigte Anlage zum Verbrechen, beziehungsweise man wünscht sich, sie zu finden. Wenn der Prozeß eines solchen

Mörders in nur einem Tag zu Ende gebracht werden konnte, dann mußte sich auch der Beweis für seine Veranlagung zum Verbrechen ganz schnell und mit Hilfe des Skalpells aufspüren lassen.

Vor der eigentlichen Untersuchung wird das Gehirn mit einer Lösung behandelt, die es härtet. Allerdings entdeckt der berühmte Professor Mégevand in den Windungen dieser schuldigen Gallerte keinen Beweis. Die Schädeldecke wird wieder geschlossen und der Kopf in einen mit Formalin gefüllten Glasbehälter gelegt. Das Gehirn wird in einem zweiten Formalingefäß eingelegt.

Luchenis Leichnam scheint ein ähnliches Schicksal beschieden zu sein wie den Toten der Habsburger. Auch deren majestätische Körper werden nach ihrem Ableben zerteilt: Ihre Körper ruhen in der Kapuzinergruft in Wien, während ihre Herzen in der Loreto-Kapelle (Augustinerkirche) und ihre Eingeweide im St.-Stephans-Dom ihre ewige Ruhe finden... Einzige Ausnahme von dieser Regel bildet Elisabeths Leichnam, deren Körper nicht aufgeteilt wurde.

Die Genfer Gerichtsmedizin ist ein 1882 errichtetes häßliches, graues und trauriges Gebäude. Im Jahre 1920 wurde das neue »Institut für Gerichtsmedizin« nach Plänen von Louis Mégevand gebaut. Luchenis Reliquien werden genauso dorthin überführt wie alle anderen Stücke der erstaunlichen »Sammlung«, die Professor Mégevand geduldig zusammengetragen hatte. Außer dem Kopf des berühmten Mörders liegen in den Regalen noch andere gut konservierte Köpfe in ihren Formalingefäßen neben einer Vielzahl von Schädeln, die von den zahlreichen mit Feuerwaffen begangenen Morden zeugen. Auch tätowierte Hautfetzen hatten gute Aussicht, in die Sammlung aufgenommen zu werden. Diese Hautstücke sind auf Holztafeln angebracht, und auf ihnen lassen sich mühelos Sprüche wie die folgenden lesen: »Totor und Titine – ein Leben lang«, »Polyte und Joséphine« und so weiter. Eine Vielzahl unterschiedlichster

Waffen sind genauso Bestandteil der Sammlung wie Tücher, Riemen, Schnüre, Bänder, Kordeln und Stricke, mit denen sich Menschen erhängt haben.

In Glasschränken werden zahlreiche anatomische Stücke aufbewahrt, wozu auch der Teil des Kopfes einer Frau gehört, die mit mehr als dreißig Messerstichen ermordet wurde, sowie ein durch Säbelhiebe fürchterlich entstelltes Gesicht.

Auch ein Hautstück vom Hals einer in der Rue du Stand erwürgten Tabakverkäuferin wurde dort aufbewahrt. Die dunklen Fingerabdrücke des niemals gefaßten Mörders sind darauf deutlich erkennbar. Das sind die für jedermann sichtbaren Spuren des Verbrechens. Betrachtet man jedoch Luchenis Kopf genau, dann fällt auf, daß sich nicht mehr das kleinste Stück Hals daran befindet, weil alles abgeschnitten wurde. Welche Male trug dieser Hals? Da der Autopsiebericht verschwunden ist, besteht für uns keine Aussicht mehr, das herauszufinden.

Im Jahre 1920 lädt der Gerichtsmediziner die Presse zu einem Besuch im neuen Institut ein. Die »Erinnerungsstücke« von Lucheni sind natürlich die Sensation des Hauses: »Durch die nicht ganz klare Flüssigkeit, die seinen Kopf ein wenig verformt, hat er etwas Grauenerregendes. Die Augen sind halb geöffnet, und der leicht verzerrte Mund gibt den Blick auf einwandfreie Zähne frei.« *(Tribune de Genève)*

Das Évêché-Gefängnis nach Lucheni

Nach Luchenis Tod kehrt im Évêché-Gefängnis wieder Ruhe ein. Aber nicht einmal einen Monat nach dem tragischen Ereignis scheidet der für Lucheni zuständige Wärter Lée aus dem Dienst aus.

1914 werden die letzten Häftlinge in die Strafanstalten

von Witzwil und Thorberg verlegt. Am 30. September desselben Jahres wird das Gefängnis endgültig geschlossen. Von da an wird das Gebäude zunächst von verschiedenen Behörden bezogen, um dann als Polizeimuseum und schließlich als Lager für die Kantonalverwaltung genutzt zu werden.

Vor seinem Abriß im Jahre 1940 wurde dieses düstere Gebäude von vielen Menschen besucht, die sich den Ort zeigen lassen wollten, der die Erinnerung an seinen bekanntesten Insassen bewahrte.

Zu den Besuchern gehörte auch der Unternehmer Amoudruz: ein leidenschaftlicher Sammler von Erinnerungsstücken, der seit 1925 alles zusammenträgt und aufbewahrt, was ihm irgendwie interessant vorkommt. Als echter Bewahrer des kollektiven Gedächtnisses schafft er es, in den Städten und Dörfern der Umgebung alles das aufzutreiben, woraus einmal die ausgefallenste Sammlung entstehen wird, die es gibt.

Der Abriß des Évêché-Gefängnisses steht unmittelbar bevor. Begleitet von einigen Arbeitern macht er sich nachts ohne Genehmigung daran, die komplette Zelle Nummer 68, die Lucheni in der Zeit vor seinem Tod belegt hatte, auszubauen:

– Die schwere Zellentür mit ihrem beeindruckenden Schloß, ihrer vergitterten Öffnung und ihrem abnehmbaren Kästchen.

– Das Metallbett, auf dem noch der mit einem schmutzigen, groben und rot-weiß gestreiften Stoff überzogene Strohsack liegt.

– Die schweren Ketten, die an der Wand angebracht sind, um tagsüber das Bett hochzuklappen, das nur dem nächtlichen Schlaf dienen soll.

– Der alte Abortkübel aus grünlichem Holz mit seinem Klappdeckel. An der Unterseite der Brille dieses »Scheißkübels« sind sogar noch die von den Fäkalien verursachten Korrosionsflecken zu sehen.

– Vor allem aber das an der Wand angebrachte Pult mit seiner Schublade, auf dem Lucheni die vielen Bücher lesen und seine Lebenserinnerungen abfassen konnte. Dieser merkwürdige kleine Einrichtungsgegenstand wäre sicherlich das Möbelstück gewesen, auf das Lucheni als letztes verzichtet hätte.

– In seiner Begeisterung baut Amoudruz auch noch die massive Tür von Block B aus, in dem der Mörder von Elisabeth von Österreich zusammen mit anderen Häftlingen untergebracht war.

Ohne zu zögern, läßt der Unternehmer all diese Gegenstände im Untergeschoß seines Hauses, am Eingang eines kleinen Kellers, wieder aufbauen. Auf eine vollkommen ergreifende Art gelingt es ihm, Luchenis Zelle für immer völlig authentisch zu rekonstruieren…

Posthumer Wirbel

Luchenis vierter Tod

Im Jahre 1984 lädt mich der französischsprachige Schweizer Rundfunk dazu ein, eine Live-Sendung über den Mörder Elisabeths von Österreich aus dem Institut für Gerichtsmedizin zu moderieren.

Damals zeigten uns zwei Präparatoren einen großen Gegenstand, der mit einem Tuch abgedeckt war. Der unter dem Tuch befindliche Gegenstand wird uns wie bei der Enthüllung einer Statue präsentiert; auf diese Weise befinde ich mich, ohne daß ich es darauf abgesehen hatte, von Angesicht zu Angesicht mit dem in Formalin schwimmenden Kopf jenes Mannes, dessen Persönlichkeit mir so eigenartig vertraut geworden war. Während die Sendung ganz normal verläuft, überkommt mich ein ungutes Gefühl.

Nach dem Ende der Sendung stelle ich dem Gerichtsmediziner noch einige informelle Fragen, auf die mir wahrscheinlich sonst niemand eine befriedigende Antwort geben kann, insbesondere in bezug auf die merkwürdige Art und Weise, in der man anscheinend den Kopf vom übrigen Körper abgetrennt hatte.

Im Anschluß an diese Sendung sind die zuständigen Genfer Behörden allem Anschein nach geneigt, sich der letzten Reliquien Luchenis zu entledigen. Es stellt sich nun die Frage, ob man in Genf vernünftigerweise derartige menschliche Körperteile aufbewahren kann, ohne daß sie auf Dauer zum Objekt einer bedenklichen Neugierde werden. Sicher ist das nicht möglich, und infolgedessen wäre es klug, auf das eventuelle Angebot eines Museums im Ausland einzugehen.

Falls derart beschaffene, aller Ehren werte moralische Bedenken das Motiv für die gefällte Entscheidung gewesen sein sollten, warum hat man sich dann nicht dazu durchringen können, diesem lästig gewordenen Objekt ein Grab zu geben?

Jedenfalls beschäftigt sich die Presse ausgiebig mit dieser Angelegenheit, und am Ende dieses Wirbels, den man vielleicht lieber vermieden hätte, war es schließlich das Pathologische Institut der Universität Wien, das, nach dem vierten Genfer Tod Luchenis, den Kopf des Mörders von Sisi erbt. Allerdings ist die Übergabe mit einer Bedingung verknüpft: Die makabre Reliquie darf nie mehr öffentlich ausgestellt werden. Der Militärattaché der österreichischen Botschaft in Bern nimmt schließlich Luchenis Kopf in Empfang und überwacht den Transport in sein Heimatland.

Dieser offensichtliche Wille der Stadt Genf, alle »Erinnerungsstücke« an Lucheni loszuwerden, ist eher irritierend. Im Laufe der Jahre hat man sich der Mordwaffe (die ebenfalls an Österreich übergeben wurde), der Totenmaske, der unmittelbar nach Luchenis Tod gemachten Fotografien, des Autopsieberichts, der »entscheidenden« Briefe, die Lucheni an Personen außerhalb des Gefängnisses gerichtet hatte, und anderer Dinge mehr entledigt.

Die Schatten der Vergangenheit

Ende der achtziger Jahre wird die Schweiz von einer Affäre erschüttert, die als der »Aktenskandal« in die Annalen eingehen sollte. Eine große Anzahl ehrbarer Bürger muß feststellen, daß sie aus zum Teil völlig unnachvollziehbaren Gründen in Bern systematisch erfaßt worden sind. Auf Antrag werden die Akten ausgehändigt, allerdings in einem »unleserlich« gemachten Zustand: Auf diese Weise bleiben die Gründe dafür, weshalb der Staat diese Akten angelegt hat, im dunkeln.

Gleich im Anschluß an diese Affäre beschließt man in Genf, den Aktenbestand des Nachrichtendienstes neu zu ordnen. Diese Aktion wird im Jahre 1987 in Angriff genommen. Dadurch verringerte sich die Anzahl von 150 000 Akten Ende der sechziger Jahre auf 80 000 im Frühjahr 1988. Somit ist auch der Nachrichtendienst mit seinen Beständen dem Lauf der Geschichte unterworfen.

Aus Gründen der inneren und äußeren Staatssicherheit wird der Nachrichtendienst der Genfer Polizei Anfang des Jahrhunderts unter dem Namen »Service Anarchiste« (Anarchistendienst) gegründet. Die anarchistischen Machenschaften sowie die Aktionen der ersten marxistischen Revolutionäre rechtfertigen die Einrichtung dieses »Nachrichtendienstes«.

In diesem Zusammenhang wurde die Akte Nr. 13138A für Louis Lucheni angelegt, die man für so geheim hielt, daß sie mit einem »Sperrvermerk« versehen wurde. In den Jahren 1990 bis 1995 versuche ich im Rahmen meiner Nachforschungen vergeblich, Einsicht in die Akte zu erhalten, die am 9. Dezember 1994 in die Staatsarchive ausgelagert wurde.

Während die Entscheidung, ob Akteneinsicht gewährt wird, in der Regel und logischerweise beim Kanton Genf liegt, erläßt Bern eine Verfügung, nach der die Akte für weitere fünfunddreißig Jahre nach der Einlagerung in die Staatsarchive, das heißt bis zum Jahr 2030 (hundertzweiunddreißig Jahre nach dem Mord an Elisabeth), nicht eingesehen werden darf. Angesichts meiner Hartnäckigkeit öffnet der kooperationswillige Archivar trotz alledem die Akte, um sich davon zu überzeugen, ob sie möglicherweise »heikle« Dokumente enthält, die für mich von Interesse sein könnten. Allem Anschein nach enthält das Dossier jedoch nichts Besonderes.

Am 3. Oktober erteilt der Staatsrat dem Staatsarchiv die Ausnahmegenehmigung, mir die Einsicht in das denkwürdige Dossier zu gewähren...

Ich muß meinerseits feststellen, daß es nur völlig unwichtiges Material sowie einen Zeitungsartikel enthält, der von 1973 datiert...!

Dieses Dossier war nichts als ein Täuschungsmanöver...

Nachruhm eines obskuren Geächteten

Aus der Vielzahl an Biographien, die Elisabeth von Österreich gewidmet worden sind, ragen zweifellos zwei Schlüsselwerke heraus: das sehr opulente Buch von Egon Graf Corti aus dem Jahre 1935 sowie die Arbeit Brigitte Hamanns (1982).

Die Arbeit von Brigitte Hamann gleicht in der Tat der geöffneten Büchse der Pandora, denn sie präsentiert den Lesern das völlig neue Porträt einer Frau, die in dem Mythos gefangen war, den das Kino der fünfziger Jahre geschaffen hat. Der ungeheure Erfolg der Sisi-Filme, etwa mit Romy Schneider, hatte bis dahin verhindert, daß an die Stelle einer »geschönten« Legende die Wirklichkeit treten konnte, die möglicherweise zum Ausgangspunkt eines neuen Mythos wird, der sich von einer kritischen Betrachtung sowie den posthumen Erkenntnissen nährt. Angeregt von der österreichischen Historikerin sollten sich künftige Autoren dazu inspirieren lassen, bei der Arbeit an einem neuen Bild, das ganz zweifellos sehr viel stärker an der Realität orientiert ist als das frühere, noch ein Stück weiter zu gehen.

Aber unabhängig davon, wann die Biographien entstanden sind und welche Qualität sie haben, die Person Lucheni wird darin bestenfalls beiläufig erwähnt, gerade so, als sei sie vom aufsehenerregenden Schicksal des Opfers »erdrückt« worden. Bis heute hat sich niemand die Mühe gemacht, dieser Figur nachzuspüren, was dazu führte, daß Lucheni auch hundert Jahre nach seiner Tat eine immer noch völlig untergeordnete Rolle in der Geschichte spielt. Nur selten wird sein Name spontan mit demjenigen seines Opfers in Verbindung gebracht, wohingegen Cäsar und Brutus, Marat und Charlotte Corday, Heinrich IV. und Ravaillac im Laufe der Zeit zu »unzertrennlichen« Paaren geworden sind.

Einige Künstler sollten den neuen Sisi-Mythos als Grundlage für ihre Schöpfungen nutzen, so zum Beispiel die Choreographen Maurice Béjart *(Sissi, impératrice anarchiste)* und Editta Braun *(Titania)*. In einem monumentalen deutschsprachigen Musical mit dem Titel *Elisabeth* geht die rebellische Kaiserin am Ende sogar zusammen mit anderen hinaus auf die Straße.

Seit 1992 wird dieses Musical von Michael Kunze und Sylvester Levay die alte Sisi-Legende endgültig in die Kategorie der alten Zöpfe verabschieden. Die kaiserliche Heldin entpuppt sich hierin als todessüchtig, während Lucheni das ganze Stück über die zwar nicht personifizierte, aber allgegenwärtige Rolle des Handlangers und Erzählers spielt. Am Ende hat also doch jemand die Güte, ihm eine Existenz zu verleihen! In dem Stück ist er der unverzichtbare Vermittler, der den düsteren Handlungsverlauf überhaupt erst möglich macht, selbst wenn die Autoren übersehen, daß auch Lucheni ein Wesen aus Fleisch und Blut ist, das auch zu leiden vermag.

»Warum, Lucheni, warum haben Sie die Kaiserin ermordet?« Mit diesem Satz beginnt das Musical.

»Weil sie es wollte!« lautet die Antwort.

Bedauerlicherweise konnte sich der Librettist auf nichts als seine Intuition stützen, als er mittels dieser geschickten Verkürzung eine kleine Ecke des Schleiers zerriß; die im Stück formulierte Antwort besitzt rein allegorischen Charakter, und es konnte auch gar nicht anders sein, weil der Geschichte bis dahin die reale Person Lucheni vollkommen unbekannt war.

Diese Verknüpfung des Henkers mit seinem Opfer hatte auch schon Jean Cocteau in *L'Aigle à deux têtes* beschäftigt, wo er sich ebenfalls über den Mythos lustig machte, indem er ihn hin zu einer an die antike Theaterhandlung angelehnten Allegorie erweitert hat, ohne dabei den Anspruch zu erheben, die Wahrheit darzustellen.

Die Entdeckung der eigenwilligen Lebenserinnerungen Luchenis sowie die aufmerksame Auseinandersetzung mit seinem erschütternden Schicksal, das sich unmittelbar aus seiner tragischen Kindheit erklärt, schaffen die Voraussetzung dafür, einen Vergleich zwischen dem Lebensweg Luchenis und demjenigen von Elisabeth anzustellen.

Das zweiköpfige Schicksal

Der zeitliche Abstand zu den Dingen bietet der Wahrheit die Chance, endlich zutage zu treten. Man mußte ein Jahrhundert lang warten, um die Fakten und vor allem die psychologischen Sachverhalte eines Dramas zu kennen, das, wie zu zeigen sein wird, dem denkwürdigen Begriff der Schicksalsgemeinschaft überhaupt erst seinen ganzen Bedeutungshorizont verleiht.

Unverstanden selbst noch in ihren Schriften

Elisabeth und Lucheni haben der Nachwelt schriftliche Zeugnisse hinterlassen, die sich durch eine erstaunlich gleichartige Feinfühligkeit auszeichnen. Wenn man sich seinen Zeitgenossen nicht verständlich machen konnte, bleibt einem nur ein einziges Mittel, um Mißverständnisse auszuräumen und seine Verhältnisse zu klären: schreiben.

Bedauerlicherweise ist in beiden Fällen das ungeheuer wertvolle Schriftmaterial den zeitgenössischen Forschern aus unterschiedlichen Gründen vorenthalten worden. Elisabeth hatte der Schweiz ihr wertvollstes Vermächtnis anvertraut, das heißt ihre Gedichte, mehr als sechshundert Seiten, die erst mehrere Jahrzehnte nach ihrem Tod veröffentlicht wurden. Und die Schweiz trägt auch eine gewisse Verantwortung dafür, daß Luchenis Lebenserinnerungen nicht früher publiziert worden sind.

Kultur und Liebe zum Theater

Elisabeth, die Mitfühlende, zeigte sich dem Schicksal der Bedürftigen gegenüber äußerst sensibel. Sie hatte verstanden, daß Essen nicht die einzige Nahrung sein kann, derer diejenigen bedürfen, die den Anschluß verpaßt haben. Am 21. Dezember 1891 hatte sie ihrem Griechischlehrer, Constantin Christomanos, anvertraut: »Die Opfer sind die armen Menschen: Man hat ihnen ihre Kultur genommen, und im Gegenzug weist man sie auf die für sie in fast unerreichbarer Ferne liegende Zivilisation hin...« Tatsache ist, daß auch für Lucheni die Kultur einen noch höheren Stellenwert besaß als das Essen, an dem es ihm so oft mangelte.

In seinen Lebenserinnerungen hat er beschrieben, wie er im Heim von Parma des öfteren den Lehrlingen seinen Wein und sein Fleisch verkauft hat. Mit zwei solcher Fasttage hatte er genügend Geld zusammen, um sich eine Theaterkarte kaufen zu können.

Die Wendung des Schicksals

Manchen feinfühligen Kindern zwingt das Schicksal zuweilen die Erinnerung an ein präzises Datum auf, ein Datum, von dem an nichts mehr so ist, wie es vorher war, und vor dem ihr Leben noch in geraden Bahnen verlief. Es ist möglich, daß ein solch entscheidender Augenblick irgendwann einmal im Leben jedes Menschen eintritt, allerdings ohne daß dieser sich unbedingt daran zurückerinnert. Aber weder bei der jungen Elisabeth noch beim jungen Luigi war das so.

Für beide war es der Eintritt eines Menschen, eines einzigen Menschen, in ihr verwundbares Leben, der allem sofort eine andere Wendung gab. Für Sisi war es im Alter von fünfzehneinhalb Jahren der 18. August 1853, für Lucheni im Alter von neun Jahren der 21. März 1882.

Als Elisabeth in Bad Ischl, in Anwesenheit ihrer Mutter und ihrer Schwester Sophie, zum erstenmal Franz Joseph vorgestellt wurde, war sie so nervös, daß sie nichts essen konnte. Allerdings sollte der Kaiser eigentlich nicht auf sie, sondern auf ihre Schwester ein Auge werfen. Das Schicksal wollte es, daß Sisi zufälligerweise Kleider in einer Farbe trug, die später einmal zu ihrem persönlichen Merkmal werden sollten, zu einer düsteren und unveränderlichen Note: Nach dem Tod von Rudolf in Mayerling 1889 wurde die Trauerfarbe Schwarz zum äußeren Zeichen ihrer verletzten Seele und ihrer ausgesuchten Eleganz gleichermaßen.

Nachdem das Kostüm der Ahnungslosen und das Dekor aufeinander abgestimmt waren, konnte das Stück beginnen. Der Eindringling bemächtigte sich der Zukunft des arglosen Kindes, indem er die Pseudoverlobte sitzenließ, worüber sich niemand beunruhigt zeigte, weil er ja ein *mehr als charmanter* Prinz war, dessen Wünsche einem göttlichen Willen gleichkamen.

Auch im Leben des kleinen Luigi gab es einen Augenblick, in dem sein Schicksal eine andere Wendung nahm. Auch er war noch ein Ahnungsloser, als ein furchtbarer Harlekin namens Nicasi sich seiner Zukunft bemächtigte, indem er ihn aus dem Kinderheim in Parma herausholte und es für ihn von da an keinen Ausweg mehr gab. Dieser Nichtsnutz, der so gar nichts von einem allmächtigen und charmanten Monarchen hatte, ergriff dennoch Besitz von dem Kind. Was das für das Kind bedeutete, ist bekannt.

Ohne Liebe leben

Ohne Liebe leben... Wenn man diese bittere Feststellung machen muß, dann hat das tägliche Leben nicht genügend von dieser geheimnisvollen und tröstlichen Wärme bereitgehalten, wobei auch einige kleine Dosen hier und da bei weitem nicht genügen können. Es ist interessant, feststellen zu können, daß zwei verwundbare Menschen – jeder auf seiner Seite, das heißt an den entgegengesetzten Enden der gesellschaftlichen Hierarchie –, nachdem sie ein neues Leben angefangen haben, unbedingt dieser universalen Nahrung bedurft hätten, um dem durch den plötzlichen Wandel verursachten Schwindel nicht vollkommen hilflos ausgesetzt zu sein. Da ihnen aber die Liebe ganz offensichtlich versagt blieb, gab es auch keinen Tag, an dem sie ihnen in ausreichendem Maße zuteil wurde.

Wie alle jungen Mädchen ihres Alters träumte Sisi einfach nur von der Liebe, nicht aber von einem Eheleben, bei dem die Gefühle, so wie alles übrige auch, einem Protokoll zu gehorchen hatten ...

In dem Maße, in dem sie sich der höfischen Etikette zu unterwerfen hatte, dem Druck ihrer Schwiegermutter, der Erzherzogin Sophie, ausgesetzt war, in dem sie gezwungenermaßen von ihren Kindern getrennt war und in dem ihr die psychologische Kluft bewußt wurde, die sie von einem Franz Joseph trennte, der nichts mit ihr gemeinsam hatte, ausgenommen die Etikette sowie den großen Respekt, wuchs bei Elisabeth die Enttäuschung.

Was Luigi Lucheni betrifft, ihm wurde von Geburt an keine Liebe zuteil.

Die Härte des Findelhauses bis zum Alter von sechs Jahren oder die sehr bescheidenen Verhältnisse in seiner ersten Pflegefamilie (die Monicis) wurden von Lucheni auch im nachhinein nicht als etwas Nachteiliges für seine kindliche Empfindsamkeit empfunden. Eine harte Erziehung stellte in seinen Augen kein Hindernis für die Persönlichkeitsentwicklung dar. Er ist sogar sein ganzes Leben lang davon überzeugt gewesen, daß demjenigen Brot zusteht, der beflissen seine Pflicht erfüllt, und Bildung demjenigen, der die Autorität anerkennt. Er hing so sehr an den Monicis, daß er sie bis zum Alter von neun Jahren als seine leiblichen Eltern ansah... Allerdings muß angemerkt werden, daß die Eheleute Monici nicht ganz so lasterhaft lebten, wie Lucheni vermutet hat.

Bei den Nicasis dagegen, die aufgrund der in Italien geltenden Bestimmungen leichtfertig mit der absoluten Macht über das Kind ausgestattet wurden, entbehrte Luchenis Leben von seinem neunten Lebensjahr an jeder Form von Liebe. Weil er dieses süße Gefühl nicht kannte, wird die Enttäuschung von nun an zur lebensbeherrschenden Empfindung.

Als Erwachsene führten Elisabeth und Luigi ein Leben, das jeder Art von Sinnlichkeit entbehrte. Allem Anschein nach die logische Folge eines Lebens ohne Liebe.

Rastlosigkeit

Sowohl Elisabeth als auch ihr zukünftiger Mörder waren zunehmend von dem Wunsch beseelt, ihren jeweiligen Lebensbedingungen zu entfliehen. Die Flucht nach vorn erwies sich für beide als die beste Lösung. Ihr Bestreben, einen möglichst großen Abstand zwischen sich und der eigenen Vergangenheit herzustellen, kommt bei beiden im vielen Umherreisen zum Ausdruck.

Das Verhältnis zu Gott

Ein ganz wesentliches Element, das im Zusammenhang mit den erstaunlichen charakterlichen Gemeinsamkeiten zwischen dem Opfer und seinem Henker einen besonderen Platz verdient, ist: das Verhältnis zu Gott.

Bei beiden wurde eine eventuell vorhandene religiöse Ader schon während der Kindheit nachhaltig auf die Probe gestellt.

Sisis Mutter hatte aufgrund der liberalen Erziehung, in deren Genuß sie gekommen war, keine religiösen Neigungen; und auch ihr Vater wies als Lebemann genausowenig einen ausgeprägten Hang zur Frömmelei auf wie ihre Mutter. Mit anderen Worten, die im Elternhaus erfahrene Prägung war sicherlich nicht stark genug, um bei Elisabeth eine starke Hingezogenheit zur Religion entstehen zu lassen.

Auch Lucheni bot sich nicht häufig die Gelegenheit zum Kirchenbesuch, nicht einmal als er bei jenem geldgierigen Erzpriester lebte, dem seine Kühe wichtiger waren als die Seele dieses Kindes, dessen Dienste er in Anspruch nahm. Während der zwölf Monate, die er bei ihm verbrachte, hatte Luigi, mit Ausnahme des einen Feiertages Mariä Himmelfahrt (Ferragosto), nie die Erlaubnis erhalten, die Messe oder den Vespergottesdient zu besuchen. Und auch wenn man noch weiter in seiner Kindheit zurückgeht, ob im Kinderheim selbst oder danach, so sind keinerlei Spuren irgendeiner religiösen Erziehung auszumachen.

Seine erstaunliche kindliche Auffassungsgabe ließ ihn sehr bald das betrübliche Schauspiel der Erwachsenen erkennen. In seinen Augen hätten diese nicht nur auf eine positive Art und Weise die unterschiedlichen Archetypen von Macht verkörpern sollen, sondern darüber hinaus auch die menschlichen Tugenden, entsprechend ihrer religiösen Zugehörigkeit beziehungsweise ihrer Stellung innerhalb der Kirchenhierarchie. Muß man sich unter diesen Voraussetzungen angesichts der Plumpheit des Schwindels nicht zwangsläufig »abwenden«? Entsteht nicht zwangsläufig das Bedürfnis, die entwerteten Symbole zu verspotten? Lucheni wußte um die Heuchelei derjenigen, die sich selbst zwar als Christen bezeichneten, die aber völlig unfähig waren, ihm das zu vermitteln, was er von einer wahren Religion erwartete. Sogar der Blinde, den Lucheni führte, wandelte seine Homilien in Blasphemien um, wenn eine Hausfrau ihn wegschickte, ohne ihm ein Almosen zu geben!

Elisabeths und Luchenis Zwiegespräch mit dem Himmel war so unstet und veränderlich, wie es ihnen ihre jeweilige Eigenart vorschrieb.

»Auch mein Heil wird kommen. Ich hoffe darauf, daß auch meine innere Gesinnung zum Glauben finden wird.« Diese echte Offenbarung seiner Geisteshaltung äußerte Lucheni am 1. Januar 1900 einer jungen Dame gegenüber, die ihm einige Zeilen aus dem Neuen Testament in das Gefängnis geschickt hatte.

Am 9. September 1898, dem Tag vor ihrem Tod, öffnete auch Elisabeth dem tief in ihr verborgenen religiösen Gefühl einen Spaltbreit die Tür, ohne es indes völlig zur Entfaltung kommen zu lassen. Gegenüber ihrer Reisebegleiterin Irma Sztaray ließ sie im Vorgefühl des nahen Todes, den sie nach ihren eigenen Worten herbeisehnte, auf dem kurzen Rückweg aus Pregny eine aufschlußreiche Bemerkung fallen, die eine Zusammenfassung aller Etappen ihrer inneren Odyssee darstellt.

»... Vielleicht werden Sie ja erleben, daß ich wieder zu einer extremen Frömmigkeit zurückfinde...«

Allerdings zeigte sie auch zum erstenmal überhaupt so etwas wie Angst vor dem Tod.

Das später verfaßte Zeugnis eines verstoßenen Kindes veranschaulicht, welches Maß an Verzweiflung das göttliche Schweigen für eine reine Seele zur Folge haben kann.

»Ich erkenne in dem Maße die Existenz Gottes an, in dem seine Macht unwirksam ist: Andernfalls wäre sein Verhalten schändlich!«

Anders ausgedrückt, jedesmal, wenn Lucheni sich zu seinem Glauben geäußert hat, hat er nichts anderes als seine tiefe Verachtung demjenigen gegenüber zum Ausdruck gebracht, der, obwohl er von Gott gesandt – nach dem auch ihm verlangte –, keine Antworten zu geben wußte.

Die Abscheu vor der Ungerechtigkeit

Es scheint, als sei Luigi Luchenis Denken schon immer von einem ganz zentralen Begriff beherrscht gewesen: dem Begriff der Ungerechtigkeit.

Seit ihrer frühesten Kindheit ist Elisabeth dazu erzogen worden, sich für das Schicksal der Armen und Kranken zu interessieren, was völlig ihrem warmherzigen Wesen und ihrem Gespür für Ungerechtigkeiten entsprach.

Diese charakterliche Gemeinsamkeit zwischen Elisabeth und Lucheni ist die logische Folge der großen Verwundbarkeit dieser beiden Menschen, die sich mit der Absurdität einer Welt konfrontiert sahen, in der sie lebten, und die sie fortwährend auf die vielen Brüche in ihrem eigenen Schicksal zurückverwies.

Lucheni betrachtete die Funktionsstörung der Gesellschaft durch das »Vergrößerungsglas« seiner eigenen unglücklichen Kindheit. Sein tief verwurzelter Individualismus sorgte dafür, daß er lauthals das einforderte, was die Natur ihm, verursacht durch menschliches Fehlverhalten, versagt hatte. Und diese Forderung stand in keinem Zusammenhang mit irgendeiner Weltanschauung, die für sich in Anspruch nahm, die Menschen glücklich zu machen. Die grundlegenden Ungerechtigkeiten, das heißt diejenigen Ungerechtigkeiten, die ihn zum Mörder gemacht haben, waren lediglich von einigen wenigen Menschen verursacht worden, die sich aus der Verantwortung gestohlen hatten.

Mit dem Leben Schluß machen

Der Mangel an Liebe hatte Lucheni zu hassen gelehrt, und die erfahrenen Ungerechtigkeiten waren die Ursache für seine Verzweiflung. So nistete sich in ihm das schmerzliche Gefühl ein, seine Seele niemals von den erlittenen Verletzungen heilen zu können. Seinem inneren Wesen, von dem er wußte, daß es sich ganz wesentlich durch sein Gerechtigkeitsempfinden auszeichnete, fügte er einen Willen zur Zerstörung hinzu. Auf diese Weise faßte er den Entschluß, die Sinnlosigkeit seines Lebens durch eine noch sinnlosere Tat zu rächen, das Chaos unter dem Deckmantel der Anarchie zu beseitigen, durch den Mord an jemand anderem selbst zu sterben...

Elisabeth war ihrerseits nicht mehr willens, ihren Lebensüberdruß zu überwinden. Auch sie berief sich auf ihr inneres Wesen und achtete auf jedes Zeichen, das dieses ihr gab. Auch sie bildete ganz bewußt einen Willen zur Zerstörung aus.

Katharsis

Nachdem Lucheni das eigene Leben nochmals vor seinen Augen hatte ablaufen lassen und Bilanz gezogen hatte, erlebte er eine Katharsis, mit anderen Worten eine Art »Läuterung«.

Als bei seinem Prozeß zur Sprache kam, daß seine unbekannte Mutter irgendwo in der Nähe von San Francisco lebte, schien das Lucheni scheinbar vollkommen gleichgültig zu sein.

Während des Gesprächs mit den beiden Psychiatern im Jahre 1901 brachte er seine ungeheure Verbitterung zum Ausdruck: Wenn ich mein Leben ausführlich beschreiben wollte, dann würde das auf die Feststellung hinauslaufen, daß es eines menschlichen Wesens unwürdig war. Angefangen mit dem Tag, an dem mich diese niederträchtige Frau (als solche muß ich sie bezeichnen) auf die Welt gebracht hat, nur um mich auf der Stelle wegzugeben; schon von diesem Tag an war ich kein menschliches Wesen mehr!«

Im Jahre 1907 jedoch setzte er sich in seinen Lebenserinnerungen noch einmal mit allen Einzelheiten dieser Angelegenheit auseinander. Schließlich begriff er, daß auch seine Mutter ein Opfer ihrer Lebensumstände geworden war. Durch die Lektüre der vielen Bücher war ihm die von Victor Hugo und vielen anderen im 19. Jahrhundert beschriebene »gesellschaftliche Unterdrückung« bewußt geworden, und damit barg das Ausmaß des so weit verbreiteten Unglücks für ihn kein Geheimnis mehr in sich. Er hatte sich Schritt für Schritt aller Scheuklappen entledigt, die das wirkliche Verständnis der Probleme verhinderten...

Die große Einsicht, die er durch diesen Kampf mit sich selbst gewonnen hatte, führte dazu, daß er sehr klar sah, in welchem Maße das Aufbegehren der »Unterdrückten« pathetisch und unnütz zugleich sein konnte. Nachdem sein Leben für ihn bis dahin so unglaublich hart und unerbittlich gewesen war, ging es für ihn darum, am Ende doch noch das so sehr verborgene Geschenk zu erkennen, welches das Leben für ihn bereithielt: »Hab also Dank, o Klinge, für den Dienst, den du mir erwiesen hast...«

Denn mit einemmal wird ihm alles klar: Es hatte dieses aufsehenerregenden Verbrechens bedurft, um schließlich doch noch zu erfahren, wer seine Mutter war!

Für ihn ging es nun nicht mehr darum, ein so natürliches Gefühl zu verdrängen, wie es die Liebe eines Sohnes ist. Und schon gab es für dieses neue Gefühl auch schon keine Grenzen mehr. Es trug seine Seele weit über die Gefängnismauern hinaus, die er nie mehr lebend verlassen sollte, und traf auf eine mystische Art und Weise irgendwo in der Vorhölle mit Luisa zusammen...

Der neue Mensch ritzte also mit seinen Fingernägeln unendlich oft dieses in allen Sprachen der Welt so lieblich klingende Wort in seine Zellenwand: Mama... Mama... Mama...

Bis zu jenem Tag, als er an derselben Wand, ganz in der Nähe der heilbringenden Worte, das Porträt Elisabeths von Österreich anbrachte[7]!

Handelte es sich nicht um eine merkwürdige Form von Übertragung, wenn Lucheni, kurz nachdem er eine gesichtslose Mutter angerufen hatte, das Porträt seines Opfers betrachtete?

Auf diese Weise hatte Lucheni die von Aristoteles zu einer anderen Zeit und in einem anderen Zusammenhang beschriebene »Läuterung« erfahren. Es ist aber auch durchaus möglich, hierin einen Erlösungsversuch zu erkennen: so als hätte ihm durch eine Art geheimnisvolle Eucharistie das von Elisabeth vergossene Blut den Weg zu der einzigen Liebe seines Lebens geebnet, als sei es das einzig wirksame Heilmittel gegen die Rückkehr zum Nichts. Ist es damit nicht geradezu unmöglich geworden, sich nicht den quasi posthumen Trost einer Kaiserin vorzustellen, die sich auf eine vollkommen zeitlose Art sowohl Gedanken über den Sinn ihres Lebens als auch über das unerträgliche Schicksal von unglücklichen Kindern gemacht hat?

---

[7] Auf Anweisung des Gefängnisdirektors wurde dieses Porträt bald wieder von der Wand abgehängt, da man diesen Zustand für unschicklich hielt.

Epilog

Die Historikerin Danielle Laplaige hat 1989 ein bemerkenswertes Buch mit dem Titel *Sans famille à Paris* (*Orphelins et enfants abandonnés de la Seine, aus XIXe siècle*) veröffentlicht. In diesem Buch zeigt sie auf, daß das Leben eines verstoßenen Kindes in dieser Zeit ein potentieller Roman ist, und sie rekonstruiert auf eine sehr lebendige, detailgetreue und phantasiereiche Art und Weise die schwierigen Lebensbedingungen solcher Kinder in Paris.

Am Ende ihres Buches bedauert sie, daß es ihr trotz intensiver Bemühungen nicht gelungen sei, den autobiographischen Bericht eines verstoßenen Kindes im Paris des 19. Jahrhunderts ausfindig zu machen.

Dieses Thema wurde immer äußerst zurückhaltend behandelt und war nie Gegenstand öffentlicher Debatten. Die Aussagen solcher Kinder wurden aus Scham, Resignation oder stummer Empörung verschwiegen, und somit wurde deren Geschichte endgültig verheimlicht und kaschiert.

Dieser Sachverhalt verdeutlicht auch, inwiefern Luchenis Lebenserinnerungen nach den literarischen Auseinandersetzungen mit dem Phänomen bei Victor Hugo, Honoré de Balzac, Hector Malot, Eugène Sue, Émile Zola oder Charles Dickens ein wirklich einzigartiges sozialgeschichtliches Dokument darstellen.

Allerdings ist die Kindheit ein sehr verbreitetes Thema in der oftmals autobiographisch orientierten anarchistischen Literatur. Auch wenn die dort beschriebenen Kinder nicht verstoßen wurden, haben sie sich später doch eingehend mit ihrer Kindheit beschäftigt, weil ihr Blick noch kritischer war als derjenige von Erwachsenen: Das Kind entdeckt die

Welt durch seine Einsamkeit hindurch, die wie eine Lupe die Mängel der Gesellschaft sehr stark vergrößert.

Will man zum Abschluß das Schicksal Luigi Luchenis in einem einzigen Satz zusammenfassen, drängt sich folgendes Diktum geradezu auf, das aus seiner eigenen in Erinnerung getränkten Feder stammt: »Wißt Ihr denn nicht, daß die zurückgewiesene Liebe Haß gebiert. Dieser Haß dient seinem Wesen nach als Grundlage für all den Haß, der Euren Einrichtungen entspringt...«

Was aus ihnen wurde

CHARLES LÉCHET: Nachdem der Prozeß gegen Lucheni abgeschlossen war, beschäftigte er sich weiterhin intensiv mit der Person des Mörders, weil er unbedingt nachweisen wollte, daß sein Verbrechen das Ergebnis eines Komplotts war. Lucheni habe ihm gegenüber am 25. April 1899 gestanden, zusammen mit den beiden anderen Italienern, die in der Nähe des Bahnhofs beobachtet worden waren, an einer Verschwörung beteiligt gewesen zu sein. Er setzte erst den Staatsanwalt, dann die Presse von diesem verspäteten Geständnis in Kenntnis. Wenige Monate danach starb er, erschöpft von seiner Aufgabe.

GEORGES NAVAZZA: Im Anschluß an den Lucheni-Prozeß wollte Kaiser Franz Joseph Navazza eine sehr hohe Auszeichnung verleihen, dieser jedoch lehnte sie aus Respekt vor der Schweizer Verfassung ab. Daraufhin machte der Kaiser ihm ein schönes Geschenk: ein mit einem Rahmen aus massivem Gold versehenes emailliertes Blechstück, auf dem die verstorbene Kaiserin dargestellt ist.

Danach sollte er eine lange (insgesamt siebenundzwanzig Jahre) und äußerst erfolgreiche Karriere an der Spitze des Justizapparates machen. Im Jahre 1924 beendete er seine Tätigkeit bei der Staatsanwaltschaft, arbeitete aber weiterhin an der Ausarbeitung von Gesetzen mit und willigte 1938 ein, dem Kassationsgericht vorzusitzen. Er starb 1942.

PIERRE MORIAUD: Neben seinem Beruf als Anwalt, dem der Ruf anhing, den Geschworenen unzählige Freisprüche abgerungen zu haben, und nach einer längeren politischen

Abstinenz saß Moriaud als Abgeordneter der ultrarechten Partei im Großen Rat. Trotz seines Rufs als »Großmaul« war es ihm aus Gesundheitsgründen nicht mehr möglich, eine wichtige Rolle im politischen Leben zu spielen. Er war der typische Vertreter eines Menschen, der unaufhörlich dafür kämpft, seine Stellung im öffentlichen Leben zu erhalten. Er starb 1914 im Alter von neunundsiebzig Jahren.

JEAN FERNEX: Fernex, der im Jahre 1893 noch ein kleiner Justizbediensteter war, wurde 1914 zum Richter am Jugendstrafgericht ernannt, nachdem er von 1908 bis zu dessen Schließung das Évêché-Gefängnis geleitet hatte. Von 1924 bis 1926 war er Leiter, dann von 1932 bis 1934 Präsident der Vormundschaftskammer. Fernex, »der einen rauhen Umgangston pflegte und ein eher unwirscher Mensch war«, starb 1937 im Alter von siebenundsechzig Jahren.

Danksagung

In allererster Linie möchte ich mich bei dem von mir sehr schmerzlich vermißten Professor Sven Stelling-Michaud von der Universität Genf bedanken, dessen ich an dieser Stelle gedenken möchte. Er war im Jahre 1980 einer der wenigen Menschen, denen ich das Manuskript Luchenis zum Lesen anvertraut hatte. Im folgenden möchte ich als Ausdruck des Dankes dafür, daß er mich zu meinen Nachforschungen ermutigt hat, die sehr einfühlsamen Zeilen zitieren, die er mir einst schrieb:

»... Es ist ein bewegendes Dokument. Das Bild, das Lucheni von seiner Kindheit entwirft, ist bestürzend. Ich bewundere die erzählerischen Fähigkeiten dieses Mannes und bin sehr beeindruckt von dem, was ich mich nicht scheue als seine vornehme Geisteshaltung zu bezeichnen. Die Seiten, die er seiner Mutter widmet, sind sehr schön. Seine Urteile über die Menschen, insbesondere über seine verschiedenen ›Herren‹, sind zutreffend, zuweilen furchtbar, aber nie gekennzeichnet von Kleinmut oder Haß. Das repressive Wesen der Gesellschaft wird realistisch und besonnen dargestellt...«

Daneben möchte ich mich bei Catherine Santschi, der Archivarin im Staatsarchiv des Kantons Genf, für ihre Unterstützung bedanken.

Auch den Pariser Archiven des Fürsorgeamtes sowie der Leitung der Pariser Stadtarchive gilt mein Dank.

Bibliographie

Unveröffentlichte Quellen:
Archives d'État, Genf: »Prisons Ca 2, Ca 3, Cc 14, Cc 78, Ce 7, Ce 10, Ce 56, Cf 124, Cf 148«.
»Affaires de Lucheni«, Cote VA 30 (1991).
Dossier »Sureté«, n° 13138 A.
Assistance publique de Paris, Naissances 1873, Acte n° 92.
Archives de Paris, Procès verbal abandon, n° matr. 45229.

Veröffentlichte Quellen:
Adam, P., »L'Évêché«, série d'articles, *Journal de Genève*, 1912.
Comte, E., u. C. Corti, *Elisabeth, die seltsame Frau*, Wien 1934.
Christomanos, C., »Élisabeth de Bavière«, *Mercure de France*, 1900.
Favre, E., *Ernest Favre (1845–1925)*, Paris 1927.
Fehmi, Y., *Affaire Lucheni*, Paris 1913.
Forel, A., *Crime et anomalies mentales constitutionnelles*, Genf 1902.
Gander, P., *De la maison de détention au pénitencier*, Genf 1974.
Gautier, A., *Revue pénale suisse*, (Procès Lucheni), Basel 1898.
Grasset, J., *Demi-fous et demi-responsables*, Paris 1907.
Hamann, B., *Elisabeth, Kaiserin wider Willen*, Wien 1982.
Ladame, P., u. E. Régis, *Le Régicide Lucheni*, Archives d'Anthropologie criminelle, Lyon 1907.
Laplaige, D., *Sans famille à Paris*, Paris 1989.
Lombroso, C., *Revue des revues*, n° 21, 1.11.1898.
Mella, A., *Lombroso et les anarchistes*, o. O. 1896.
Metray, M., u. A. Krüger, *Das Attentat*, München 1970.
Morand, P., *La dame blanche des Habsbourg*, Paris 1979.
Mützenberg, G., *Henry Dunant le Prédestiné*, Genf 1984.
Navazza, G., *Procès Lucheni*, (Réquisitoire), Genf 1898.
Papadaki, A., »L'aliénation mentale d'un prisonnier«, *L'Encéphale*, n° 1, Januar 1911.

Roehrich, H., *Une visite aux Prisons…*, o. O. 1911.
Roth, R., *Introduction à une étude sur le système pénitentiaire à Genève au XIXe siècle*, Genf o. J.
Sartre, J.-P., *Le mur*, (Érostrate), Paris 1939.
Sauvin, E., *Ernest Favre*, Genf 1925.
Thiele, J., *Elisabeth, Das Buch ihres Lebens*, München 1996.
Twain, M., *The memorable Assassination*, unveröffentlichter Artikel 1898.
Zurbuchen, W., *Prisons de Genève*, Genf 1977.